西部地区青少年心理健康研究

侯广彦 编著

西北大学出版社
·西安·

图书在版编目(CIP)数据

西部地区青少年心理健康研究 / 侯广彦编著.
西安：西北大学出版社，2024.9 -- ISBN 978 - 7 - 5604 - 5496 - 2

Ⅰ. G444

中国国家版本馆 CIP 数据核字第 2024CX3227 号

西部地区青少年心理健康研究

XIBU DIQU QINGSHAONIAN XINLI JIANKANG YANJIU

编　　著	侯广彦
出版发行	西北大学出版社
地　　址	西安市太白北路 229 号
邮　　编	710069
电　　话	029 - 88303310
网　　址	http：//nwupress.nwu.edu.cn
电子邮箱	xdpress@ nwu.edu.cn
经　　销	全国新华书店
印　　装	陕西瑞升印务有限公司
开　　本	787mm×1092mm　1/16
印　　张	20.75
字　　数	340 千字
版　　次	2024 年 9 月第 1 版　2024 年 9 月第 1 次印刷
书　　号	ISBN 978 - 7 - 5604 - 5496 - 2
定　　价	79.00 元

如有印装质量问题，请与西北大学出版社联系调换，电话 029 - 88302966。

前 言

习近平总书记在纪念五四运动100周年大会上发表重要讲话指出：青年是整个社会力量中最积极、最有生气的力量，国家的希望在青年，民族的未来在青年。新时代中国青少年处在中华民族发展的最好时期，既面临着难得的建功立业的人生际遇，也面临着"天将降大任于斯人也"的时代使命。西部地区是我国多民族聚居地区，青少年的心理健康水平则影响着西部地区社会经济的高质量发展，同时青少年时期又面临着世界观、人生观、价值观形成的关键时期，在这一时代背景下，如何加强青少年的心理健康教育工作对于每一位教育工作者而言既是挑战也是机遇。

早在1999年，《中共中央国务院关于深化教育改革全面推进素质教育的决定》明确指出，要"加强学生的心理健康教育，培养学生坚韧不拔的意志、艰苦奋斗的精神，增强青少年适应社会生活的能力"。2012年12月，教育部印发《中小学心理健康教育指导纲要（2012年修订）》提到心理健康教育的总目标是：提高全体学生的心理素质，培养他们积极乐观、健康向上的心理品质，充分开发他们的心理潜能，促进学生身心和谐可持续发展，为他们健康成长和幸福生活奠定基础。2016年8月召开的全国卫生与健康大会上，习近平总书记指出，要加大心理健康问题基础性研究，做好心理健康知识和心理疾病科普工作，为少年儿童健康促进工作指明前进方向、提供根本遵循。2019年12月，国家卫生健康委员会等12个部门联合印发《健康中国行动——儿童青少年心理健康行动方案(2019—2022年)》阐明需要加大中小学校(含中等职业学校)专兼职心理健康工作人员配置力度。2023年4月,教育部等17部门联合印发《全面加强和改进新时代学生心理健康工作专项行动计划(2023—2025年)》,从五育并举促进心理健康、加强心理健康教育、规范心理健康监测等八个方面对学生心理健康教育进行系统部署,指导中小学校积极开展文化、体育、艺术、劳动教育以及适宜的户外活动、社会实践等,培养学生珍视生命、热爱生活的心理品质。2024年4月,全国政协教科卫体委员会组织召开"关注青少年心理健康 守护青少年成长"专题座谈会,会议同样提到要用科学的观点和方法做好青少年心理健康工作,践行"健康第一""生命至上""五育并举"的教育理念。随着党和国家对于青少年心理健康教育和指导方面的一系列文件的出台和政策的贯彻落实,青少年的心理健康得到了前所未有的重视。

青少年心理健康工作是一项关系祖国未来、民族命运的希望工程,也是一项事关青少年健康成长、万千家庭和睦幸福的民心工程。目前,我国心理健康教育的实施手段更加科学化、现代化,逐渐形成了家、校、医、社协同联动的青少年心理健康服务工作新格局。但目前学校的心理健康教育主要还是以补救性为主,重点放在个别有心理困扰和问题的学生身上,对青少年群体的心理问题进行分类的研究相对较少。本研究在对西部地区青少年群体心理健康现状的调查基础上,研究分析西部地区青少年群体不同类型心理问题产生的原因及表现特征,有针对性的设计预防和干预青少年不同类型心理问题的方案,探讨预防和解决青少年不同类型心理问题的策略。本书第一章从中学生的心理发展谈起,简要阐述了中学生在生理变化、认知发展、情绪特征、意志过程以及社会性发展等多个方面的表现;第二章探讨了心理健康教育的价值与标准。第三章分析了西部地区中学生心理健康的现状，通过实证调查，揭示了西部青少年在学业压力、个人价值观、父母教养方式、校园欺凌、成就动机、同伴关系、社会支持以及人际关系等方面所面临的挑战与问题；第四章从系统的角度分析了西部地区中学生心理健康问题的成因；第五章依据西部地区中学生心理问题的不同类型和表现，提出了具有针对性的预防和矫正对策。

本书汇聚了编者和编者的研究团队近几年的研究成果，可以为关心青少年健康成长的教育工作者提供一定的理论和实践参考，同时也可以作为相关教育机构的选用教材。在本书的编写过程中得到了杨琇娟、杨雨涵、闫娣、杨百川、章新涓、胥婉真、王梦薇、刘月、高歌、杜方蕾、马雅卿、魏思静、姜烨、欧阳尚慧、尤宇锟、王楠、张敏、武海洋、孟芊雨、杜娟、张译文等团队成员的大力协助；在本书的出版过程中得到了青海师范大学科研处、党委宣传部、青海省人民政府－北京师范大学高原科学与可持续发展研究院等部门和西北大学出版社的大力支持，在此一并表示衷心的感谢。

感谢青海师范大学出版基金对本书出版的宝贵资助。

因作者水平所限，书中难免有疏漏、错误之处，还请读者批评指正。

侯广彦

2024 年 9 月

目 录

第一章　中学生的心理发展 …………………………………（ 1 ）
第一节　青春期生理的巨变 …………………………………（ 1 ）
第二节　中学生的认知发展 …………………………………（ 4 ）
第三节　中学生的情绪特征 …………………………………（ 9 ）
第四节　中学生的意志过程 …………………………………（ 12 ）
第五节　中学生的社会性发展 ………………………………（ 17 ）

第二章　心理健康教育 ………………………………………（ 27 ）
第一节　青春期心理的巨变 …………………………………（ 27 ）
第二节　心理健康的意义 ……………………………………（ 29 ）
第三节　心理健康的标准 ……………………………………（ 35 ）
第四节　中学生心理健康教育内容 …………………………（ 38 ）

第三章　西部地区中学生心理健康现状研究 ………………（ 49 ）
第一节　初中生学业压力、心理资本与学校适应的关系
　　　　及干预研究 ………………………………………（ 49 ）
第二节　初中生价值观、暴力态度和暴力行为的关系及
　　　　干预研究 …………………………………………（ 71 ）
第三节　初中生父母教养方式、自我控制与校园欺凌的

　　　　　　关系及干预研究 ………………………………… （103）
　第四节　初中生学业压力与学业情绪的关系及干预研究 …（125）
　第五节　初中生成就动机、心理弹性与学业倦怠的关系及
　　　　　干预研究 …………………………………………（147）
　第六节　初中生同伴关系、学业自我效能感与学习投入的关系
　　　　　及干预研究 ………………………………………（168）
　第七节　初中生羞怯心理与人际关系的相关关系及干预研究
　　　　　……………………………………………………（192）
　第八节　高中生人际关系对学业投入的影响：学业情绪的
　　　　　中介作用及干预研究 ……………………………（211）
　第九节　高中生亲子性话题沟通、亲子依恋和性心理健康
　　　　　的关系和干预研究 ………………………………（232）
　第十节　高中生心理弹性、心理健康与情绪调节自我效能
　　　　　感的关系及干预研究 ……………………………（258）
第四章　西部地区中学生心理健康问题及成因分析 …………（283）
　第一节　学生方面的因素 ……………………………………（284）
　第二节　家庭方面的因素 ……………………………………（289）
　第三节　学校方面的因素 ……………………………………（300）
　第四节　社会方面的因素 ……………………………………（303）
第五章　提升西部地区中学生心理健康的对策 ………………（306）
参考文献 …………………………………………………………（316）

第一章 中学生的心理发展

中学生是指接受中等教育的学生,年龄一般为 11~18 岁。其中 11 或 12 岁到 14 或 15 岁这段时间可称为青春期或少年期,也就是初中阶段,中学生在这一阶段生理与心理均会获得快速的发展,但相对于心理发展来说,生理发展速度较快一点,因此中学生的身心发展会出现种种矛盾,从而引发各种心理问题。进入高中阶段后,14 或 15 岁到 17 或 18 岁这一阶段也可称为青年早期,经过前期的发展,在这一阶段中学生的生理发展、智力水平以及其他心理品质的发展也慢慢接近成人水平。

第一节 青春期生理的巨变

青少年是童年期向成人期的过渡时期,在这一时期,青少年的生理与心理都会发生巨大的改变。生理的快速发展,涉及身体变化、性别特征发展、生殖系统发育、性成熟及脑部发展等。需要注意的是,每个青少年的生理发展速度都会有所差异,具体的变化和时间也会因个体而异。这是一个关键的发展阶段,因此青少年的心理发展需要家长和教育者提供一定的支持和指导,以帮助他们理解和适应这些变化。

中学生的生理发展主要在青春期,青春期是个体成长发育的第二个高峰期,这一阶段中学生的身高、体重都会加速增长,第二性征也逐渐发育。进入青春早期后,中学生其他的身体器官、神经系统进一步发展,这些生理变化在青春早期结束后也基本完成。

一、身体外形的变化

"发育加速期"是指身高和体重的加速增长,它标志着这一时期是自婴儿时期以后增长速度最快的时期。女孩的发育加速期一般开始于 10.5 岁,到 12 岁时发育速度达到最高峰。与女孩相比,男孩的发育加速期滞后 2~

3年，到13岁时才进入发育加速期。在发育加速期结束时，男孩的身高增长了28～31厘米，女孩增长了27.7～29厘米，男孩的身高也会高于女孩的身高，并会一直持续下去。

体重作为身体发育的一个重要标志，可以反映出中学生身体器官、肌肉以及骨骼的发育，同时也可以反映出一个人的健康和营养情况。青春期的快速身体发育是由摄取食物量的增长来提供能量的。尤其是在快速生长期，青少年摄入大量的食物，逐渐而不是猛然增加自己的热量摄取。在十几岁时，女孩平均每天需要大约2200卡路里的热量，男孩则平均每天需要2800卡路里。对大多数青少年来说，最主要的营养问题在于保证膳食的平衡。一小部分人的两种极端的营养摄取方法已经成为令人担忧的主要问题，可能对健康造成一定的威胁。其中最普遍的问题包括：肥胖和进食障碍。

第二性征发生变化。第二性征指的是青春期男女在激素的刺激下所展现出来的身体表里的一连串变化，是青春期性发展的身体外表展现。男孩展现为肌肤毛糙、体内脂肪少、喉结突出、嗓音粗犷、体毛前后发生变化等。女孩展现为肌肤细腻、体内脂肪增加、上围隆起、腔调变高、月经来潮等。除此以外，青少年的体形也越来越像成人。最显著的变化可能是女孩乳房突出和臀部变宽，男孩肩膀变宽。随着前额伸展、鼻子和下巴变得突出及嘴唇变大，青少年的面部比例也越来越接近成人。

二、身体机能的发展

关于大脑的发育的研究表明，个体大脑的发育存在两个加速期，一个是在5～6岁，另外一个就是在13岁，也就是青春期。在量的方面，个体的脑重和容量发生的变化不大，因为在10岁之前，儿童的脑重已接近成人的10%。在质的方面，青少年时期，大脑的灰质和白质都会发生变化。灰质的密度会减少，而白质的密度会增加，这意味着大脑的神经元之间的连接更加紧密，信息传递更加高效。皮层和海马体也正在不断发育。皮层是大脑最外面的一层，控制着人的感觉、思考、决策和动作等各种活动；海马体则负责记忆和空间导航等功能。在中学时期，这些部位的发育会影响中学生对信息的处理和记忆能力。

为了保证中学生生长发育的需要，心血管系统功能出现第二次加速成长发展并趋于稳定。首先，随着中学生活动量的增加，心脏的重量和密度出现成倍的增长。其次，随着年龄的增长，心律和脉动开始减慢，血压会逐步上升。胸腔发育成熟，逐渐变宽、增厚，心脏也随之向直立方向发展，从而使心脏射血更加有力，青春期心脏的射血量也接近成人的水平，比儿童时期增加将近2倍。除此之外，中学生的肺发育速度明显，肺活量是之前的2倍。骨骼和肌肉也发生改变，并且男女之间存在明显的差异。

三、性的发育和成熟

人体内各系统中最后一个达到成熟阶段的是生殖系统，其成熟是人体生理发育完成的标志。

（一）性激素的分泌

性器官渐渐成熟的时期是发育期，在此期间，脑垂体释放信号以刺激体内的其他腺体，进而分泌性激素，包括雄性激素或者雌性激素，这些性激素是成人水平的，不论男女都会分泌这些性激素，但男性分泌更多的雄性激素，女性分泌更多的雌性激素。其中，女生的性腺为卵巢，男生的为睾丸。性腺的发育成熟使女生出现月经，男生则出现遗精。

垂体通过刺激身体使得生长激素的分泌量增多，并与性激素协同作用，一起促进机体在青春期的迅速发育。这一生理过程在人体生长发育中起着至关重要的作用。

（二）性器官的发育

初级性征是指直接与繁殖相关的器官、结构的发展有关的特征。次级性征是与性成熟有关的身体外观，而与性器官无直接关系。

女孩初级性征的发展是指阴道与子宫的变化。次级性征包括乳房和阴毛的变化。乳房从10岁左右开始发育，阴毛从11岁左右开始出现，腋毛则在2年后出现。发育期男孩的性成熟经历了与女孩不同的过程。在12岁左右，男孩的阴茎和阴囊开始快速发育，3~4年后达到成人大小。在阴茎发育的同时，其他的初级性征也随着前列腺和精囊的发育而发展着，精囊是产生精液的地方。此时，次级性征也开始发展。在12岁左右，阴毛开始出现，接着出现腋毛和胡须。最终，由于声带变长，喉结变大，男孩的声音变得深沉。

（三）性机能的发育

性器官的发育使女生开始出现月经，月经初潮，即月经最开始的时间，是女生发育期最明显的特征。一般开始年龄为10~16岁。男生出现遗精，一般开始年龄为12~18岁。个体之间都存在差异，影响青春期个体生长发育的因素很多，诸如遗传、生活条件、家庭氛围、社会的发展、气候环境等。进入青春早期后，个体的发育基本达到稳定状态。

第二节 中学生的认知发展

认知在广义上来说，是指人类认识、理解事物与现象，并运用自身的知识与经验解决问题的能力总和，可以宽泛地理解为"智力"。而在狭义上来说，认知特指人类运用表象和基本概念进行分析、综合、判断、推理等认识活动的过程，与"思维"的概念等同。这两层含义之间的关系可以看成是智力与思维的关系，智力（或广义的认知）包含思维，思维是智力的最高级和最核心的部分。中学生智力的发展主要体现在思维能力的发展上。中学生的认知是伴随着他们的生理与心理变化而发展变化的，这种发展变化表现在量与质两个方面：在量的方面，中学生的各项认知能力（如感知觉、记忆、想象与思维能力等）在不断发展、完善；在质的方面，中学生的认知结构也在发生着质的变化，能够熟练运用假设、抽象概念、逻辑推理等方法更准确地、更有效地解决问题。

一、中学生思维发展的特点

根据皮亚杰的认知发展理论可知，中学生的认知发展属于形式运算阶段，该阶段的思维特征表现为能够将事物的内容与形式在大脑中分离，摆脱具体事物的束缚，基于假设进行逻辑演绎，并运用形式运算解决一些问题。

中学又分为了两个阶段，初中、高中阶段各自具有自己的特点。从初中二年级开始，学生的抽象逻辑思维开始由经验型水平向理论型水平转化，因此，青少年在初中时期的思维活动的主要特征是抽象逻辑思维居于主导地位，但在某些情况下，具体形象的思维成分仍然具有一定的作用；到高中二年级时，经验型水平向理论型水平转化初步完成，标志着他们的抽象逻辑思维趋向成熟。逻辑思维的发展是青少年思维发展的重点。

逻辑思维包含辩证逻辑思维与形式逻辑思维两大类别。这两者构成了抽象逻辑思维的两个发展阶段，其中，辩证逻辑思维以形式逻辑思维为基石，并在其基础上实现了升华。上述两种思维的逐步发展与成熟，是中学生思维能力提升的关键。进入高中阶段，青少年的形式逻辑思维已趋于稳定，获得了相当完善的发展，而辩证逻辑思维的发展则较为迅速。在这个阶段，形式逻辑思维在思维活动中占据主导地位，而辩证逻辑思维的发展水平低于形式逻辑思维，两者的发展相辅相成，使得中学生的思维发展水平更加成熟与完善。

二、中学生逻辑思维的发展

(一)抽象逻辑思维的发展

中学时期，学生们的抽象逻辑思维能力经历了显著的提升和发展。然而这种发展存在一个过程，初中阶段与高中阶段的思维是不同的。在初中阶段，抽象逻辑思维渐渐占据主导地位，但仍需依赖于具体的、直观的感性经验作为支撑。而到了高中阶段，抽象逻辑思维已经发展成为理论型，个体能够在思维中独立进行抽象符号的推导，并运用理论来分析、综合各种事实材料，从而不断拓展自身的知识领域或解决各类问题。该阶段，青少年的思维发展涵盖了由特殊至一般的归纳过程，以及由一般至特殊的演绎过程。这一过程实现了从具体实践向抽象理论的跃升，并进而运用理论指导新的学习实践。因此，青少年的思维模式展现出鲜明的过渡性特征，即从以经验为主导的模式逐步过渡到以理论为主导的模式。在此过程中，他们的抽象逻辑思维能力得到了显著提升。

(二)形式逻辑思维的发展

形式逻辑思维是抽象逻辑思维的发展的初级形式，中学生的形式逻辑思维能力的发展主要包含概念的发展和推理能力的发展两个方面。

1. 概念的发展

进入中学阶段之后，个体日益掌握了更多的抽象概念和更复杂的概念系统，并且初、高中学生在理解字词概念的能力上存在着明显的年龄特征。大多数初中一年级学生仅仅停留在功能性与具体描述层面上，并慢慢向更深层次的本质定义与具体解释转变。初中二年级是字词概念理解的关键点，此时大多数学生能够理解本质的定义，并做出一些具体解释。然而，当他们进入高中阶段后，更多的人不仅达到了接近本质定义的水平，而且在字词概念的掌握程度上也明显超过了初中阶段。此外，高中生还能相对准确地定义社会概念、哲学概念和科学概念。

经过深入研究，学者发现分类能力可分为四个层级：一级水平表现为无法正确归类，且无法阐述分类的根据；二级水平能够准确分类，但无法明确阐述分类的依据；三级水平虽能正确分类，但仅能依据事物的外部特征或功能特点进行解释，未能触及事物的本质；四级水平能够正确分类，并能明确揭示分类的本质依据。初中生在概念分类上多处于三级和四级阶段之间，这显示出他们的分类能力正在逐步深化。相较之下，高中生的概念分类多数已达到四级水平，他们能够根据事物的本质进行分类，逐渐构建起系统化、完整化的概念体系，不再片面。这一发现对于理解不同年龄段学生的认知发展具有重要意义。

2. 推理能力的发展

初中一年级的学生便已经具备了很多种逻辑推理能力。

推理是一种需要做出推论的特殊问题解决的方式，即推理需要超越原先给定的信息。初中生的逻辑推理能力发展显示出不均衡性的特点，归纳推理能力相对较强，而演绎推理能力相对较弱。在演绎推理的具体掌握过程中，是有先后顺序的。对初中生来说，最先掌握的是直言推理，随后逐步过渡到复合推理和选言推理，最后才能较好地掌握连锁推理。这一发展规律体现了初中生逻辑推理能力的逐步成熟与提升。研究发现，中学生在类比推理、传递推理、演绎推理、归纳推理等方面发展并不均衡。像大家熟知的类比推理，是指一种通过已知的事实推论未知的事实的推理形式。国内研究通过观察12~18岁中学生类比推理的发展特点，发现类比推理能力发展存在个体差异。中学生的类比推理能力随年龄及年级的增长而不断提高。男生的类比推理能力在整个初中阶段发展都比较快，女生的类比推理能力只在初一发展较快。此外，理科生的类比推理能力要好于文科生，高二时这种差异接近显著，高三时这种差异达到显著水平。

（三）辩证逻辑思维的发展

辩证逻辑思维是逻辑抽象能力发展的高级形式，这种思维形式在高中阶段迅速发展并开始占优势地位。在高中生的思维过程中，抽象与具体获得了一定程度的统一。其理论型的抽象逻辑思维正经历着迅速的发展。这一思维过程涵盖了从特殊到一般的归纳过程，同时也涵盖从一般到特殊的演绎过程。这体现了从具体实践到理论升华，再利用理论指导具体实践的过程，是辩证逻辑思维发展的显著体现。高中生在学习和实践的过程中，他们逐渐能够认识到一般与特殊、归纳与演绎、理论与实践之间的对立统一关系，并逐渐形成全面、动态、统一的观点来认识、分析和解决问题。这些都是高中生辩证逻辑思维发展的明确标志。国内研究表明，初中一年级的学生已经开始初步掌握辩证逻辑思维，但其水平尚待提高；初中三年级学生的辩证逻辑思维快速发展；而高中学生的辩证逻辑思维已经占据主导地位。

三、其他认知能力的发展

（一）观察力的发展

进入中学阶段后，学生智力活动的自觉性逐渐提升，学科内容不断深化，在观察力方面中学生取得了显著进步。具体表现在以下几个方面：

首先，中学生在观察的自觉性方面有了显著提升。相较于小学生，中学生不仅能够高效完成教师布置的观察任务，还能主动选择观察对象、制订观察计划，并采用合适的观察方法。

其次，中学生在观察的持久性方面也有所增强。他们已能够进行有意识的观察，但在某些情况下，仍可能出现观察不稳定或受情绪影响的现象。

最后，中学生在观察的精确性方面取得了明显进步。他们不仅能够抓住事物的主要特点，将其与相近事物区分开来，还能全面、深刻地观察事物的外部属性和本质特征。同时，中学生在观察事物时，不仅关注整体轮廓，还对细节有较高的感受性。

（二）记忆力的发展

经过小学阶段的发展，初中生的记忆力呈现出显著的变化。除了记忆容量的增长，还表现在以下几个方面：

首先，初中生的记忆在有意性方面得到了加强。相较于小学阶段的无意识记忆，初中生开始更加有意识地选择并记住对他们有意义的信息。他们往往能够更好地记住那些感兴趣、新颖、直观的材料，而对于一些较为抽象的内容，如系统的理论、公式、定理等，记忆效果则相对较差。然而，随着教学的影响，他们逐渐学会了使记忆服从于意识的任务和教材的性质，有意记忆逐渐成为主导。

其次，意义记忆在初中生中开始占据主导地位。随着年级的升高，学生对记忆材料的要求越来越高，他们需要对材料进行深入的分析和综合，找出各部分内容之间的内在联系，从而通过理解来掌握学习内容。这种对意义记忆的要求促使他们的意义记忆迅速发展，而机械记忆的成分则相对减少。

最后，抽象记忆能力在初中阶段得到了进一步发展。在具体形象记忆的基础上，初中生开始形成和发展抽象记忆。他们开始能够运用抽象公式和定理来理解具体事物，这使得他们的记忆开始向理解水平迈进。然而，需要注意的是，初中生的抽象记忆仍然是初步的，他们对具体材料的记忆指标仍然高于对抽象材料的记忆指标。到了高中阶段，抽象记忆将占据优势地位。

总的来说，初中生的记忆力发展表现为有意性加强、意义记忆占据主导地位以及抽象记忆能力进一步发展。这些变化为他们在高中阶段的学习奠定了坚实的基础。

(三) 注意力的发展

初中生注意力的发展主要体现在两大方面：

首先，有意注意能力持续精进。中学生开始展现出独立、专注的学习态度，能够有意识地调节和控制自己的注意力，确保将注意力集中在关键任务上，不受外部因素的干扰。

其次，注意力稳定性逐步提升。中学生的注意力持续时间一般能够维持在40分钟左右，并且随着年龄的增长，他们的注意力稳定性水平还将不断提高。这显示出初中生在注意力控制方面的成熟与进步。

(四) 想象力的发展

中学生想象力的发展相较于小学生有了显著的提升，具体体现在以下几个方面：

首先，中学生的想象力更具计划性和目标性。随着知识经验的不断丰富和记忆表象的积累，中学生的想象力开始展现出更高的有意性和目的性，他们能够更加主动地控制和引导自己的想象过程，使得有意想象逐渐占据主导地位。

其次，中学生的想象力更加贴近现实生活。随着认知能力的提升，他们开始更加关注现实生活和社会环境，并将其融入自己的想象。这种趋势使得中学生的想象更加具有现实意义和可操作性，能够更好地满足他们的生活和学习需求。

最后，中学生的创造想象力得到了显著的发展。他们不仅能够更加灵活地运用已有的表象进行想象，还能够独立地进行创造性想象，提出新颖、独特的想法和解决方案。这种发展趋势预示着中学生在未来的学习和工作中将具有更强的创新能力和创造力。

第三节　中学生的情绪特征

青少年是生命力最旺盛的群体之一，他们的身体和心理都处于快速成长的阶段。在这个阶段，青少年的情绪特点也非常突出，充分表现出半成熟、半幼稚的矛盾性特点。其情绪虽不像以往那样单一，但也不如大人情绪体验那么稳定，表现出明确的两面性。

一、从情绪状态看，情绪不稳定易于波动

(一) 热情与冲动

青春期情绪的一大特征是青少年的"成人感"，他们渴望以成熟大人的身份参与生活，追求与成年人同等的地位和权利。这种渴望赋予了他们特别的热情。在这个阶段，他们可能会对某一门知识或活动产生强烈的兴趣，甚至愿意为之投入大量的时间和精力。然而，这种热情并非持久不变，由于他们内心的不稳定性，他们的兴趣可能会忽高忽低，导致热情难以持续，甚至经常感到沮丧。

这个时候，他们的情绪就像一匹狂奔的野马，很难驾驭，也很难控制。他们的热情可能会使他们过于激动，倾向于与人争论，难以妥协，并可能展现出易怒的情绪，特别是当外界的评价触及他们的品德和行为，以及对他们进行观点的肯定或否定时，这种情况尤为明显。在这个时候，他们追求一个非凡的伟大的目标，但是，他们通常倾向于对普通的工作嗤之以鼻，不能充分理解它的重要性，不能充分估计它的难度和结果。而且容易一时冲动，做出极端的举动。

(二) 细腻与狂暴

青少年经过成长，情绪体验已逐渐摆脱了简单和粗糙的特点，情绪展现逐渐多元化和细致化。这得益于他们认知水平的提升以及能力的增强。他们现在可能展现出更为温和亲切的一面，情感更为细腻，不再轻易因小事而发火。然而，这并不意味着他们的情绪已完全稳定。在某些情况下，他们的情绪反应可能会异常激烈，如同"疾风暴雨"一般。他们的情绪仍具有强烈的冲动性和爆发性，对于同样的刺激，他们可能会产生更为强烈的情绪反应。此外，由于他们具有强烈的好胜心和相对较差的自我控制能

力，他们的认知与行动并不总是完全同步，因此可能会因一些小事而过度激动。

(三) 掩饰与袒露

青少年相较于儿童，在情绪展现方面已逐渐摒弃了那种毫无保留的天真与坦率。在某些特定情境中，他们已能够熟练地将各种情绪内化于心，而不轻易流露于表面。同时，他们也明白了如何妥善对待秘密。这种善于调控自我情绪的能力，是青春期发展的一大显著特征，亦体现了他们日渐丰富的内心世界。

在情绪表达方面，青少年通常不会像儿童那样直接袒露内心感受。他们有时所展现的情绪与内心体验相符，但也可能存在不一致的情况。在某些情况下，他们可能会夸大自己的情绪表达，会自觉或不自觉地带上表演的痕迹，是故意给别人看的。青少年在团体中有时为了从众或其他一些想法，会给情绪加上一层表演的色彩，即在情绪的表露上失去了童年时那种自然性，带有造作痕迹。

二、情绪上具有强烈、独特的特点

(一) 心境的变化

心境是一种稳定、持久且和缓的情绪状态，它通常在青春期后期开始形成，是情绪发展的重要标志。心境的特点在于其普遍性和持续性，它并非针对某一具体事物，而是对过往经历的情感状态的一种持久反映。在青春期，个体的情绪容易波动，但随着时间的推移，他们开始形成稳定的心境，这标志着他们的情绪发展进入了一个新的阶段。积极的心境能够激发情感共鸣，而消极的心境则可能导致情绪的扩散和迁怒。因此，对于个体而言，培养积极的心境对于情绪管理和心理健康至关重要。

(二) 孤独与寂寞

霍林沃思定义了"心理断乳期"这个概念，指青春期至青年早期这一段时间，这一术语象征性地描绘了青少年从心理上与父母解绑，渐渐形成独立思维和自主行动能力的过程。虽然他们在主观上渴望独立，并拥有自己的思考和见解，然而在现实生活中，他们却发现自己在短时间内完全适应独立生活是相当困难的。青少年的内心冲突及在现实生活中遇到的挫折比较多，依靠自己的力量难以解决，但又不愿求助于父母，担心有损于独立的人格，因此产生一种孤独的心境。

青春期的男性和女性慢慢有了界限，并且这种界限日益明显，随着年龄的增长，人们的朋友圈逐渐缩小，转而更专注于自己内心的探索。在这一过程中，青少年的自我意识不断增强，他们渴望展现自我以获得他人的认可，但有时会显得不够谦逊。为了与周围环境保持和谐，并获得他人的认可，他们常常需要审视自己的行为和态度。在这一阶段，他们可能会体验到强烈的孤独感，这是因为外部世界与内心世界的差异使得他们更倾向于内省和独处。这种内心的体验虽然有助于稳定他们的情绪，但也可能压抑他们的情绪。

(三) 烦恼与忧郁

进入青春期之后，很多问题接踵而至，很多学生面临这些问题短时间内无法自己适应解决，增添了许多烦恼。

1. 外观形象的变化

青少年迫切地想改变自己在他人心中的形象，但又找不到一个合适的、满意的答案得到别人的承认和喜爱，从而产生一些消极的心境。

2. 与父母的关系出现裂痕

青少年的有些想法与要求总是得不到父母的支持，还经常遭受来自父母的干涉，总觉得父母不能理解他们，因此与父母的感情逐渐疏远。

3. 在和同伴相处的过程中，某些个体可能会表现出一定的不适应

特别在学习环境中，由于生理状态的变化，这些个体往往容易受到情绪的干扰，表现出分心、焦虑等负面情绪，这无疑会影响他们的学业表现。

在与同伴的交往中，一向处于优越地位的人，由于年龄的增长和生理的变化，他们的身份地位有所下降，他们对此感到难以理解从而造成困扰。某些青少年小时候并未在同龄群体中表现得很优异，但他们并没有因此而沉溺于消极情绪中。然而，当他们进入青春期，自我认知逐渐增强，对自尊的需求也变得更为迫切，他们渴望得到同龄人的接纳、认同和喜爱。这种渴望对于那些过去未曾经历过这些情感，且在各方面能力上有些欠缺的学生来说，反而成为一种内心的负担。

(四) 压抑

青少年普遍会经历压抑的心理状态，这种状态源于个体的需求与愿望无法得到满足。随着生理与心理的发展，青少年会产生很多生理与心理的需求，但许多需求都是不切实际的，有的会遭到来自父母的阻止，有的会因为自身的经历而导致失败，青少年又处于一个争强好胜的年纪，自尊心易遭受打击，所以当需求得不到满足时，会使自己处于一种压抑的心境。当然青少年并不是只有消极的心境，也会存在一些积极的心境，但还是以消极的心境占大多数，需要父母与老师的精心指导。

第四节　中学生的意志过程

意志是一种心理过程，在此过程中，个体有意识地支配和调节自身行为，克服各种困难，从而实现预定的目标或目的。此外，个体需要积极应对挑战，坚定信念，不断调整策略，以达成预期的结果。它是人类特有的心理现象，也是人的意识能动性的表现。意志必然伴随着克服困难、挫折。中学生正值青春期，这是一个过渡的时期，他们逐渐有了一些不同于儿童期的特征，有一定的独立性，但尚未完全独立，他们慢慢开始决定自己的行为，不论是在法律上还是道德上都要为自己的行为担负一定程度的责任。同时，该时期他们的负担慢慢加重，不只是课业任务，还有人际关系的处理等，他们逐渐开始承担一些由成人担负的工作，这些负担无法避免。他们介于儿童和成人之间，地位的不确定性和社会对他们要求的不确定性，会让他们面临一些挫折和困境，如何评价和应对这些挫折，与意志品质的培养息息相关。

一、意志的特征

（一）明确的目的性

意志是个体为实现特定目标而经历的心理活动，其特点在于具有清晰的目的导向。对于中学生而言，他们的意志过程尤为体现出明确的目的性。这一过程建立在深思熟虑的基础之上，个体对行动的目标有着深刻的理解。因此，中学生的行动不是出于勉强或一时冲动，而是经过深思熟虑后做出的决策。

离开了明确的目的，就无意志可言。处于青春期的中学生逐渐有了一定的责任感和目的导向，可以决定某些活动如何进行。意志过程是思维过程见之于行动的心理过程，在明确的目标指导下，我们方能采取明确的行动，并有效避免与目标相悖的行为。

青春期个体的心理活动常呈现出一种复杂且多变的状态，其心理特征兼具成熟与幼稚的双重性质。受生理发育的影响，他们在人际交往、情感表达以及行为决策等方面均展现出显著的变化。因此，在面对困难时会有自己的评价与看法，在意志活动过程中，应对挫折的时候明确地知道自己想要实现的目标，只有知道自己意志行动的目的，才能采取接下来的行动。

（二）以随意运动为基础

个体的行动是由动作组成的。动作可以划分为不随意运动和随意运动两种：不随意运动是指无预定目的的运动，随意运动是指有预定目的、受意识指引的运动。随意运动在人们的日常生活中扮演着至关重要的角色。通过随意运动，个体能够有目的性地组织、指挥和调节一系列的动作，从而实现预设的目标。事实上，随意运动是意志行动不可或缺的一部分，它为意志行动提供了坚实的基础。因此，对于理解和研究人类行为而言，随意运动的重要性不容忽视。青少年在意志过程中能够按照预期目的主动调节自己的心理活动和行动。

在某些情况下，青春期的个体似乎能表现出一些勇敢精神，但这种勇敢精神会有一些莽撞和冒失的成分，他们在思想上很少受条条框框的限制和束缚，在主观意识中没有太多的顾虑，常常能够果断地采取随意行动。当然，这种随意行动是带有目的性的，此时的青少年是可以为自己的行动负一定责任的。随意运动的后果部分由其自身承担。

（三）与克服困难相联系

意志和意志行动始终是与克服困难相联系的，它涉及个体对自身行为调节和支配能力的发挥。克服困难需要努力克服外部和内部的困难，克服困难是一个积极的过程，需要个体具备决心和毅力。个体会面临各种挫折，只有克服困难，个体才能实现自己的目标，让自己的身心更加健康。若感知过程被视为外部刺激向内部意识的映射，那么，意志过程则是内部决策向外部行动的转化。

青少年面临的内部困难通常有经验不足、能力不够、思想矛盾、情绪干扰、懒惰等；外部的困难是实现目的的过程中所遇到的客观阻力，如学业压力、人际交往、家庭条件等。青少年要克服这些困难，就必须充分发挥主观能动性、自我意识的积极性，对自己的活动和行为进行自觉的组织和调节。而这一切取决于行动目的，目的越清晰、越客观，克服困难成功的可能性就越高；目的越符合自身实际情况，克服困难的毅力也就越强。

二、意志行动的表现

(一)目的性和计划性

意志行动必然有着可实现的目的和计划,虽然会面临一些挫折和困境,但是可以经过努力克服,并非不切实际。没有目的和计划,就不能称之为意志行动。对于青少年来说,制订合理周密有逻辑的计划固然困难,但这是其成长过程中必然要经历的过程,经验是需要累积的,一次又一次的经验会让他们学会如何确立现实的目标以及制订合理的计划。

(二)主动性和创造性

意志行动是个体发挥主观能动性的一个过程,这个过程中也伴随着创造。中学时期是一个人一生之中人格建立的关键阶段,而主观能动性不仅可以让生活和学习充实有趣,也能促进青少年建立正确的人生观、世界观、价值观,从而使得人格更加统一完整。在意志活动过程中,中学生的主观能动性可以得到充分发挥,也可以得到锻炼升华。

(三)前进性

意志行动的结果虽然有成功也有失败,但只要坚持下去,它就不会永远停留在一个水平上,而是一个发展进步的过程,呈现出波浪式前进、螺旋式上升的状态。青少年的心智发展尚未完全成熟,总倾向于认为不太好的结果就是失败,其实不然,在意志过程中,过程的意义远远大于结果。在意志活动的过程中,青少年可以清晰地看到自己计划的不足以及过程中的疏忽之处,虽然结果没有达到预期效果,但可以为下次的行动积累经验,从本质上来说这也是一种前进。

(四)符合客观规律

意志行动一定是符合客观规律的,不会违反常理,是一个合理的过程,立足于现实,实事求是。脱离现实的行动是必然不会有好结果的,只有尊重客观规律,实事求是,才能实现完整的意志活动过程。学校授课的时候,要让学生尊重客观规律,脚踏实地地安排自己的事情。

三、意志行动的基本阶段

(一)采取决定阶段

采取决定阶段是意志过程的开始阶段,决定着意志活动的方向性和实现的可能性，具体包括动机斗争、目的确立、方法选择和计划制订四个环节。在人的意志过程中，常常会面临多个目标的抉择。然而，这些目标往往不能同时达成，这便导致了意志过程中的动机斗争和冲突抉择。

对于青少年来说，内心的冲突和斗争更容易引起不稳定的情绪状态，如紧张、焦虑、烦躁、心神不定等等。根据意志行动通常表现为接近或回避某一目标的这个特点，可以把冲突分为双趋冲突、双避冲突、趋避冲突和多重趋避冲突。在解决动机斗争的基础上，个体才能确立明确的行动目标，并选择恰当的策略、方法和手段。之后，个体可以制订一个切实可行的行动计划，以确保其目标能够顺利达成。

（二）执行决定阶段

执行决定阶段是主观见之于客观的实践活动阶段，即把预期目的和计划付诸实际行动以完成意志行动的阶段，该阶段是意志行动中最重要的阶段。在这一阶段，个体努力坚持执行所制订的行动计划，全力以赴地克服主观和客观上的种种困难，以确保计划得以顺利实现。

对于青少年来说，这一阶段相当重要，朝着既定的目的，顺利地执行计划，将其付诸实践，意志过程的顺利完成会极大地增加青少年的自信，培养青少年的自尊心，产生强烈的满足感，提高对自我的认同感。如果在执行原定计划时遇到障碍就半途而废，这是意志薄弱的表现。

四、意志的品质

（一）自觉性

意志的自觉性即一个人清晰地意识到自己行动的目的和意义，并主动支配自己的行动，使之符合既定目的。自觉性在活动中表现为坚定立场，始终如一地追求目标，它的对立面为受暗示性和独断性。

青少年的心智尚未完全成熟，尽管他们的认知能力显著提升，能够以更为抽象、复杂和独特的方式审视自我，但青春期的问题接踵而至，使他们在短时间内难以适应，很容易受到暗示，也容易因为情绪所表现的两极性而武断地做出决定。因而培养青少年意志的自觉性是一个很大的挑战。

（二）果断性

意志的果断性是指个体在面临选择时，能够辨别是非曲直，敏锐捕捉时机，迅速且明智地做出决策，并坚定不移地执行该决策的能力。这种特质体现了个体在行动上的决断力与坚韧性，是其个性中不可或缺的一部分。表现为需立即行动时，迅速做出决定；需要改变行动时，随机应变；善于审时度势，对问题情境做出正确的分析和判断。其对立面是优柔寡断和草率武断。

青少年阶段，个体经历了显著的身体发育，不知不觉催生了一种成人感。在心理层面，他们渴望迅速以成人的身份融入社会，摆脱与童年时期相关的所有束缚和限制。他们寻求新的行为准则，承担新的社会角色，并期望获得与之相适应的社会评价。这一过程旨在重新探索和领悟人生的深层意义，为他们的未来发展奠定坚实的基础。这种成熟感会让他们迫不及待地自己做决定，因此做出的决定很可能草率武断。也有一些青少年在"心理断乳期"，过于关注自己，在乎别人的看法，爱幻想，可能会在决定问题的时候优柔寡断。意志的果断性需要有一定的知识储备、生活阅历以及成长经验，在培养青少年意志果断性的时候不能操之过急，要循序渐进。

（三）自制性

意志的自制性是一种极其宝贵的品质，它体现在一个人能够理智地驾驭自己的情绪，并在行动和言语中展现出自我约束的力量。这种特质不仅表现为坚定执行个人决策的能力，更体现在其出色的组织能力和严明的纪律性。同时，这种品质还赋予了一个人控制自己情绪和冲动的能力，使他在面对挑战和压力时能够保持冷静和理智。这种对自我情感和行为的掌控力，无疑是个人在追求成功和成就过程中不可或缺的核心要素。其对立面为任性和怯懦，具体表现为感情用事，为所欲为，胆小怕事，惊慌失措。

青春期是个体身心发展的重要阶段，随着身心的逐步成熟，青少年可能会对生活持有消极反抗的态度，并对以往形成的良好品质产生质疑。这种反抗倾向可能导致青少年抗拒父母、学校及社会的要求和规范，在执行计划的时候极有可能意气用事，造成一些不太好的后果。另外，青春期是一个充满剧烈变革的阶段，青少年的身体构造、外貌形象、行为模式、自我认识、社交和情绪特征、人生观等方面均逐渐摆脱儿童的特质，日趋成熟，更加趋于成年人的思维方式。这些迅速而深刻的变化，可能会引发青少年在心理层面上的困扰，造成焦虑、自卑、抑郁等问题。在处理事情时很可能以消极怯懦的方式去应对。家长和学校在培养孩子意志品质的时候，要有耐心，积极引导，培养他们的自制性。

（四）坚韧性

意志的坚韧性是指个体在行动过程中，能够坚定不移地执行自己的决策，面对各种困难和挑战时，能够保持不屈不挠的精神，持续努力并最终达成目标的优秀品质。表现为能坚持原则，抵御各种内外干扰，审时度势，灵活机动地达到预定目的。其对立面是动摇性和执拗性，具体表现为虎头蛇尾，见异思迁，固执己见，我行我素。

对青少年来说，进入青春期，除了身体外形的改变，他们身心的负担也逐渐加重。当然，这个时期的负担是不可或缺的，没有适当的负担，他们日后难以成熟。但负担过重，他们难以承受，会经历一次又一次的挫折，久而久之，就会形成"习得性无助"，对于自己的目标产生动摇，难以坚持下去，之后随意更改目标和行动方向。此外，还有些青少年逆反心理较为严重，对自己的行动不做理性评价，执迷不悟，更有甚者明知不可为而为之。对此，家长要和青少年进行充分的沟通，避免打骂，耐心了解孩子的需求和看法。如果孩子看法正确，要适时地给予鼓励和帮助，支持他们实现想法，让他们坚持下去。如果需求不合理，要帮助纠正，让孩子明确是非。家长要付出时间和精力去鼓励、培养孩子的意志品质。

第五节　中学生的社会性发展

一、社会性发展的概念

个体的发展不仅表现为认知的发展，也表现为社会行为的发展。社会性发展（social development），是指个体在与社会环境持续互动的过程中，逐步学习、内化并应用社会规范与行为技能，从而实现社会化的过程。这一过程涉及个体对社会角色、社会责任，以及社会期望的理解和适应，是个体成为社会成员所必需的关键环节，也叫作社会化（socialization）。对中学生社会性发展过程的研究主要集中于道德判断的发展与人格发展等方面。

在心理学领域，社会性发展与社会化这两个术语虽时有交叉使用，但它们各自所指的焦点并不相同。个体要实现社会性成长，既需要经历社会性发展的过程，也离不开社会化的过程。社会化的成果直接反映在社会性发展中。社会化更侧重于个体如何由独立状态转变为社会状态，如何更好地与社会群体相融合。相对而言，社会性发展更关注个体自身的成长与变化，特别是其发展过程中所形成的成长模式以及心理品质的提升与优化。

二、社会性发展的理论

(一)班杜拉的社会学习理论

行为主义心理学派主张人格的发展和形成在很大程度上受到环境因素的影响。根据这一理论,人类的学习机制类似于动物,都是通过外部刺激和强化的过程来塑造行为。在这一观点下,班杜拉提出了社会学习理论(social learning theory),将行为主义的学习观点扩展到了社会行为领域。他认为,人,特别是儿童,通过观察他人的行为来学习新的技能和态度,并且在这个过程中表现出主动性。班杜拉特别强调了观察学习(observational learning)的重要性。他认为,儿童在日常生活中,通过观察父母、同龄人、教师和其他社会角色的行为,来学习并模仿这些行为。此外,随着科技的发展,媒体也成为儿童观察学习的重要来源。无论是通过面对面的互动,还是通过电视、电影、互联网等媒体,儿童都在不断地观察和模仿他人的行为。此外,班杜拉的社会学习理论还强调了替代强化(vicarious reinforcement)的重要性。这意味着,儿童通过观察他人的行为及其结果,来调整自己的学习行为。当儿童看到他人因某种行为而受到奖励时,他们更有可能模仿这种行为;相反,当看到他人因某种行为而受到惩罚时,他们可能会避免这种行为。

综上所述,班杜拉的社会学习理论为行为主义心理学派提供了一个重要的视角,即人格的发展不仅受到环境因素的影响,而且个体在观察学习过程中表现出显著的主动性。这一理论强调了观察模仿和替代强化在塑造个体行为中的重要性,为我们理解儿童如何通过与他人的互动和观察学习来形成和发展自身行为提供了重要的启示。

班杜拉提出了内在强化(intrinsic reinforcement)的概念,即强化可以来自个体内部,而不仅仅是外界环境。当儿童学会如何画五角星并从中体验到喜悦,或是与同伴玩耍时感受到快乐,这些内在的情感满足同样可以强化他们的行为。班杜拉认为,个体的人格特质主要是在社会环境中通过观察和模仿他人而形成的。儿童通过观察他人的行为及其结果来学习,并模仿这些行为。这些行为所受到的奖励或惩罚都在影响着他们以后的选择和行为。

(二)生态系统理论

"系统"一词,意指由各个部分组合而成的整体。1930 年,Hankis 将系统理论引入社会工作领域,随着社会的进步,该理论逐渐发展并日臻成熟。至20世纪60年代,社会工作专业开始广泛应用系统理论进行研究与实践。该理论的核心观点是,一个系统由多个子系统构成,这些子系统既相互关联又相互制约,共同维持系统的稳定与功能。

生态系统理论则侧重于从个体所处的环境角度探讨问题产生的根源。个体的成长和发展受到多重环境的影响,包括个体、家庭、朋友、学校、社区,以及更广泛的社会环境。这些环境因素相互交织,构成了一个复杂的生态系统。在这个系统中,个体与环境相互作用,共同影响着问题的产生和解决。在家庭系统理论中,家庭成员间的沟通交流方式被认为是影响家庭功能的关键因素。不良的沟通方式可能导致家庭成员之间出现问题,进而影响整个家庭的功能。同时,家庭所遭遇的危机也被视为一种挑战和机会,通过适当的应对和处理,可以促进家庭的成长和发展。对于因"问题"导致的家庭功能失调,也可以采取相应的方法和策略来有效解决。

(三)依恋理论

依恋理论着重研究个体与他人之间亲密关系的形成及其对个体心理、行为等方面的影响。其起源可追溯到鲍尔比的观点,他认为依恋是个体与主要照顾者(如父母)之间形成的一种深厚、持久且亲密的情感纽带,它为婴儿提供了必要的安全保障。依恋理论的核心在于,婴儿和儿童时期形成的依恋模式会构成个体一生中处理人际关系的基础模式。这种模式对个体的心理和行为产生深远影响,并伴随其一生。

依恋关系可细分为亲子依恋和同伴依恋。亲子依恋特指父母与子女间的情感联系,它是儿童早期安全感的重要来源。而同伴依恋则涉及与同龄人、朋友甚至恋人之间建立的情感纽带。研究表明,在中学阶段,同伴依恋的质量可能会超过亲子依恋,但后者在个体发展中仍具有不可替代的作用。

(四)柯尔伯格的道德推理阶段理论

"汉斯偷药"是柯尔伯格在研究中使用的一个著名的两难问题。你对这个两难故事将做出怎样的判断?

一位罹患癌症的女性患者生命垂危,据医生诊断,唯有某种特效药物方能挽救其生命,而这种药物仅由一家药店独家供应。患者的丈夫汉斯先生遂前往该药店寻求购买,然而他发现该药物的售价高达2000美元,这一价格竟是其成本的十倍之巨。

尽管汉斯先生竭尽全力筹措资金，但仅筹集到1000美元，他恳请药店老板减价或允许其赊账，然而药店老板坚决拒绝，坚称售药就是以盈利为目的。在此情况下，汉斯先生迫于无奈，选择在夜深人静之际潜入药店，将药物窃走。

关于汉斯先生此举是否妥当，以及其原因何在，实有必要进行深入分析。在法律层面，汉斯先生的行为无疑构成了盗窃，这是对社会秩序和他人财产权益的严重侵犯。然而，在道德层面，他的行为或许可得到一定程度的同情和理解。面对挚爱生命垂危，汉斯先生所表现出的无助与绝望，以及他对药店老板冷漠态度的无奈反应，均体现了人在极端困境下的挣扎与抉择。

柯尔伯格对 75 名 10~16 岁的男孩进行了追踪研究。根据研究结果，他认为儿童是以一个独立的方式做出道德判断，而不是将父母、老师或同伴的标准加以内化得到的。柯尔伯格认为，道德推理存在三个层次的发展时期，即前习俗道德（preconventional morality）时期、习俗道德（conventional morality）时期和后习俗道德（postconventional morality）时期，每一时期又分成两个阶段，一共有六个阶段。

1. 前习俗道德时期（4~9 岁）

儿童在成长的过程中，会经历一个外在控制的阶段，其中他们倾向于遵循能够带来奖励或避免惩罚的原则。这一阶段可细分为两个子阶段：

（1）对惩罚的规避阶段　在这个阶段，儿童的行为主要受到行为结果或刺激的物理特性的影响。他们会遵守他人的规则，主要是为了逃避惩罚并寻求奖励。

（2）相对功利阶段　在这个阶段，儿童开始从自身的利益出发，并根据他人可能给予的回报来评估是否应该遵循规则。他们根据是否满足了自己的需求来评价自己的行为。

2. 习俗道德时期（10~13 岁）

儿童将权威的准则内化为自我行为准则，遵守法规以满足他人期望和保持社会秩序。

（1）求认可阶段　儿童会表现出取悦他人和助人的倾向。他们常常自我反思是否是一个好孩子，并根据自身的标准来评判。在这个过程中，儿童会综合考虑行为的动机、行为者的特点以及当前的环境因素，从而对行动进行合理的评估。

（2）顺从权威阶段　他们开始深入思考社会规范、道德良知和个人责任。他们尊重权威，并认识到维护社会秩序的重要性。如果一个行为违反了法律法规，并对他人造成了伤害，他们会毫不犹豫地认为这是不对的。

3. 后习俗道德时期（14岁以后）

他们已将道德观念深植于心，对道德原则间的冲突有深刻的认识，并具备从中做出明智选择的能力。

（1）法治观念阶段　人们以理性的思维来审视问题，重视并尊重多数人的意愿和社会整体福祉，坚信依法行事是实现最优解决方案的最佳途径。

（2）价值观念阶段　人们依据个人的道德观和判断行事，不受外界法律或他人意见的左右。他们的行为遵循内在的道德准则，受到良心的制约。

柯尔伯格认为，并不是每一个人都会经历所有这些发展时期，事实上，有些人直到成年也没有超越寻求认可或顺从权威的阶段。

三、中学生社会性发展的表现

（一）中学生的道德发展

柯尔伯格（1976）继承并发展了皮亚杰的理论，提出了道德推理发展理论。他运用开放式两难故事法来研究，将道德发展细分为前习俗、习俗和后习俗三个层次，每个层次包含两个阶段。柯尔伯格认为，道德发展阶段具备四个关键特征：结构差异、顺序稳定、结构完整和层次整合。他强调，道德判断的发展与年龄阶段紧密相关，并且不同道德推理发展阶段可能在同一时期共存。当个体更加关注他人的观点并超越自我中心时，其道德推理会从关注个人幸福的前习俗水平，逐步发展到考虑他人观点的习俗水平，最终到达能够协调多元观点并根据普遍原则做出道德决策的后习俗水平。

不同文化群体的道德判断发展趋势是一致的，10岁时以前习俗水平为主，到16岁时习俗水平占优势，这时道德判断发展主要表现为：处于较低的道德发展阶段的比例随年龄增长而降低，处于较高的道德发展阶段的比例则随年龄增长而上升，道德发展具有固定不变的顺序。

中学阶段的道德发展主要围绕第二和第三阶段展开，即天真利己主义与"好孩子"道德定向。在第二阶段，中学生遵守规则主要是为了获取奖励和满足个人需求。尽管他们会考虑他人的观点，但这一行为主要还是受到追求回报的动机驱使。随着道德发展进入第三阶段，中学生开始将取悦他人、提供帮助或得到他人认同视为正确的行为标准。他们主要根据人们的意图来评判行为的好坏。在这一阶段，虽然中学生的价值选择仍受到自我物质利益的影响，相较于10岁儿童，他们在前习俗道德水平的判断上呈现出一定的下滑趋势，而第三阶段道德判断则逐渐占据主导地位。在处理问题时，中学生更多地考虑人际关系，但在面对关于自我及道德规范的重大问题时，他们往往缺乏应对能力，容易受到外界影响。然而，随着他们逐步迈向青年早期，道德判断进入第三阶段并渐显主导地位。在这一阶段，原先处于第二阶段的道德判断者数量迅速减少，同时，第四阶段的道德判断开始逐渐崭露头角，具体表现为形成"维护权威和秩序"的道德观念。在第四阶段道德判断中，中学生认为正确就是遵从合法权威制定的规则，而遵守这些规则是为了维护社会规则和法律的稳定与秩序。相较于第三阶段的个体主要受到社会群体影响进行道德推理，第四阶段的个体思维逐渐转向内部支配，开始具备理性思考的能力。在中学阶段，处于第四阶段道德判断的人数明显增加，他们在道德判断中更加重视社会责任和社会秩序的维护。

中学生在道德推理能力的发展过程中，逐步由前习俗推理向更为习俗化的推理方式过渡，呈现出一种渐进的演变趋势。在这一阶段，大部分中学生似乎逐渐超越了对外在奖惩的考量，开始真正关注父母和权威人物所提供的道德准则。他们深入思考如何确保人际关系的和谐与公平，并认真对待法律，成为法律的拥护者。此外，也有部分中学生开始将道德视为其自我认同的核心要素，并致力于塑造自身成为一个具备诚信、公正品质且富有同情心的个体。值得注意的是，后习俗推理通常在成年期才开始显现。

鉴于中学生所处的社会环境日趋复杂，他们需逐步认识到家庭、同伴和更广泛社会（如学校系统等）中不同的道德规范和要求。考虑到他们面临的不同对象和所处的多重环境，中学生道德发展的模式呈现出一定的个体差异。因此，在道德教育中，应重视中学生的个体差异，引导他们积极面对复杂的社会环境，培养其道德推理能力和正确的道德观念。

（二）中学生的同伴关系

中学生与童年期儿童在和同伴关系上的显著差异，主要体现在以下几个方面。

1. 逐渐克服了"团伙"的交往方式

在儿童的成长过程中，"团伙"现象是他们在结交朋友方面的一个显著特点，特别是在童年期。这一时期，他们通常与六七个同龄儿童频繁互动，通过游戏和共同活动，体验到身心的自由和愉悦。因此，可以认为小学时代是"团伙"交友的高峰期。然而，到了小学高年级阶段，这种"团伙"形式逐渐走向成熟，随后便开始逐渐解体，被新的交友模式所取代。

进入青春期后，中学生普遍会产生一些焦虑和不安。他们需要找到一个能够倾诉、分享心事，并且能保守秘密的伙伴。显然，"团伙式"的交友方式无法满足这一需求。所以随着年龄的增长，中学生的交友圈逐渐缩小。研究表明，从青春期到成年早期，最佳朋友的数量从 4 到 6 个减至 1 到 2 个。在选择朋友时，他们主要看重以下几个标准：共同的兴趣爱好、与异性交往的坦诚公开，以及处理同学关系时的自我主张。值得注意的是，好朋友们往往是同一性别，他们之间的友谊关系紧密而稳定。

2. 朋友关系在中学生生活中日益重要

人际关系的建立与感情指向在不同年龄段的个体之间存在显著差异。幼儿期主要形成的是与家庭成员之间的心理交往关系。进入小学阶段后，儿童倾向于和同龄人交朋友，但在情感上仍对父母保持较高的依赖性。而到了青春期，中学生的感情重心逐渐转向与其关系更为紧密的朋友。这些变化反映了不同年龄阶段个体在社交和情感发展上的特点和需求。

中学生对于人际交往的重要性有了新的领悟。他们认为：朋友之间应该能够同甘苦、共患难，能够从对方那里得到支持和帮助。鉴于此，他们对朋友的选择提出了严格的要求，认为真正的朋友应该具备诚实、善解人意、关爱他人和守秘的特质。在中学生的日常社交活动中，亲密的朋友之间经常分享彼此最为重要和私密的内心感受。这种分享对中学生的心理成长有着积极的影响，能够帮助他们通过他人的视角更深入地认识自己的内心世界，更全面地了解自我。经过这一过程，他们的自我认知得到了深化，观点采纳能力得到了提升，同时也进一步塑造了他们的自我同一性。

中学生交友的重要条件之一是观点和行动的一致性。在某些特定情境下，好朋友们往往会共同制定并遵循一致的行动方针。若有人违反这一方针，将会面临严厉的批评。他们认为，能否忠于协议、忠于朋友是衡量友谊的十分重要的尺度。中学生在社交方面展现出一种多元化和层次化的特点。随着他们兴趣和爱好的广泛拓展，内心世界的日益丰富，他们很难在单一的朋友关系中满足自身多方面的需求。因此，他们可能会与某些朋友主要围绕某一特定兴趣展开交往，而与另一些朋友则主要围绕另一兴趣进行互动。这种多样化的社交模式反映了中学生在人际关系处理上的灵活性和成熟度。

青春期初期的中学生友谊展现出了比其他年龄段更为直接和显著的特点。这种友谊关系的直接性使得其更易于观察和感知。在男生之间，友谊的强度通常表现得更为强烈和深厚；而在女生之间，友谊则更多地展现出温和与细致的一面。这些发现为我们对青少年社交行为的深入理解提供了有价值的参考。

中学生朋友关系的稳定性，对其心理成熟度和情感平衡具有至关重要的作用，主要表现在以下几个方面：探索自我，确定新的自我概念；寻求理解和支持；获得地位；克服孤独，提供情感上的支持。

3. 与异性朋友之间的关系

在成长过程中，无论是在幼儿期还是童年期，他们的社交行为往往并不区分性别。男孩和女孩通常会在同一游戏中共同参与，享受彼此的陪伴。即使有时他们展现出对某种活动的性别偏好，这并非源自性别意识的驱动，而是基于他们个人兴趣的差异。

进入青春期后，男女生之间的相处模式发生了显著变化。他们开始意识到彼此之间的性别差异，并对彼此产生了浓厚的兴趣。然而，在最初阶段，他们可能会以一种相反的方式来表达这种兴趣，比如故意在异性面前显得漠不关心，或者在言行中流露出对异性的轻视，甚至采取不友好的态度来攻击对方。这种表现方式，从表面上看，他们似乎相互排斥，而非相互接近。

随着时间的推移，男生与女生之间的关系逐渐和谐。在此过程中，部分男生和女生心中悄然萌生出对特定异性的好感。调研数据显示，女生往往对那些行为举止自然、友好、不粗鲁且充满活力的男生抱有好感，而男生则倾向于欣赏那些外表得体、文雅、活泼的女生。然而，这种情感在多数情况下都保持为一种私密的情感，并未公开表达。因为随着时间的推移，个人在各方面的成长与成熟，以及价值观念的不断变化和调整，这种青春期产生的情感可能会逐渐淡化，甚至完全消失。因此，青春期男女间的情感通常被认为非常稚嫩，缺乏稳定性，难以长期维持并最终发展成爱情或婚姻。尽管如此，只要处理得当，将其控制在适度的范围内，这种情感仍然具有一定的积极意义。当一个青春期的少年对某位异性同学产生好感时，他会更加努力地完善自己，以符合一个优秀少年的标准。然而，如果这种关系过度发展，可能阻碍中学生的正常发展。

(三)中学生与成人的关系

家庭是社会不可或缺的组成部分,而父母则是塑造儿童早期成长的决定性因素。在儿童的眼中,父母是他们最早的引路人和榜样,他们既尊敬又信赖父母。然而,随着儿童逐渐步入青春期,他们与父母之间的关系开始经历一系列微妙而重要的变化。这些变化不仅影响着家庭内部的互动,也对青少年的个人成长产生深远影响。我们需要深入研究和理解这些变化,以更好地指导青少年健康成长,并促进家庭关系的和谐发展。

1. 情感上的脱离

中学生阶段是个体情感发展的重要时期,随着社交圈子的扩大和对外界世界认知的加深,他们可能会将情感重心转移至其他依恋对象,如朋友、同学或偶像等。这种情感转移现象在一定程度上会导致他们与父母之间的情感联系相对减弱,但并不意味着完全断裂。父母应当理解并尊重孩子的成长变化,通过有效沟通和适当的引导,维系和加深与孩子的情感纽带。

2. 行为上的脱离

中学生渴望独立的愿望十分迫切,他们倾向于在行为上抵触父母过度的干预和掌控。

3. 观点上的脱离

中学生倾向于独立分析和判断各类事件,对于既有的观念和规范持保留态度。因此,他们对于过去深信不疑的父母观点进行重新评估,而这种评估结果往往与父母意见存在分歧。

4. 父母的榜样作用削弱

中学生生活圈子的拓展使得各种成人形象通过不同渠道进入其视野,这些形象往往趋近于理想标准,相比之下,父母的形象可能会显得逊色。此外,随着中学生思维深度和认知能力的不断提升,他们开始注意到父母身上过去未曾留意的某些不足,这也会在一定程度上降低父母在他们心目中的榜样地位。

除了亲子关系的变化,中学生与教师之间的关系亦经历了显著的转变。在小学时期,儿童与教师的关系普遍较为融洽,他们通常能够接受各种类型的教师。然而,随着青春期的到来,少年们开始对教师进行更为审慎的评价,他们心中逐渐形成了一两位最为敬仰的教师形象。这些受中学生喜爱的教师通常具备丰富的知识、高超的教学能力、热情亲切的态度、对学生的关心以及朝气蓬勃的精神风貌。在中学生眼中,他们心目中的理想教师几乎无懈可击,且他们愿意以实际行动来表达对这些教师的尊重和喜爱。例如,他们会努力学习自己喜爱的教师所教授的科目,认真执行教师提出的各项要求,以及毫不犹豫地接纳并吸取教师的意见和建议。与此同时,青春期的少年们心中也可能存在一两位他们并不喜欢的教师。对于这些教师,他们会持有排斥和拒绝的态度。

第二章 心理健康教育

第一节 青春期心理的巨变

一、健康的概念

世界卫生组织(WHO)创立之初,便对健康给出了相对明确的定义,"健康乃是一种在身体上、心理上和社会上的完满状态,而不仅仅是没有疾病和虚弱的状态"。然而,我国的情况有所不同,受传统观念影响,人们普遍误解了健康的定义,认为健康仅仅是身体机能的正常运转和没有疾病的状态。这一点可以从我国的《辞海》中提到的健康概念看出来,在该书中,健康的概念被片面地描述为"人体各个器官以及各个系统发育良好、各个器官和系统功能正常、体质健壮以及有充沛的精力,并能够很好地劳动"。健康与否的评判标准不仅限于人体测量、体格检查和生理指标等生物层面,这种理解仅将个体视作生物有机体,而未能充分考虑其社会属性。世界卫生组织在成立40余年后,即1989年,基于科学进步和社会发展的背景,对人的健康概念进行了更全面、更深入的界定,明确指出"健康不仅是躯体没有疾病,还要具备心理健康、社会适应良好和有道德",根据世界卫生组织这一权威机构对健康的定义,我们可以明确在现代社会中,一个人的健康涵盖了多个层面,它包括:身体层面,即器官和系统的正常运作;心理层面,即精神状态的稳定和健康;社会道德和智力层面,即具备良好的道德品质和正常的智力水平。此外,与周围环境的和谐共处也是健康的重要组成部分,这些方面共同构成了人的全面健康。

二、心理健康的概念

关于心理健康的定义,国内外学术界尚未形成统一共识,因此尚未有完整且确切的定义。然而，在1946年举行的第三届国际心理卫生大会上，各国学者经过深入讨论，提出了一个定义，即心理健康是指个体在身体、智能、情感等方面与他人心理健康无矛盾的前提下，使自身心境达到最佳状态的过程。

《简明不列颠百科全书》则将心理健康的概念定义为："个体心理在本身及环境条件许可的范围内所能达到的最佳功能状态，但也不是十全十美的绝对状态。"梅尼格尔(1945)是杰出的精神病学专家，他在研究中提出了心理健康的概念。他认为，心理健康是指个体在与环境和他人交往时，能够实现高效互动，同时在精神上感受到最大的满足和快乐。一个心理健康的人，通常能够维持稳定的情绪状态，不易受到外界微小因素的干扰，展现出优秀的心理适应能力和社会融入能力。此外，他们通常具备敏锐的智力，善于处理各种复杂情境，并始终保持着积极向上的心态。

我国学者肖汉仕在2012年对心理健康进行了深入探讨，并提出了自己的见解。他强调，心理健康是指个体在生活中，心理的各项指标、层面和过程均处于正常且良好的状态。一个心理健康的人应拥有完美的性格、正常的智力、适度的情感、坚强的意志、恰当的行为方式，以及良好的环境适应能力。这种状态是心理健康的理想表现，对于个人的全面发展和社会适应具有重要意义。

三、中学生心理健康的内涵

中学生的心理健康是一个综合的概念，它包括以下六个主要方面：

（一）智力正常

智力正常是维持心理健康不可或缺的一环，对于个体能够顺利进行学习和工作具有先决条件。特别是对于中学生而言，智力正常更显得至关重要，因为它是他们学习成长过程中的基石。在日常教育教学工作中，我们应当注重通过各种教学活动来推动中学生智力的发展，进而优化其心理素质，为他们的全面发展奠定坚实的基础。

（二）情绪正常

情绪，或称情感，是指个体对外界事物的态度体验。一般而言，正常的情绪可以划分为三个维度。一是积极乐观的态度，这是指在面对各种情境时，能够保持一种向上、向善的心态，以正面的视角去看待和处理问题。二是对待外界事物能够保持一种稳定的情绪，这意味着在面对不同的外界刺激时，能够保持情绪的稳定，不被外界因素轻易干扰。三是正常的情绪一定是可以被控制的，即个体应当有能力对自己的情绪进行调节和管理，避免情绪失控带来的负面影响。这三个方面共同构成了个体正常情绪的基本特征。

(三)意志坚强

意志，即个体为实现特定目标所产生的内在心理状态，常通过言语及行为外显。评估个人意志之坚定性，主要依据两大标准：一是则观察其在执行任务时，是否有清晰明确的目标导向；二是审视其于追求目标过程中，是否能保持恒心，毫不动摇地持续推进。

(四)自我观念端正

这涉及个体对自身心理及生理活动的认识，以及评估自身行为与所处实际环境是否一致的能力。

(五)健全的人格

健全人格涵盖以下几个方面：一是否具备与他人积极互动的能力；二是否在情感层面拥有安全感；三是能否以客观、全面的视角审视自我；四是否能够在职业领域保持专注与执着。这些要素共同构成了健全人格的重要组成部分。

(六)良好的人际关系

人际关系是个体在社交互动中所建立的心理上的直接联系或距离，这种联系或距离深刻体现了学生在满足其社会需求时的心理状态。它是人际交往的基础，对于个体的成长和发展具有重要意义。

第二节　心理健康的意义

中小学心理健康教育是根据中小学生生理、心理发展特点，运用有关心理教育方法和手段，培养学生良好的心理素质，促进学生身心全面和谐发展和素质全面提高的教育活动，是素质教育的重要组成部分，是实施《面向21世纪教育振兴行动计划》，落实"跨世纪素质教育工程"，培养跨世纪高质量人才的重要环节。

1999年，国务院印发的《关于深化教育改革全面推进素质教育的决定》中明确指出，要"加强学生的心理健康教育，培养学生坚韧不拔的意志、艰苦奋斗的精神，增强青少年适应社会生活的能力。"中小学开展心理健康教育，既是学生自身健康成长的需要，也是社会发展对人的素质要求的需要。

根据当前形势分析，中学生的心理健康问题尚未得到应有的关注。目前，中小学教育体系仍然过度侧重于学生的学术表现，而未能充分重视学生的心理成长和心理需求。在我们的教育实践中，无论是家庭还是学校，学生的学习成绩被过分看重，成为衡量学生价值的唯一标准。中考、高考等考试成为学校教育的核心，升学率被过分追求。这种过度关注学业成绩的现象，导致学生在家庭和学校中主要的活动是学习，参与与学习无关的活动被视为不重要。此外，部分学校在评选"三好学生"时，过分强调学业成绩，使得"三好学生"的评选变得片面化。我们的德育工作也往往以学习为中心，忽视了学生心理成长的重要性。这种情况导致学生产生厌学情绪，甚至对学校产生敌对心理，严重影响了学生的心理健康和全面发展。

《中共中央关于进一步加强和改进学校德育工作的若干意见》中指出：要积极开展青春期素质教育，通过多种形式对不同年龄层次的学生进行心理健康教育和指导，帮助学生提高心理素质，健全人格，增强承受挫折和适应环境的能力。这充分说明对中学生进行心理健康教育是十分必要的，这既是实际的需要也是社会发展的必然趋势，具有重要的现实意义。

一、开展心理健康教育的意义

（一）消除对青少年的不良影响因素

由于社会消极因素对初中生的不良影响，需要加强对其心理健康教育。社会对青少年的影响因素是十分广泛、复杂而又似"潜移默化"不知不觉。各种社会现象、舆论氛围、影视艺术与传媒手段等其他关键社会成分，以及不择手段的利己主义往往使少年儿童在纷繁复杂的外部世界面前感到无所适从，这对他们人格的健康发展是非常有害的。社会风气中的积极方面如新风尚对少年儿童养成良好的品格和人格有促进作用，但社会上的一些不良风气也会腐蚀少年儿童的心灵。有些少年儿童效仿某些成年人讲究吃喝玩乐，说大话、假话骗人。经过深入调查与统计分析，有学者发现，在我国中小学生群体中，大约有1/5儿童、青少年面临各种心理行为问题。这些问题可能表现为厌学、逃学、偷窃、说谎、作弊等外显行为，也可能表现为自私、任性、耐挫力差、攻击性、退缩、焦虑、抑郁等内隐心理特征。这些心理行为问题不仅严重制约了青少年的健康成长，同时也对正常的教育教学工作造成了不小的干扰和影响，直接影响青少年科学文化素质的提高。

（二）确保青少年健康成长

中学生心理健康教育至关重要，它是确保学生健康成长的必要条件。针对初中生心理发展的特点，开展相应的心理健康教育活动，旨在提高学生的心理素质，培养他们应对现实生活中各种压力的能力，以及情绪调节的技巧。通过这样的教育，学生将更能有效地适应社会，积极应对个人发展变化，实现全面健康地成长，促进学生学业成功，促进学生良好品德的形成。在初中学习阶段，青少年正处于青春期的情感波动期，他们的情绪表现较为复杂，并可能出现较大的起伏。学习成绩优秀的学生，通常会展现出积极、乐观的情绪，对自己达到学业目标充满信心。相反，成绩较差的学生可能会表现出消极、沮丧的情绪，难以集中精力投入学习或参与各种活动。他们可能会倾向于逃避、抵触或拖延那些需要长时间思考和投入的学习科目或具体知识点，这些都是不健康的心理反应。

学习成绩受多重因素的影响，当教师或家长针对可变因素进行干预时，例如针对学生的心理健康问题进行沟通交流与疏导，善意指出其不良行为习惯并引导其逐步控制并最终克服，这样的心理干预对于提升学生的学习成绩和整体素质具有显著意义。例如，部分长期受到宠溺和表扬的"优秀"学生，其心理承受能力可能变得相当脆弱，并伴有多疑特质，一旦遭遇不如意的情况，便可能表现出攻击性情绪，甚至采取极端手段进行反击。因此，心理健康教育的核心在于心理素质的培养与提升，它对于学生的全面发展具有至关重要的作用，同时也是实施素质教育的具体体现。

（三）符合青少年身心发展特点

强调中学生心理健康教育的重要性，是符合青少年身心发展特点的必然要求。青少年阶段是一个独具特色的关键时期，这时他们从儿童阶段进入了青少年阶段，其身体特征和心理状况特点都有了很大的变化。一是性心理特征，二是随着青少年身体的全面成长和性意识的逐渐形成，他们逐渐拥有了成人感，并出现了迫切的独立需求。家长们常常未能深入细致地观察孩子的内心世界，仍将他们视作稚嫩的孩童，过于依赖旧有的观念，即只要学业优秀、身体健康，便等同于全面发展。这种观念忽视了现代科学的人才观和心理健康知识的重要性。在日常生活中，家长们往往未能充分关注孩子的情绪表达、意志力培养、个性形成、人际交往、人生态度、社会适应能力以及行为举止等方面是否健康发展。鉴于这些关键因素，对青少年进行心理健康教育显得尤为迫切。

性心理的产生是每一个身心健康者身体心理发育的必经阶段。青少年伴随心理的成熟，对异性的兴趣和向往会不同程度地增强。这种体验是自然的不可限制的。因此，要通过心理健康教育调节和培养学生健康的性心理，不能抑制和鄙视学生的性心理。引导初中生正确认识自身的生理和心理发展的特点，坦然面对与异性交往，清除对异性的神秘感。强化辅导作用，从而为他们正常的异性交往创造宽松的氛围。要疏导他们明智地对待自己，理智地对待他人，把精力放在求知识上、学本领上，懂得两性的道德规范。使学生各种朦胧的情感得到自制和约束，健康快乐地进入下一个人生发展的阶段。

心理教育的重要性在于，它能让教师以全新的视角审视和理解学生及其行为问题，进而推动学生心理健康的积极发展。这种教育方式不仅有助于增强师生间的沟通与情感联系，更能提升教师的教学技巧，激发学生的学习热情，从而提高学生的学习成绩。心理健康教育鼓励教师以更为宽容、接纳和理解的态度来面对学生，不仅关注行为本身，更致力于深入探索行为背后的心理需求。它倡导人性化的教育方式，避免简单的是非判断，而是从人性化的角度出发，对学生进行深入的理解和引导。这种教育方式充分体现了对学生及人性的尊重，是构建相互支持、理解和信任的师生关系的基石。因此，心理健康教育是每位教师必须掌握的重要素质和能力，也是实现素质教育理念、关注学生全面发展的关键所在。

二、进行心理健康教育的做法

（一）深入了解青少年的心理状态

为了有效应对学生的心理健康问题，我们必须深入了解他们的心理状态。这需要我们采取多种方式，如问卷调查、观察访谈等，来及时获取学生的心理信息。这样，我们才能根据具体情况，采取相应的干预措施。学生的心理问题可分为群体性和个别性两种。对于群体性的心理问题，我们可以通过组织主题班会、参观活动、讨论会以及游戏等方式来解决。而对于个别性的心理问题，我们需要与学生本人及其家长进行深入访谈，同时结合观察、作文、心理测试等方法，来找到最适合的解决方案。如学生都有交往的需要，那就应该创设一个团结的积极向上的班集体，组织多种多样的活动，使学生在活动中学会尊重、学会相处、学会关心、学会帮助，增进彼此的了解，也可以在课堂教学中采用小品扮演、讨论等形式加强学生间的相互交往。对于部分学生，他们可能表现出过度的孤僻、自卑，甚至行为上的异常，这类学生的内心深处极度渴望得到同伴的理解。为了有效应对这一问题，我们建议采取"一帮一，交朋友"的方法。通过家访、深入的沟通交流，我们可以更好地了解他们的心理需求，并努力满足他们的渴望。通过这样的关怀与支持，他们能够逐渐改变不良的行为习惯，树立自信，更好地融入集体和社会环境。

（二）强化养成教育的实施力度

为了全面提升学生的心理素质，我们必须进一步强化养成教育的实施力度。养成教育，作为素质教育不可或缺的一环，同时也是推进心理健康教育的重要手段，其重要性不言而喻。良好的行为习惯，作为学生健康心理的直观体现，其培养与塑造至关重要。参考《中学生日常行为规范》（以下简称《规范》），其中诸多条款均致力于引导学生形成健康的心理状态，例如"真诚友爱、礼貌待人"等条款，便深入探讨了如何构建和谐的人际关系，为学生心理健康的全面发展提供了有力支撑；第18条"勇于提出问题，敢于发表自己的见解"有利于培养学生的创造力；"学习常规"是各门学科在预习、听课、作业等教学环节对学生所设定的一系列要求。学生必须时刻铭记并坚持执行，这不仅有助于塑造学生优秀的意志品质，更有助于消除学习中的粗心大意，培养起健康的学习心态。在养成教育的实施过程中，仅凭热情和积极性是远远不够的。此过程既不能急于求成，也不能临时突击。它要求我们通过深入浅出的道理阐述、真挚的情感交流，以及正确的行为引导，使学生能够在持之以恒的努力下，逐渐形成无须他人监督的正确行为习惯，从而养成良好的学习生活习惯。在开展养成教育中，必须坚持做到"四到位"：学习《规范》"知识"到位，执行《规范》训练到位，指导《规范》矫正到位，坚持《规范》示范到位。确保"知识"传授到位是激发学生动力的关键；而规范训练和及时矫正则是确保教育过程有序可循、有章可依的基石；对教师而言，示范到位是对其职业素养的基本要求，因为优秀的教师才能培育出杰出的学生。此外，我们还需实施"一合分"的教学策略。其中，"合"指的是将行为表现存在问题的学生集中起来，成立专门的学习班，重点对他们进行《中学生守则》和《中学生日常行为规范》的深入培训；而"分"则是指为每个学生分配一位任课教师，建立帮教转化关系，这不仅能够促进学生的个人发展，还有助于构建和谐的校园人际关系。通过这些措施，养成教育才能得以稳步推进，学生的心理素质也将得到相应提升。

(三)加强重视隐性教育

为了促进学生的全面发展,隐性教育的重要性不容忽视。学生在成长过程中,不仅受到显性教育的影响,更在无形中受到周围环境的熏陶。因此,为了优化学生的心理环境,必须加强对隐性教育的重视。隐性教育是指那些不易察觉的,通过学生的无意识活动对其思想、情感和性格产生深远影响的教育因素。这种教育形式主要通过学生所处的心理环境来发挥作用,使学生在潜移默化中受到教育和启迪。学生在校园和家庭中度过了大部分时间,因此,学校和家庭环境对学生心理素质的形成具有关键作用。作为教师,应当积极营造积极向上的课堂氛围,以平和的心态和健康的性格去感染和影响学生。同时,家长也应注意自身的教育方式和家庭氛围,确保孩子在一个和谐、温馨的环境中成长。然而,现实中不少家长在教育子女时存在不当行为,如过分期望、简单粗暴等,这些都可能对孩子的心理健康产生负面影响。因此,学校应当承担起指导家长进行心理健康教育的责任,通过举办家长学校、经验交流会等形式,帮助家长了解孩子的心理需求,掌握科学的教育方法。通过加强隐性教育,可以有效地优化学生的心理环境,使学生在潜移默化中形成良好的心理素质。这种"润物细无声"的教育方式,不仅能够提高学生的心理素质,还能为他们的全面发展奠定坚实基础。

(四)开展多元化的课外活动

为了全面促进学生的心理素质发展,可以开展多元化、富有启发性的课外活动。心理健康教育不仅体现于课堂教学,更应通过实践活动让学生主动参与、自我锻炼、自我完善。根据学生的年龄特点和心理需求,我们精心设计了一系列具体活动。如通过"帮困扶贫"活动,培养学生的同情心和责任感;借助"军事夏令营"活动,锻炼学生的意志和抗挫折能力;举办歌咏比赛和书画展览,展示学生的才艺和兴趣;成立兴趣小组,发展学生的爱好和特长。这些活动使学生在实践中感受自己的能力和潜力,体验成功与失败、努力与挫折,从而增强自我认知和自信心。这些活动不仅有助于发挥学生的主观能动性和积极性,更能促使他们自觉主动地培养和完善自己的心理素质。

青少年的心理状况,关乎民族的未来和国家的命运。作为教育工作者,我们必须以历史的责任感,深刻把握这一问题的深远意义。心理健康教育，作为整体教育布局中的关键一环，其重要性不言而喻。这是一项长期、复杂且系统的工程，需要我们教育者持之以恒，以预防为主，科学应对，审慎处理。

我们必须用心倾听，及时疏导，努力消除学生的心理障碍，将不良的心理现象扼杀在摇篮之中。唯有如此，我们才能真正助力学生提升综合素质，塑造健全的人格，使他们健康成长，成为合格的社会主义建设者和接班人。这既是我们教育者的责任，也是我们对未来社会的庄严承诺。

第三节　心理健康的标准

心理健康是指个体能够恰当地自我评价与接受，同时保持与他人的和谐关系。在适应不断变化的现实环境时，个体能够持续完善并维持其独特的人格特征。此外，良好的自我节制与调控能力，以及在认知、情感和意志行为方面保持积极状态，都是心理健康的重要组成部分。

美国学者坎布斯提出，一个心理健康、人格完整的人应具备以下四种特质：拥有积极的自我观念，能够恰当地认同他人，勇于面对并接受现实，拥有丰富的主观经验以供借鉴与应用。

美国人格心理学家奥尔波特（G. W. Allport）的观点认为人的心理健康七种标志是：①自我意识广延；②良好的人际关系；③情绪上的安全感；④知觉客观；⑤具有各种技能，并专注于工作；⑥现实的自我形象；⑦内在统一的人生观。

这些杰出学者关于心理健康的见解，在一定程度上精准地映射了时代对个体成长的期待，其思想脉络从历史维度考量，展现出显著的积极导向。从发展的视角看，随着社会历史的演变，心理健康的定义与要求亦有所变化；同时，受社会、文化、风俗等多重因素影响，不同国家和地区在心理健康的标准上呈现出多样性。因此，我们在借鉴国外学者研究的基础上，还应结合我国的国情和民情，提出适合我国人民特点的心理健康标准，这样，才能为我国心理卫生工作的开展提供切实的指导。综上，心理健康的标志性特征如下：

（1）了解自我，悦纳自我　"人贵有自知之明"，这昭示了人们应拥有正确的自我意识的重要性。心理健康的个体能够深刻感受到自身的存在价值，他们不仅能够准确地认识自我、评价自我，更能够平和地接受自我。

对于自身的能力、性格以及优缺点，他们总能给予恰当且客观的评价。在积极挖掘自我潜能的同时，对于那些无法改变的缺陷，他们亦能泰然处之。他们的生活目标和理想总是与实际情况紧密相连，既不会抱有不切实际的期望，也不会对自己提出过于苛刻的要求。因此，他们不会陷入自我困扰，更不会因为理想与现实之间的巨大落差而产生自责、自怨或自卑等消极情绪，从而避免了心理危机的发生。

（2）接受他人，善与人处　人际交往活动作为衡量个体心理健康的重要参照，其正常、友好地进行不仅是维护心理健康的必要条件，亦是通往心理健康的关键路径。心理状态健康者倾向于积极融入社交环境，他们不仅能够悦纳自我，亦能宽容接纳他人，从而得到他人与集体的认同与接纳。他们擅长与人沟通交流，能够维持和谐的人际关系。无论是在与亲密朋友的欢聚时刻分享快乐，还是在独自沉思之时，他们都能保持内心的宁静，避免孤独感的侵扰。在与他人的交往中，他们总是展现出更为积极的态度，如同情、关心、友善、尊敬和信任等，远超过消极的态度，如嫉妒、猜疑、畏惧和敌视等。因此，他们在社会生活中展现出较强的适应能力和安全感。

（3）能适当地表现情绪　心理健康的个体通常能够维持愉快、乐观和开朗的积极情绪状态，这是他们情绪体验的主导特征。虽然他们偶尔也会经历悲伤、忧愁、焦虑和愤怒等消极情绪，但这些情绪通常不会持续很长时间。他们能够保持情绪稳定，心情总是开朗乐观的，同时能够适度地表达和调控自己的情绪。

（4）人格完整和谐　一个心理健康的个体，他的气质、能力、性格特质以及理想、信念、动机、兴趣、人生观等各个元素能够均衡发展，从而呈现出完整、协调、和谐的人格面貌。他们在思考问题时，能够采取适中且合理的方式；在待人接物时，能够展现出恰当且灵活的态度。面对外界刺激，他们不会有过激的情绪和行为反应。此外，他们不仅能够与社会步调保持一致，还能够与集体融为一体。

（5）心理行为符合年龄与性别特征　人的心理和行为是随着年龄的增长而不断发展、变化的，在个体成长的不同时期，人们会具有与之相对应的特征表现。心理健康的个体，其心理行为特征应与其所处的年龄段相契合。若某人的心理行为持续且显著地偏离其年龄应有的特征，如一个十多岁的青少年在外出时仍过度依赖父母的陪伴，这通常被视为心理健康问题的体现。同样，个体的心理行为应与其性别特征大致相符。若女性展现出过度的男性化特质，而男性则过分表现出女性化特点，这种性别角色的错位和冲突可能导致他们在社会和群体中感到不适应，进而引发心理失衡和痛苦。

经过参考世界心理卫生组织对心理健康的定义，并结合中学生心理成长的特性，我们认为中学生心理健康的标准应涵盖以下六个方面：

具体包括智力发展水平、情绪稳定性、学习适应性、自我认知的客观程度、社会适应性以及行为习惯。

（一）智力发展水平

虽然智力的高度发展并不直接等同于个体的心理健康，然而，智力的发展若显著滞后，则个体的心理健康将无从谈起。因此，在评估一个中学生的心理健康状况时，其智力发展应当处于正常范围内。反之，若智力水平明显低于正常标准，则无法将其视为心理健康。

（二）情绪稳定性

一名中学生如果心理状态健康，通常会展现出持续的情绪稳定性，并且主导情绪以积极为主，例如感到愉快、乐观、开朗和满意等。在面对不同的事物对象时，他们也能够做出合理的情绪反应。这种合理的情绪变化体现在遇到喜事时他们会感到愉悦，而遭遇不幸时则会产生相应的悲伤情感。此外，在不同的社交场合中，他们也能够适当地调控自己的情绪表达，以适应不同的社交环境。

（三）学习适应性

中学生心理健康对其学习态度具有显著影响。一般而言，心理健康的中学生会以积极、乐观的态度看待上学，将学习视为一种愉悦的活动，并从中体验到轻松与快乐。他们通常会对学习内容保持浓厚的兴趣，乐于面对并解决学习过程中遇到的各种挑战与困难。这种积极向上的心态，能够有效提高他们的学习效率，促进全面发展。

（四）自我认知的客观程度

心理健康的中学生能够平稳实现从自我中心向去自我中心的过渡，他们能够将自身与客观环境紧密结合，善于从周围环境中寻找评价自我的依据，开始展现出对自己认识的客观性。

（五）社会适应性

经过严谨的观察与研究，我们发现心理状况健康的中学生普遍展现出了令人赞叹的独立生活能力。他们不仅能够有效管理自己的日常生活事务，减少对他人的过度依赖，而且能够适应不同环境下的社会生活，展现出卓越的社交技巧。他们善于与同学和老师建立和谐的人际关系，积极融入集体生活，成为团队中不可或缺的一员。这些中学生深知社会规范的重要性，并能够自觉用这些规范来约束自己的行为，使自己的行为符合社会的期望和要求。他们明白，个人的行为不仅关乎自身，更关乎整个社会的和谐与稳定。因此，他们不会以自我为中心，而是努力与周围的人群保持良好的互动，避免产生隔阂和格格不入的情况。

（六）行为习惯

中学生心理健康的表现，通常体现在他们良好的行为习惯上。在面对外部刺激时，他们能够保持适中的行为反应，既不会过于敏感，也不会显得迟钝。在日常生活中，他们不会因为琐事而大发脾气，同时他们的行为表现也较少出现让人费解的情况。这些特点表明了他们的行为表现与他们的年龄特征相契合。

第四节　中学生心理健康教育内容

一、学校适应

从心理学角度而言，适应分为生理适应、社会适应和心理适应。生理适应是指随着环境变化，人的生理器官对外界刺激物的适应。社会适应是指人们得面对的社会生存环境发生迅速的变化，需要人们做出调整来适应变化。心理适应是指人在面对环境变化时，通过自我调整，重新达到心理平衡的过程。

学校是中学生生活的一个最重要的场所，学生的大部分时间都在校园中度过，同家庭一样，是中学生成长历程中的重要环境。学校教育对促进中学生发展具有特殊的作用，能够促进中学生的个性以及特殊能力的发展，对中学生的成长具有及时和延时的价值。同时学校也有助于促进学生的社会化，提升学生学习与人相处的技巧。校园生活是中学生生活中重要且不可或缺的一部分，于学生当下乃至成年后的发展起到至关重要的作用。

学校适应，即学生对所在学校的学习环境、氛围、设施条件以及学习节奏等诸多方面的接纳与适应过程。学生在进入一个新的学期，接触新的校园环境时，需要对学业、人际、行为以及情感等方面进行适应，需要经历身心调整以更好地适应校园生活。学校适应有五个维度，分别是学校适应、学业适应、环境适应、人际适应、生活适应以及行为适应六个方面，是由学生主体、活动与情境三个因子共同作用的结果。具体而言，良好的学校适应主要体现在学生完成教育教学的目的，顺利完成学业，与此同时拥有和睦的人际关系，树立积极正确的价值观，促成健康的人格，等等。学业适应，指的是学生在面对学习环境及其需求时，积极进行自我调整以达到与学习环境和谐共处的行为过程。学习成绩是学业适应的核心指标。环境适应问题反映在学生们进入了一个新的学习环境，一方面感到新奇，此外还会感到因陌生而带来的焦虑。同时，适应环境变化也是心理健康的基本指标之一。人际适应是一个人与他人相处的能力，它是在不同的情境中与他人合作、沟通、交流、相处以及解决问题的能力，是在人际交往中发挥良好的社交技巧的能力。中学生校园中的人际适应主要包括学生在学校背景下的同伴之间的适应以及师生之间的适应。生活适应是指学生能够关注校园生活实际，参与校园活动，更好地适应校园生活。行为适应是个体在其生活环境中满足各种自然要求和社会要求的行为。

近年来，关于学校适应的相关研究日益丰富，这些研究主要聚焦于内外部因素对学校适应的影响。内部因素包括个体的心理素质、自立人格等因素；外部因素主要有班级因素、师生关系因素、家庭因素以及同伴因素等。研究发现，积极、民主、凝聚力强的班级中，学生对学校态度更加积极，同时亲密的师生、同伴关系与学生积极的适应结果呈正相关。家庭因素包括亲子关系及父母的教养方式。亲子关系方面存在一定问题，比如敌对或者离异家庭的孩子，在学校适应上大多会存在一定困难，同时如果父母长期对孩子过于忽视、冷漠，也会导致孩子在学校适应上的困难。同时家庭经济水平也会在一定程度上影响到孩子的学校适应。个体自身因素主要指学生内在的安全性、焦虑、矛盾和回避性因素与学校适应存在很大的关系。

高中生的身体自我对学业成绩、亲社会行为、社会喜好具有显著的消极预测力。社会自我对学生的亲社会行为、攻击破坏行为有显著的积极预测力。经过对先前研究的深入探讨，我们发现社会支持与个体适应之间存在着明显的关联性。研究进一步揭示，社会支持的水平与个体的孤独感、抑郁情绪及焦虑状态等消极情感呈现显著的负相关。这些发现为我们理解社会支持在个体适应过程中的重要性提供了有力的证据。社会支持对中学生的抑郁和过失行为有显著的缓冲作用，并能很好地预测学生的学业成绩。经过深入研究，我们发现不同社会支持水平的初中生在学校适应质量上存在明显的差异。具体而言，那些获得较高社会支持水平的学生，其学校适应质量普遍高于那些获得较低社会支持水平的学生。此外，高支持水平的初中生在行为表现上也更为优秀，他们展现出较少的内化问题行为和外化问题行为，这进一步证明了社会支持对学生学校适应和行为发展的积极影响。同样孤独感较低、学习成绩较好、同伴的评价更高、对学校的态度也更为积极。

同伴关系与个体学校适应有着高度的相关。重要他人指的是对个体的人生或者生活具有重要意义的人物，对于一个人的自我评价具有强烈影响的人。这些人物可以是父母、老师、其他长辈或兄弟姐妹，甚至可以是萍水相逢的路人。该理论指出，随着年龄、阅历以及思维的不断发展以及经验的不断丰富，青少年的重要他人会由父母、老师等长辈转变为同伴。在学校生活中，学生接触最为密切的群体是同伴。同伴在群体中的地位以及与朋友间的友谊，对个体在学校环境中的适应能力具有决定性作用。若个体长期遭受同伴拒绝，可能会导致适应不良的情况；相反，拥有一段和谐的同伴关系，并感受到被同伴接纳和支持时，个体的行为和适应能力将得到积极改善。良好的同伴关系能够帮助中学生获得社会价值、社会能力，以及完善个体的人格；相反，个体若缺乏亲密朋友的支持且同伴接受度较低，可能会引发适应不良的症状，进而增加其在学校适应过程中的困难。此外，同伴对于学校的态度亦会对个体的学校事务认知产生影响。若同伴对学校持消极态度，个体亦可能形成相似的看法，其学校适应能力也会逐渐减弱。

除以上因素外，对于新生来说，因为刚到新的环境，尤其是很多之前在原来的学校是非常优秀的学生，到了现在的学校不再"拔尖"了，因为这种落差而产生了强烈的失落感，甚至在行为上出现了退缩、不主动与同伴交往，同时在学业上与平常的行为习惯上也出现了一系列问题。新的环境改变了他们自身原有的心理平衡状态，而新的平衡状态的建立仍需要时间和努力。

"学校适应不良"的学生在入学后，常会产生迷茫、困惑、苦闷等负面情绪，甚至发展为情绪障碍。校园中不适应的行为主要包括攻击、破坏、退缩、抑郁、害羞、不良习惯等。这些极大地影响着学生的学业成绩和学校行为。情绪适应主要指对学校的积极接纳，而不良情绪主要包括对学校的拒绝、想家甚至对于学校的恐惧等，影响学生在学校的积极性。学校适应不良严重者甚至会产生厌学情绪及行为反应，对中学生的身心发展造成严重的不利影响。

存在适应不良问题的中学生需要在老师及家长的引导下打破错误的认知，学会自我调整及重新定位；教师要帮助学生更好地认识自我，提高学生自我接纳水平，为学生提供更好的环境。

二、人际关系

（一）亲子关系

《中小学心理健康教育指导纲要（2012年修订）》中指出，中学生处于身心发展的重要时期，应鼓励初中生积极与父母进行沟通，建立良好的人际关系，并进行积极的情绪体验与表达。因此有必要实施多元化的心理健康教育课程，以指导学生实现健康成长，并提前防范潜在的心理行为难题。

亲子关系是指父母与其亲生子女、养子女或继子女间的关系。亲子关系，作为儿童最早形成的人际互动模式，其重要性不言而喻。在这一关系中，父母的人品、教育方式、抚养态度以及对子女的教养方式等因素，均会直接作用于孩子的身心发展，塑造其性格、价值观和行为模式。同时，亲子关系也将深远地影响儿童未来的人际交往能力和社会关系构建。亲子关系是个体和社会生活中重要的一部分，在幼儿期，它几乎是个体全部情感的依赖所在。

在家庭生活中，父母通过几种社会化心理机制对青少年施加影响。首先是教导。父母的言传身教，直接向中学生传授各种社会经验和行为准则。其次是强化。父母通过奖励和惩罚的方式对中学生的行为准则进行强化，并巩固这些行为准则的地位。再次是榜样示范。父母的行为对中学生有示范作用，中学生会效仿父母的部分行为，并模仿他们的行为方式。最后是慰藉。孩子与父母之间形成的依恋关系会使青少年向父母倾诉问题和烦恼，父母也会给予相应的指导和慰藉，对青少年给予相应的帮助。

目前公认影响父母与青少年行为可以从两个维度来衡量，分别是接受—拒绝和限制—允许，父母可以是接受、允许的，也可以是拒绝、限制的。研究表明，温暖型的父母，即接受型的父母能够更有效地让青少年接受自己的价值观；相反，专制型的父母，即拒绝、限制型的父母则更可能引起青少年的心理和行为问题。

按照行为控制、成熟的要求，包括迫使孩子在智力、社会或情绪上以较成熟的水平来行动、父母与儿童交流的清晰性，以及父母对儿童的温暖与关心程度，从这四个维度对父母的教养方式进行衡量，可将父母的教养方式主要分为三类：权威型父母、专制型父母和放纵型父母。①权威型父母：在上述四个方面得分较高。他们是温暖慈祥的，较为支持青少年，以诚恳的态度面对孩子，亲子间能够良好交流，同时对青少年也有一定的要求。权威型父母虽然尊重孩子自己的想法和观念，期望孩子更加独立，但依旧会按照家长自身的观点和信念来要求孩子，给予他们精确的任务和指示，希望孩子在言行举止方面能够更加成熟。这类父母的孩子在独立性、成熟、自主性、自我控制及探索性等方面的评价会比较高。②专制型父母：他们在理性控制方面的得分较低，这类父母相较于其他类型父母更为强势，对孩子有较高的控制欲和掌控欲，会频繁经常地使用权势，不能够忍受孩子对父母制定的规则以及父母的权威进行挑战。专制型父母的孩子有中等程度的自我信赖，但容易产生怀疑和退缩。③放纵型父母：这类父母对孩子不加控制，没有过多的要求，对待孩子较为温暖。但由于没有和孩子制定出一套比较具体的规则，因此在部分事务方面组织不好或效果不佳时，会比较随意地使用奖惩。对孩子行为习惯的成熟与否有着较少的要求，几乎不在意孩子的独立性和自我信赖。这类父母的孩子自我信赖、探索性和自我控制能力比较少。除此之外还有其他类型的父母，父母对孩子的态度不同、教育方式不同，对青少年的发展也会产生不同的影响。

在青春期之后，青少年与其父母之间的关系出现了一种渐进而微妙的变化，这种变化具体体现在以下四个层面：

1. 情感联系上的变化

随着青少年情感依恋的重心向其他对象转移，他们与父母之间的情感纽带相较以往可能显得不那么紧密。

2. 行为自主性的增强

青少年在青春期阶段，对于独立的渴望愈发强烈，他们在行为上表现出对父母干涉和控制的反感。

3. 观点独立性的提升

青少年倾向于对各类事件进行独立的思考和判断，对于既有的观念和规范，他们不再像过去那样无条件地接受。

4. 父母榜样作用的相对减弱

随着青少年社交圈子的扩大，其他成人形象通过各种渠道进入他们的视野，这些人物往往被理想化，从而导致青少年可能开始注意到过去未曾意识到的父母身上的某些不足，这在一定程度上削弱了父母在他们心目中的榜样地位。

导致这一系列问题的核心因素主要包括以下三个方面：

1. 学生自我意识增强

青春期是中学生自我意识迅猛发展的时期，学生的独立意识显著增强。他们渴望获得更大的自主权，相信自己已经具备独立处理事务的能力。他们期望父母能够尊重他们的个人意愿，将他们视为成熟的个体，甚至视作亲密的朋友，为他们提供宽松自由的成长空间。然而，在家庭生活中，父母往往过度关爱孩子，这可能导致学生过于以自我为中心，忽略了他人感受的重要性。当学生的独立意识与父母过度关爱的态度发生冲突时，他们可能会通过逆反行为来彰显自己的独立性。即便他们内心明白父母的观点是正确的，也可能会选择反其道而行之。

2. 双方缺乏沟通理解

一位教育者曾指出："家中有一个青春期的孩子，其挑战不亚于抚养一个婴儿。"父母渴望孩子早日成熟、懂事，然而，由于未能深入了解青春期孩子的心理特征，他们未能及时调整教育方式，仍然沿用对待幼儿的方式，期待孩子无条件服从。同时，忙碌的工作使得他们鲜有耐心倾听孩子的心声，缺乏主动沟通的意识，更谈不上掌握有效的沟通技巧。而青春期的中学生，由于情感上的封闭性，尽管有时渴望得到成人的建议，但他们的父母一般会以高姿态的方式去说教，他们更倾向于与同龄伙伴交流。

3. 孩子是独立个体

家长应当深刻理解中国传统观念对子女的影响，并摒弃将孩子视为私有财产的观念。孩子是一个独立的个体，拥有自主思考和选择的权利。家长不应将控制孩子视为理所当然，而应站在孩子的角度思考问题，尊重其成长和发展。父母不应仅凭经验和固有观念对孩子进行指导和干预，而应尊重孩子的意愿和选择，给予他们适当的自由度和发展空间。青春期的孩子特别需要家长的尊重和理解，这是他们成长道路上不可或缺的支持和陪伴。

（二）同伴关系

青少年时期，同伴关系对于满足其社会需求、获得爱与尊重具有不可或缺的重要性。同伴关系，指的是年龄相近或心理发展水平相当的青少年之间，通过共同合作与相互协作所形成的一种互帮互助的人际关系。这种关系在青少年的社交发展中占据重要地位，有助于他们在互动中不断成长并建立深厚的人际关系。中学生同伴关系的重要性不容忽视。与同学交流不仅能够增进个人的认知，培养自我意识，还可以提升沟通技巧，学习处理各种人际关系的策略。与同伴的和谐共处，有助于满足归属感，促进同情心和责任感的形成。健康的同伴关系对于中学生的全面成长至关重要。置身于温馨的集体环境，与周围同学朋友建立和谐联系，有助于消除孤独感，增强安全感，维持情绪稳定。相反，若缺乏良好的同伴关系，学生可能感到孤独和压抑，进而对学习和心理健康产生负面影响。初中阶段，青少年正面临自我认同与角色定位的冲突。在这一阶段，同伴在中学生的人际关系中占据举足轻重的地位。中学生渴望与同龄朋友建立联系，以满足情感归属等心理需求。因此，我们应重视并促进中学生良好同伴关系的建立与维护。良好的人际关系不仅使人心情舒畅，而且有利于建立自信心和促进学习效率，进而形成学习的内驱力。中学时期是人际交往能力发展最重要的时期。中学时期青少年身心飞速发展，精力旺盛，热情奔放，尤其喜欢人际交往，要在生活中不断肯定自己，多与不同的人接触交流，丰富自己的人生观。因此，对于初中生而言，建立并维护良好的人际关系具有至关重要的意义。

青春期情绪的易感性和心理矛盾的加剧使得青少年在人际交往中会面临更多的冲突和问题，而常见的中学生人际关系问题通常分为两种：攻击与回避。攻击，代表着中学生对同伴保持着敌对态度，并会对他人产生攻击行为，导致言语冲突或是肢体冲突的产生。与此相反的问题是回避，出现回避问题的中学生通常拒绝与同伴朋友交往，面对同伴会保有回避的态度，没有意向或没有能力与他人建立同伴关系。这两种状态都会导致人际交往的恶化，加剧中学生的同伴关系问题。

影响青少年同伴关系的因素众多，也有不同流派的相关发展理论，如重要他人理论、净群体社会化发展理论、首属群体理论等。影响中学生同伴关系的相关因素大致可分为家庭因素、学校因素以及自身因素这三个主要方面。①家庭因素方面：父母的教养方式会对青少年的同伴关系产生影响。具有远见卓识的父母，在孩子成长的早期阶段，会有意识地致力于培养其同伴交往的能力；有研究表明，父母以公正的态度对待孩子，孩子也会以同样的态度去面对同伴；父母对孩子攻击行为的及时制止有助于使孩子能够更好地关心和帮助他人。②学校因素方面：和谐的师生关系对学生间的同伴关系起到促进作用。在中学生出现同伴关系问题时，良好的师生关系能促使青少年在遇到问题时向教师求助，能够从外界获得帮助。良好的教师接纳，同样有利于中学生形成对学校的积极态度，积极参与班级、学校活动，且学习成绩良好，并与同学形成积极谈话技巧等。③自身因素方面：那些具有积极自我概念的中学生，往往对他们的同伴交往能力持有正面的看法，并且能够准确评估自己的思想和行为。此外，学业成绩对于中学生的同伴交往也具有显著影响。具体而言，成绩优异的学生通常受到老师和同伴的喜爱与尊敬，因此他们在同伴交往中的地位较高，更容易吸引同伴的注意。相反，成绩较差的学生可能会感到自卑，同时也会在同伴交往中遭受忽视，他们在同伴群体中的地位相对较低，因此不太可能成为同伴希望交往的对象。

在面对中学生的同伴问题时，首先需要与学生建立比较融洽的关系，获得他们的信任。因为要想对他人施加影响，必须与对方建立和谐的关系，然后对他施加人际影响。应对学生人际交往障碍重点在于让学生改变不合理认知，改变不良行为习惯，提高自信，同时学习必要的人际交往技能。人是复杂的，各人的价值取向也会不同。学会理解他人，也要时刻提醒自己，不要做让人反感的人。站在对方的角度看待问题，当观点不一致时，应心平气和地向别人讲明自己的想法。凡事要从他人角度考虑。及时调整与同伴相处的方式，和不同的人接触，多看别人的优点，这样才能成为好朋友。当然，对于老师来说，更大的优势还在于发动班级同学和家庭的力量，形成家校合力，帮助学生走出心理困境。

三、性别教育

青春期作为由儿童阶段逐渐过渡到成人阶段的时期，是人体身心发展极为关键的阶段。通常情况下，女孩的青春期会比男孩提前两年到来。值得注意的是，青春期的快速生长与心理发展之间存在着密切的关联。学生们开始逐渐认识到自己的性别身份和性别角色。他们可能会发现自己在某些方面与周围的人不同，例如在生理特征、情感表达、行为举止等方面。这时，他们需要意识到自己的性别身份和性别角色与这些方面的关系。另外，由于脑部发育促使激素分泌增加，进而引发了性欲，使得青少年对"性别"产生了浓厚的兴趣。在这一阶段，青少年儿童面临着身体上的迅速变化，然而他们往往缺乏足够的认知和心理准备，这可能会导致他们产生尴尬、焦虑、抑郁、恐惧等消极情绪，这些情绪对青少年的性和精神健康产生严重的不良影响。

在青春期这一关键时期，中学生应当深刻认识并理解自己的性别身份及其所承载的社会角色。性别角色，是指个体基于其生物性别，在社会生活中所占据的特定位置，以及被该社会所规定的行为模式。这是个体在社会化过程中必须面对和接受的重要课题。对于中学生而言，正确理解并接纳自己的性别角色，有助于他们更好地融入社会，形成健康的人格和正确的价值观。一个特定的个体在生命的不同阶段，有时甚至在同一阶段，也可能表现出性别角色的多种内容：某一性别角色的成功往往意味着另一种性别角色的失败。性别角色之间的关系随着情境的不同而表现出多样化。社会学理论更强调两性角色主要是通过社会化的学习过程，即通过观察、强化和模仿获得的。社会学理论认为，男女两性角色的获得是一个观察、强化、模仿的相互作用过程，这一过程通常会持续很长时间。认知发展理论的代表人物柯尔伯格认为，性别角色发展中的重要原因不仅仅是观察和模仿，而是儿童自身认知的发展。随着年龄的增长，青少年会按照身体和社会的实际情况选择性地接受性别角色，进一步明确自我概念。此外，初中生还需要学习关于性别平等和性别歧视的知识。他们需要了解性别平等的重要性，并学会如何尊重他人的性别身份和性别角色。健康的异性交往以对自身和异性的性别尊重、了解为前提性别教育对于中学生来说非常重要。他们需要意识到自己的性别身份和性别角色，并学习如何与异性同学交往和沟通。他们还需要学习关于性别平等和性别歧视的知识，并学会如何识别和反对性别歧视。只有在这种情况下，他们才能真正成为一个尊重他人、尊重自己的人。

如何与异性同学交往和沟通也是中学生需要学习的重要课题。青春期产生因性吸引而萌芽的异性交往是性心理和性生理逐渐走向成熟的体现，也是其必然产生的结果。中学生产生渴望与异性正常交往的心理并能正确进行是正常的心理与行为。相反，如果青少年压抑扭曲自己，甚至过分回避与异性间的交往则会导致个体产生心理障碍。中学生的异性交往是一个较为敏感的话题，因此更应该对中学生进行正确的引导。正常的异性同学间的交往是有利于青少年的身心发展的，在促进人际交往能力发展的同时也有助于正常人格的形成和个性的全面发展。而如果男女同学间的交往采取了不当的处理方式，除了会对学业和生活产生负面影响外，也可能会造成行为或情绪上的障碍，更有严重者甚至会对个体产生心理或生理上的不可逆伤害。因此，要教导学生如何表达感情、处理冲突，以及树立正确的交往观念。

心理健康教育课程中可以开设相应的专题，并与生理健康课相融合，帮助学生树立健康的性别意识。学校还可以通过课程、讲座、活动等方式提供性别教育。例如，可以开设有关性别身份和性别角色的课程，教授有关性健康和性别平等的知识，以及如何与他人建立健康的关系和解决冲突的方法。

四、生命教育

中学生的生理发展随着年龄的增长而不断成熟，但心理发展较生理发展相对滞后。情绪的两极性、易感性等特征明显，处于"心理风暴期"，易产生独立与依赖、交往与闭锁、自我同一性混乱，以及理想与现实间等多种矛盾冲突。这段时期的学生辨别是非的能力较弱，不能为自己的行为负责，遇事易冲动不计后果，不加教育和引导可能会导致悲剧的发生，因此在这一阶段进行生命教育是非常必要的。

生命教育分为广义和狭义两种。广义的生命教育泛指一切促进生命主体全面健康发展的教育，狭义的生命教育则是指对生命本身的尊重和关注。如今中学生自伤、自杀的行为增加，对这一年龄阶段的孩子进行生命教育，有利于让中学生在珍惜生命的基础上理解生命、敬重生命，让他们识得生命的价值和意义。

首先，要让中学生认识和理解生命。引导学生正确地认识自我和评价自我，能够正视自己的优缺点，做到扬长避短，提升自我效能感。同时理解生命的组成、特点和规律，掌握必要的生命科学知识，对自己和他人的生命形成科学的概念。

其次，要学会尊重和爱惜生命。不仅要让学生爱惜自己的生命，更要让他们珍重他人的生命。生命是有限的，仅有一次、不可逆转，因此如何才能珍惜自己的时间和生命是中学生需要开始思考的问题，让自己的生活在有限的时间内更加充实，体验更加丰富。因此，拥有良好的心理素质和情绪调控能力是非常必要的。

再次，要认识到对生命的保护和延续。无论是自己的生命还是他人的生命，都是脆弱的，在生活中个体的生理和心理都可能经历不可逆的伤害，因此合理规避、增强自身的抵抗能力是有助于中学生更好地学习和生活的。提升学生的心理承受水平是保护生命的有效手段之一，让他们有更良好的心态能够直面挫折，增强抗击打能力。提高适应能力也对保护和延续生命有促进作用。中学生能够良好地适应生活环境或生活环境，能够做到在不同的环境中转换自己不同的身份，不仅起到适应生活的作用，还能够提升自我效能感，丰富人生历程。

身为教育者，要尽可能地帮助学生进行转变，对学生起到引导和促进的作用。

最后，是有效地自我完善。马斯洛在需要层次理论中提出，个体拥有自我实现的需要，如何实现生命的价值也是生命教育的一部分。因此教育者更要将学生当作是发展过程中的人，开发他们的潜力，激发他们的潜能，帮助他们找到并实现自我价值。

第三章 西部地区中学生心理健康现状研究

第一节 初中生学业压力、心理资本与学校适应的关系及干预研究

社会竞争的日益增长,在一定程度上提高了各界对学生的要求,在课堂需要掌握的知识的增加、课后作业负担的加重,父母、老师和外界对学生的学业期望在一定程度上也使初中生感受到了学业压力,与此同时,理想和现实的差距冲突、现代与传统理念上的矛盾,学生自身对考上重点高中的期待、对前途的焦虑,与同伴间的竞争,也使他们自觉学业压力加重。因此,初中学生的学业压力问题,已经成为家长、学校、社会共同关心的问题。

学校,可以说是初中生学习、生活之中的关键场所,在学校学习生活是他们人生中一段非常重要的经历。在学生众多活动涉及的场所中,学校是时间分配占比最高的场所,并且在学校中的时间大多数是学生们一天中精神状态最好的时候,他们不仅要在学校中学习各种知识、开展人际交往,更重要的是他们将在学校里逐渐形成自我认知。若学生在步入新学校适应不良或在学校长时间无法适应,这会对他们的未来和个人发展有所危害,因此对初中生的学校适应研究是具有一定意义的。

心理资本相对充足的初中生能够运用和维持积极的心理状态学习和生活,保持积极向上的学习态度,乐观地去面对遭受的学业压力,并且对未来抱有美好的期望,在陷入困境、面对挫折时也能更快地重新打起精神、恢复状态去解决问题。初中生的心理资本提升会对他们的成长、发展有所帮助,让他们在人生路上保持良好的心态。已有的文献表明,初中生心理资本的提升,不仅对学校适应有所帮助,还有缓解初中生学业压力的作用。

鉴于此,本研究运用实证的方法对初中生学业压力、心理资本和学校适应的现状进行研究分析,与此同时探讨三者之间的关系,最后在实证研

究的基础上设计一套适用于初中生的、助其开发心理资本的团体心理辅导方案，以此为初中生合理面对学业压力、提高初中生学校适应能力、促进初中生的心理健康发展提供教育建议。

研究一 初中生学业压力、心理资本与学校适应的关系研究

一、研究对象

研究对象的选取为青海省某市两所初级中学的学生。选用整体分层抽样的抽样方法发放问卷，初一至初三每个年级各发放 200 份。本次研究的测量均在课堂上完成，共发放 600 份纸质版问卷，最终回收情况为有效问卷 574 份，问卷有效回收率为 95.7%。将问卷进行整理后，得到本次研究的研究对象情况，如表 3-1 所示。

表 3-1 有效被试人数分布表

年级	男（人）	女（人）	总计（人）
初一	115	81	196
初二	100	88	188
初三	90	100	190
总计	305	269	574

二、研究工具

（一）学生基本情况调查表

学生基本情况调查表主要包括：性别、年级等信息。通过该问卷进一步掌握调查对象的基本情况，为下一步研究学生的心理特点奠定基础。

（二）学业压力量表

本研究采用徐嘉骏等人 2010 年编制的《中学生学业压力问卷》，包括四个维度：个体、学校、社会、家庭的测量，通过了解与学习活动有关的刺激事件情况来评价中学生的心理负担和紧张程度，从而对中学生所面对的学业压力开展科学合理的测定。

该问卷共有 21 道题目，采用五点计分法（1 表示完全不符合，5 表示完全符合），分数越高表示学业压力越大，总量表的 Cronbach's α 系数为

0.81，分量表的系数也都在 0.60~0.80 范围内，具有良好的信度，同时各个分量表与总量表显著相关，表明该量表具有良好的结构效度。

在本研究中，《中学生学业压力问卷》总量表的 Cronbach's α 系数为 0.85，具有良好的信度。

(三) 学校适应量表

本研究采用崔娜 2008 年编制的《初中生学校适应正式量表》，问卷编制过程中，科学地遵循心理问卷的编制要求，因此具有较好的内容效度，相关分析考察了问卷的内部一致性效度和结构效度，结果表明该问卷效度良好，同时正式问卷的信度检验发现一致性系数在 0.78~0.93，分半信度 0.79~0.93，可以证明该问卷具有良好的信度。因此，初中生学校生活适应问卷具有较强的可靠性和有效性。该量表采用五点计分法（1 表示完全不符合，5 表示完全符合），其中分数越高表示学校适应情况越好。

在本研究中，《初中生学校适应正式量表》总量表的 Cronbach's α 系数为 0.819，具有良好的信度。

(四) 心理资本测量

本研究采用张阔编制的《心理资本问卷》，该量表经过探索性因子分析后，结果显示心理资本问卷（PPQ）具有良好的结构效度。对子问卷得分进行相关分析，发现相关系数在 0.25~0.56，该结果表示心理资本的四个维度的测量具有合理的区分效度。心理资本问卷（PPQ）四个子维度的 α 系数分别为 0.86、0.83、0.80 和 0.76，全问卷的 Cronbach's α 系数为 0.90，显示它具有良好的内部一致性信度。该量表采用七点计分法（1 表示完全不符合，7 表示完全符合），分数越高表示心理资本水平越高。

在本研究中，《心理资本问卷》总量表的 Cronbach's α 系数为 0.816，具有良好的信度。

三、研究结果

(一) 初中生学业压力现状研究结果

1. 初中生学业压力描述性统计结果

由表 3-2 可知，在初中生学业压力各维度的平均分中，得分排名依次为自我压力、社交压力、父母压力、教师压力，该量表各维度得分越高表示该维度压力越大，因此根据最终得分情况，初中生学业压力总体来说处于一个中等偏上的水平。

表3-2 初中生学业压力描述性总表

维度	得分($M \pm SD$)
父母压力	2.48 ± 0.87
自我压力	2.97 ± 0.85
教师压力	2.23 ± 0.68
社交压力	2.83 ± 1.559
总分	2.59 ± 0.58

2. 初中生学业压力人口学变量的关联

对初中生学业压力得分进行t检验、单因素方差分析,进一步探讨在性别、年级以及家庭环境方面的差异。

不同性别学生的学业压力差异分析:根据独立样本t检验,详细结果见表3-3,可知不同性别的初中生,在父母压力、教师压力、社交压力与学业压力维度上不存在显著差异:t(父母压力)= 0.304,P = 0.761,P > 0.05;t(教师压力)= -0.508,P = 0.612,P > 0.05;t(社交压力)= -1.776,P = 0.076,P > 0.05;t(总分)= -1.735,P = 0.083,P > 0.05),但在自我压力上存在显著差异,t(自我压力)= -3.171,P = 0.002,P < 0.05。同时可知,不同性别的初中生在学业压力上,女生感知的自我压力高于男生感知的自我压力。

表3-3 初中生学业压力在性别上的差异

分类	男生		女生		t	P
	M	SD	M	SD		
父母压力	2.48	0.83	2.46	0.92	0.304	0.761
自我压力	2.88	0.82	3.07	0.87	-2.685**	0.007
教师压力	2.21	0.71	2.24	0.64	-0.508	0.612
社交压力	2.71	1.39	2.94	1.70	-1.776	0.076
总分	2.54	0.56	2.63	0.60	-1.735	0.083

注:**P < 0.01。

不同年级学生的学业压力差异分析:根据单因素方差分析,详细结果见表3-4,可知教师压力〔F(2,574)= 2.649,P = 0.072,P > 0.05〕与自我压力维度〔F(2,574)= 2.053,P = 0.129,P > 0.05〕的年级差异不显著;父母压力〔F(2,574)= 9.047,P = 0.000,P < 0.05〕、社交压力

〔$F(2, 574) = 10.175$, $P = 0.000$, $P < 0.05$〕，以及学业压力总分〔$F(2, 574) = 6.968$, $P = 0.001$, $P < 0.05$〕存在显著年级差异。进一步进行事后检验发现，初三年级学生感知的父母压力显著高于初一、初二年级学生；初二年级学生感知的社交压力显著高于初一、初三年级学生；而在感知的学业压力上初三年级学生显著高于初一、初二年级学生。

表 3-4 初中生学业压力在年级上的差异

分类	初一		初二		初三		F	P
	M	SD	M	SD	M	SD		
父母压力	2.36	0.82	2.38	0.88	2.69	0.89	9.047***	0.000
自我压力	2.23	0.81	2.93	0.88	3.07	0.85	2.053	0.129
教师压力	2.21	0.73	2.15	0.66	2.31	0.64	2.649	0.072
社交压力	2.53	0.60	3.21	2.55	2.71	0.70	10.175***	0.000
总分	2.51	0.58	2.52	0.56	2.71	0.58	6.968***	0.001

注：***$P<0.001$。

不同家庭环境学生的学业压力差异分析：根据独立样本 t 检验，详细结果见表 3-5，可知不同家庭环境的初中生，在父母压力、教师压力、社交压力与学业压力维度上不存在显著差异：〔t(父母压力) = -0.755, $P = 0.451$, $P > 0.05$；t(教师压力) = 0.000, $P = 1.000$, $P > 0.05$；t(社交压力) = -1.109, $P = 0.269$, $P > 0.05$；t(总分) = 0.182, $P = 0.855$, $P > 0.05$〕，但在自我压力上存在显著差异〔t(自我压力) = 2.121, $P = 0.035$, $P < 0.05$〕。同时可知，不同生源地的初中生在学业压力上，农村学生感知的自我压力高于城市学生感知的自我压力。

表 3-5 初中生学业压力在家庭环境上的差异

分类	农村		城市		t	P
	M	SD	M	SD		
父母压力	2.46	0.83	2.54	0.96	-0.755	0.451
自我压力	3.08	0.73	2.86	0.96	2.121*	0.035
教师压力	2.23	0.60	2.23	0.77	0.000	1.000
社交压力	2.75	1.26	2.98	1.91	-1.109	0.269
总分	2.60	0.51	2.59	0.66	0.182	0.855

注：*$P<0.05$。

(二)初中生心理资本现状研究结果

1. 初中生心理资本描述性统计结果

由表 3-6 可知,在初中生心理资本各维度的平均分中,得分排名依次为韧性、希望、乐观、自我效能,该量表各维度得分越高表示水平越高,因此根据最终得分情况,初中生心理资本总体来说处于一个中等的水平。

表 3-6 初中生心理资本描述性总表

维度	得分($M \pm SD$)
乐观	4.04 ± 1.102
希望	4.40 ± 1.102
自我效能	3.64 ± 0.873
韧性	4.17 ± 0.788
心理资本	4.06 ± 0.724

2. 初中生心理资本人口学变量的关联

对初中生心理资本得分进行 t 检验、单因素方差分析,进一步探讨在性别、年级以及家庭环境方面的差异。

不同性别学生的心理资本差异分析:根据独立样本 t 检验,详细结果见表 3-7,可知不同性别的初中生,在希望维度上不存在显著差异:[t(希望) = 0.996,P = 0.320],在乐观、自我效能、韧性以及心理资本上存在显著差异[t(乐观) = 3.140,P = 0.002,$P<0.05$;t(自我效能) = 3.200,P = 0.001,$P<0.05$;t(韧性) = 2.063,P = 0.040,$P<0.05$;t(心理资本) = 3.074,P = 0.002,$P<0.05$]。

表 3-7 初中生心理资本在性别上的差异

分类	男生		女生		t	P
	M	SD	M	SD		
乐观	4.14	1.103	3.88	1.081	3.140**	0.002
希望	4.44	1.021	4.35	1.101	0.996	0.320
自我效能	3.75	0.925	3.51	0.793	3.200***	0.001
韧性	4.24	0.816	4.10	0.750	2.063*	0.040
心理资本	4.15	0.755	3.966	0.675	3.074**	0.002

注:*$P<0.05$,**$P<0.01$,***$P<0.001$。

不同年级学生的心理资本差异分析：根据单因素方差分析，详细结果见表3-8，可知不同年级的初中生，在乐观〔$F(2,574)=0.211$，$P=0.81$，$P>0.05$〕；希望（$F(2,574)=0.897$，$P=0.408$，$P>0.05$）；自我效能（$F(2,574)=2.251$，$P=0.106$，$P>0.05$）这三个维度及心理资本〔$F(2,574)=0.741$，$P=0.477$，$P>0.05$〕上不存在显著差异，但在韧性〔$F(2,574)=3.442$，$P=0.033$，$P<0.05$〕上存在显著差异。进一步进行事后检验发现，初二年级学生的韧性要显著高于初三学生。

表3-8 初中生心理资本在年级上的差异

分类	初一		初二		初三		F	P
	M	SD	M	SD	M	SD		
乐观	4.07	1.053	3.99	1.123	4.04	1.130	0.211	0.810
希望	4.45	0.838	4.43	1.094	4.32	1.106	0.897	0.408
自我效能	3.71	0.737	3.54	0.922	3.68	0.939	2.251	0.106
韧性	4.18	0.759	4.27	0.784	4.06	0.812	3.442*	0.033
心理资本	4.10	0.627	4.07	0.737	4.01	0.627	0.741	0.477

注：*$P<0.05$。

不同家庭环境学生的心理资本差异分析：根据独立样本t检验，详细结果见表3-9，可知不同生源地的初中生，在乐观、希望、韧性维度以及心理资本上不存在显著差异：〔t(乐观)$=-0.535$，$P=0.593$，$P>0.05$；t(希望)$=-0.020$，$P=0.985$；t(韧性)$=-1.453$，$P=0.147$，$P>0.05$；t(心理资本)$=-1.631$，$P=0.103$，$P>0.05$〕，但在自我压力上存在显著差异〔t(自我效能)$=-3.427$，$P=0.001$，$P<0.05$〕。

表3-9 初中生心理资本在家庭环境上的差异

分类	乡镇		城市		t	P
	M	SD	M	SD		
乐观	4.02	1.069	4.08	1.213	-0.535	0.593
希望	4.40	1.011	4.40	1.056	-0.020	0.985
自我效能	3.57	0.830	3.87	0.981	3.427***	0.001
韧性	4.15	0.755	4.26	0.895	-1.453	0.147
心理资本	4.04	0.696	4.16	0.814	-1.631	0.103

注：***$P<0.001$。

(三)初中生学校适应现状研究结果

1. 初中生学校适应描述性统计结果

由表3-10可知,在初中生学校适应各维度的平均分中,得分排名依次为师生关系、同伴关系、常规适应、学业适应、学校态度与情感,该量表各维度得分越高表示该维度适应程度越高,因此根据最终得分情况可以看出,初中生学校适应总体来说处于中上的水平,其中对师生关系的适应程度最高。

表3-10 初中生学校适应描述性总表

维度	得分($M \pm SD$)
学业适应	3.16 ± 0.65
学校态度与情感	3.07 ± 0.71
同伴关系	3.97 ± 0.66
师生关系	4.72 ± 0.77
常规适应	3.95 ± 0.70
总分	3.49 ± 0.51

2. 初中生学校适应人口学变量的关联

对初中生学校适应得分进行t检验、单因素方差分析,进一步探讨在性别、年级以及家庭环境方面的差异。

不同性别学生的学校适应差异分析:根据独立样本t检验,详细结果见表3-11,可知不同性别的初中生,在学业适应、学校态度与情感、同伴关系、师生关系维度与总分上不存在显著差异:〔t(学业适应)= -0.634,$P = 0.526$,$P > 0.05$;t(学校态度与情感)= 1.505,$P = 0.133$,$P > 0.05$;t(同伴关系)= 0.480,$P = 0.632$,$P > 0.05$;t(师生关系)= 1.324,$P = 0.186$,$P > 0.05$;t(总分)= 0.553,$P = 0.581$,$P > 0.05$〕,但在常规适应上存在显著差异〔t(常规适应)= -1.970,$P = 0.049$,$P < 0.05$〕。由此可知,不同性别的初中生在学校适应中,女生感知的常规适应能力高于男生。

表 3-11 初中生学校适应在性别上的差异

分类	男生 M	男生 SD	女生 M	女生 SD	t	P
学业适应	3.15	0.67	3.18	0.63	-0.634	0.526
学校态度与情感	3.12	0.71	3.03	0.72	1.505	0.133
同伴关系	3.98	0.64	3.95	0.68	0.480	0.632
师生关系	3.76	0.77	3.67	0.77	1.324	0.186
常规适应	3.90	0.70	2.94	0.68	-1.970*	0.049
总分	3.50	0.51	3.47	0.51	0.553	0.581

注：*$P<0.05$。

不同年级学生的学校适应差异分析：根据单因素方差分析，详细结果见表 3-12，可知不同年级的初中生，在学业适应 [$F(2,574)=0.078$，$P=0.925$，$P>0.05$]；同伴关系 [$F(2,574)=0.227$，$P=0.797$，$P>0.05$]；常规适应 [$F(2,574)=1.833$，$P=161$，$P>0.05$] 维度与总分 [$F(2,574)=0.379$，$P=0.685$，$P>0.05$] 上不存在显著差异，但在学校态度与情感 [$F(2,574)=23.929$，$P=0.000$，$P<0.05$] 以及师生关系 ($F(2,574)=4.307$，$P=0.014$，$P<0.05$) 上存在显著差异。进一步进行事后检验发现，在学校态度与情感上，不同年级两两间都存在着显著差异，其中初一年级得分最高，显著高于初二、初三年级；初二年级学生的师生关系得分显著高于初三年级学生。

表 3-12 初中生学校适应在年级上的差异

分类	初一 M	初一 SD	初二 M	初二 SD	初三 M	初三 SD	F	P
学业适应	3.17	0.614	3.17	0.677	3.15	0.667	0.078	0.925
学校态度与情感	3.32	0.737	2.83	0.577	3.08	0.736	23.929***	0.000
同伴关系	3.99	0.625	3.95	0.701	3.96	0.650	0.227	0.797
师生关系	3.73	0.796	3.82	0.745	3.60	0.759	4.307*	0.014
常规适应	3.99	0.720	3.87	0.670	3.99	0.721	1.833	0.161
总分	3.50	0.513	3.50	0.504	3.47	0.507	0.379	0.685

注：*$P<0.05$，***$P<0.001$。

不同家庭环境学生的学校适应差异分析：根据独立样本 t 检验，详细结果见表 3-13，可知不同生源地的初中生，仅在常规适应上存在显著差异〔t(常规适应) = -2.537，P = 0.012，P < 0.05〕；在学业适应、学校态度与情感、同伴关系、师生关系维度与总分上不存在显著差异〔t(学业适应) = 0.861，p = 0.390，p > 0.05；t(学校态度与情感) = 1.143，P = 0.254，P > 0.05；t(同伴关系) = 0.179，P = 0.858，P > 0.05；t(师生关系) = 1.068，P = 0.286，P > 0.05；t(总分) = 0.705，P = 0.482，P > 0.05〕。

表 3-13 初中生学校适应在家庭环境上的差异

分类	乡镇		城市		t	P
	M	SD	M	SD		
学业适应	3.12	0.732	3.18	0.629	0.861	0.390
学校态度与情感	3.01	0.776	3.09	0.695	1.143	0.254
同伴关系	3.96	0.713	3.97	0.644	0.179	0.858
师生关系	3.78	0.818	3.69	0.758	1.068	0.286
常规适应	3.79	0.657	3.99	0.657	-2.537*	0.012
总分	3.46	0.587	3.50	0.483	0.705	0.482

注：*P < 0.05。

(四) 变量相关性分析

1. 初中生学业压力与心理资本的相关性分析

对初中生学业压力与心理资本进行 Pearson 相关分析，由表 3-14 可看出学业压力与心理资本呈显著负相关，其中学业压力中的父母压力与心理资本中的乐观与希望呈显著负相关，自我压力、教师压力与乐观、希望、自我效能感和心理资本总分呈显著负相关，社交压力与心理资本显著负相关，学业压力与各维度呈显著负相关。

表 3-14 初中生学业压力和心理资本的相关分析

	1	2	3	4	5	6	7	8	9	10
1 父母压力	1									
2 自我压力	0.330**	1								
3 教师压力	0.367**	0.358**	1							
4 社交压力	0.358**	0.120**	0.131**	1						

续表

	1	2	3	4	5	6	7	8	9	10
5 学业压力	0.807**	0.737**	0.669**	0.348**	1					
6 乐观	-0.093**	-0.212**	-0.291**	-0.047	-0.240**	1				
7 希望	-0.087**	-0.090*	-0.292**	-0.059	-0.182**	-0.635**	1			
8 自我效能	-0.020	-0.132**	-0.131**	-0.051	-0.084**	0.453**	0.467**			
9 韧性	-0.088	-0.044	-0.016	-0.005	-0.079*	0.284**	0.324**	0.445**	1	
10 心理资本	-0.029	-0.136**	-0.238**	-0.051	0.149**	0.799**	0.806**	0.777**	0.652**	1

注：*$P<0.05$，**$P<0.01$。

2. 初中生学业压力与学校适应的相关性分析

对初中生学业压力与学校适应进行 Pearson 相关分析，结果可以看出学业压力与学校适应之间呈显著负相关，其中学业压力各维度与学校适应各维度都存在着显著的负相关，具体结果如表 3-15 所示。

表 3-15 初中生学业压力和学校适应的相关分析

	1	2	3	4	5	6	7	8	9	10	11
1 父母压力	1										
2 自我压力	0.330**	1									
3 教师压力	0.367**	0.358**	1								
4 社交压力	0.358**	0.120**	0.131**	1							
5 学业压力	0.807**	0.737**	0.669**	0.348**	1						
6 学业适应	-0.173**	-0.112**	-0.319**	-0.158**	-0.263**	1					
7 学校态度与情感	-0.093**	-0.172**	-0.310**	-0.175**	-0.247**	0.367**	1				
8 同伴关系	-0.249**	-0.267**	-0.520**	-0.189**	-0.439**	0.464**	0.388**	1			
9 师生关系	-0.279**	-0.304**	-0.571**	-0.202**	-0.491**	0.470**	0.422**	0.513**	1		
10 常规适应	-0.209**	-0.153**	-0.385**	-0.177**	-0.331**	0.464**	0.455**	0.442**	0.494**	1	
11 学校适应	-0.275**	-0.281**	-0.580**	-0.229**	-0.486**	0.737**	0.673**	0.770**	0.799**	0.726**	1

注：*$P<0.05$，**$P<0.01$。

3. 初中生心理资本与学校适应的相关性分析

对初中生学业压力与学校适应进行 Pearson 相关分析，结果可以看出心理资本与学校适应之间呈显著正相关，其中心理资本各维度与学校适应各维度都存在着显著的正相关，具体结果如表 3-16 所示。

表 3-16　初中生心理资本与学校适应的相关分析

	1	2	3	4	5	6	7	8	9	10	11
1 乐观	1										
2 希望	0.635**	1									
3 自我效能	0.453**	0.467**									
4 韧性	0.284**	0.324**	0.445**	1							
5 心理资本	0.799**	0.806**	0.777**	0.652**	1						
6 学业适应	0.348**	0.521**	0.318**	0.170**	0.451**	1					
7 学校态度与情感	0.208**	0.230*	0.179**	0.064	0.228**	0.367**	1				
8 同伴关系	0.326**	0.373**	0.237**	0.069	0.337**	0.464**	0.388**	1			
9 师生关系	0.324**	0.350**	0.196**	0.039	0.307**	0.470**	0.422**	0.513**	1		
10 常规适应	0.227**	0.304**	0.039	0.058	0.177**	0.464**	0.455**	0.442**	0.494**	1	
11 学校适应	0.391**	0.479**	0.262**	0.086	0.409**	0.737**	0.673**	0.770**	0.799**	0.726**	1

注：$*P<0.05$，$**P<0.01$。

(五) 变量回归分析

1. 初中生学业压力对学校适应的回归

为进一步了解学业压力与学校适应之间的关系，本研究以学业压力各维度为自变量，学校适应为因变量，进行逐步回归分析，结果如表 3-17 所示。

表 3-17　初中生学业压力对学校适应的回归分析

自变量	因变量	R^2	调整后 R^2	F	B	β	t
教师压力					-0.535	-0.401	-14.889
社交压力	学校适应	0.365	0.361	109.130***	-0.150	-0.049	-4.439
自我压力					-0.072	-0.043	-2.002

注：$***P<0.001$。

由结果可知，由学业压力各维度预测学校适应时，进入回归方程的有教师压力、社交压力以及自我压力，该回归模型达到了显著水平，具有统计学意义，R^2 值为 0.365，说中初中生学业压力可解释学校适应 36.5% 的变化。标准化回归方程为：学校适应 = -0.401*教师压力 - 0.150*社交压力 - 0.072 自我压力 + 4.652。从标准化的系数 B 来看，教师压力的系数 B 的绝对值最大，说明这个变量对学校适应有最高的解释力，其次为社交压力，最后为自我压力。

2. 初中生心理资本对学校适应的回归

为进一步了解心理资本与学校适应之间的关系，本研究以心理资本各维度为自变量，学校适应为因变量，进行逐步回归分析，结果如表3－18所示。

表3－18　初中生心理资本对学校适应的回归分析

自变量	因变量	R^2	调整后R^2	F	B	β	t
乐观					0.409	0.203	8.519
希望	学校适应	0.249	0.245	63.145***	0.159	0.073	3.358
韧性					0.091	0.059	2.361

注：＊＊＊$P<0.001$。

由结果可知，由心理资本各维度预测学校适应时，进入回归方程的有乐观希望以及韧性，该回归模型达到了显著水平，具有统计学意义，R^2值为0.249，说中初中生学业压力可解释学校适应24.9%的变化。标准化回归方程为：学校适应＝0.409*乐观＋0.159*希望＋0.091韧性＋2.549。从标准化的系数B来看，乐观的系数B的绝对值最大，说明这个变量对学校适应有最高的解释力，其次为希望，最后为韧性。

3. 初中生心理资本对学业压力的回归

为进一步了解学业压力与心理资本之间的关系，本研究以心理资本为自变量，学业压力为因变量，进行回归分析，结果如表3－19所示。

表3－19　初中生心理资本对学业压力的回归分析

自变量	因变量	R^2	调整后R^2	F	B	β	t
心理资本	学业压力	0.257	0.245	14.823***	－0.159	－0.198	－3.850

注：＊＊＊$P<0.001$。

由结果可知，由心理资本预测学校适应时，该回归模型达到了显著水平，具有统计学意义（$F=14.823$，$p<0.05$），R^2值为0.245，说中初中生心理资本可解释学业压力24.5%的变化。标准化回归方程为：学业压力＝－0.198心理资本＋4.577。

（六）中介效应检验

通过之前的调查分析可以发现，初中阶段学生的学业压力、心理资本和学校适应之间呈现出两两的显著相关，而通过回归分析可以发现，这三者之间是有一定联系的，因此，为了探讨这三个变量的内部联系，本研究使用Bootstrap检验(温忠麟,2004),建立心理资本在学业压力与学校适应间的模型(模型1),对心理资本是否在学业压力和学校适应中的起中介作用进行了研究。具体结果如表3-20所示。

表3-20 心理资本在学业压力与学校适应间的中介效应分析

模型	路径	效应值	95%置信区间
1	总效应	-0.486	[-0.487, -0.363]
	直接效应	-0.435	[-0.438, -0.321]
	间接效应	-0.051	[-0.076, -0.016]

中介效应检验结果表示心理资本在学业压力与学校适应间的中介效应的95%置信区间为[-0.076, -0.016],不包含0,说明心理资本在学业压力与学校适应之间的中介效应显著,中介效应成立。进一步分析结果如表3-21所示,同时构建中介作用模型图如图1所示。

表3-21 心理资本在学业压力与学校适应间的路径分析

路径	路径系数	SE	t
学业压力⇒学校适应	-0.435	0.029	-12.757***
心理资本⇒学校适应	0.334	0.024	10.106***
学业压力⇒心理资本	-0.149	0.051	-3.614***

注:***$P<0.001$。

由表3-21可知,学业压力对中介变量心理资本的影响的路径系数a为-0.149($P<0.001$),中介变量对学校适应影响的路径系数b为0.334($P<0.001$),学业压力对学校适应影响的路径系数c'为-0.435($P<0.001$)。因此自变量学业压力部分通过中介变量心理资本的中介来达到影响因变量学校适应的效果,得到模型图,如下图3-1所示。

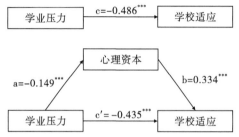

图3-1 心理资本在学业压力和学校适应之间的中介效应模型

注:***$P<0.001$。

根据图 3-1 可知，在不加入中介变量心理资本时，学业压力对学校适应的总效应系数 c 显著，总效应存在，当引入心理资本作为中介变量时，间接效应 a、b 为负值且显著，直接效应 c′ 为负值且显著，总效应系数 c 也为负值且显著，所以中介效应成立，不存在遮掩效应。

四、讨论

(一)初中生学业压力、心理资本和学校适应现状的讨论

1. 学业压力的人口统计学变量的差异分析

本研究结果显示，初中生的学业压力处于一个中等偏上的水平，在学习上存在着一定的心理压力，其中压力的最大来源为自我压力，其次是社交压力、父母压力以及教师压力。在性别上初中生的学业压力表现出学业压力有差异但不显著，女生感受到的学业压力要高于男生。在学业压力的四个维度中，只有自我压力上存在着显著的性别差异，女生感受到的自我压力要显著高于男生。在不同的年级上，初三年级学生感知的学业压力和父母压力显著高于初一、初二年级，而在初一、初二年级之间存在着差异但是并不显著。对于不同家庭环境的初中生，在父母压力、教师压力、社交压力与学业压力总分上不存在显著差异，在自我压力上存在显著差异，农村学生的自我压力显著高于城市学生。

2. 心理资本的人口统计学变量的差异分析

研究结果显示初中生积极心理资本的整体状况良好，在心理资本各维度的平均分中，得分排名依次为韧性、希望、乐观、自我效能。在性别上，他们仅在希望维度上不存在显著的差别，而在乐观、自我效能、韧性、心理资本上都呈现出显著的差异，男生各维度得分要显著高于女生。在不同的年级上，在乐观、希望、自我效能和心理资本上都不存在显著差异，在韧性上存在着显著差异，在进一步的事后检验中发现，初二年级的韧性水平要显著高于初三年级。对于不同家庭环境的学生，在乐观、希望、韧性以及心理资本上不存在显著的差异，而在自我效能感上存在显著差异，农村学生的自我效能感要显著低于城市学生。

3. 学校适应的人口统计学变量的差异分析

研究结果显示，初中生学校适应总体来说处于中上的水平，说明初中生学校适应的情况较好，并且在学校适应各维度中，得分排名依次为师生关系、同伴关系、常规适应、学业适应、学校态度与情感，因此根据最终得分情况可以看出，初中生对师生关系的适应程度最高。在性别上，初中

的男女生之间在学业适应、学校态度与情感、同伴关系、师生关系维度与总分上不存在显著差异,在常规适应上存在显著差异,由此可知,不同性别的初中生在学校适应中,女生的常规适应能力高于男生。在不同年级中,本研究发现不同年级的初中生,在学业适应、同伴关系、常规适应维度与总分上不存在显著差异,在学校态度与情感以及师生关系上存在显著差异,进一步进行事后检验发现,在学校态度与情感上,不同年级两两间都存在着显著差异,其中初一年级得分最高,显著高于初二、初三年级;初二年级学生的师生关系得分显著高于初三年级学生。对于不同家庭环境的初中生,本研究发现他们在学校适应上大体并未呈现出显著差别,仅在常规适应上存在着显著差异。

(二)初中生学业压力、心理资本和学校适应的相关分析、回归分析的讨论

本研究通过相关分析结果发现,初中生学业压力、心理资本和学校适应三组变量之间两两呈显著相关,即学业压力与心理资本、学业压力与学校适应、心理资本与学校适应三者间显著相关,验证了研究一中的假设二。同时通过回归分析,还可以得知学业压力可以反向预测学校适应,心理资本可以正向预测学校适应。

研究二 对初中生心理资本的团体辅导干预研究

一、研究对象

在研究一测查过的学校中,挑选出一所学校在其中进行被试的招募。本着自愿的原则,本研究最后招募问卷得分较低的被试60人进入后续的面试筛选。在面试过程中,挑选条件与本次团体要求相吻合的学生,比如那些有上进心,想要表达自己,并且想要用团体辅导来提高自己的学生。最终,一共选择出40名学生,其中20名为实验组成员,20名为对照组成员。

二、研究方法

采用实验组、对照组前后测设计,实验组学生进行心理资本团体辅导干预,而对照组在实验组干预结束后再进行团体辅导干预。实验设计见表3-22。

表 3-22 实验设计

组别	前测	实验处理	后测
实验组	O_1	X（团体辅导）	O_2
对照组	O_3		O_4

三、干预方案设计

本研究围绕《心理资本问卷》的四个分维度，指定每个环节的活动和方案，每次 70 分钟，每周 1 次，团体辅导持续共 8 周，活动地点在团体辅导室进行。活动的目的以及具体活动内容如下表 3-23 所示：

表 3-23 干预方案设计

总目标	单元	分目标	活动内容
团体建设	单元一	1. 成员之间进行自我介绍，减少彼此之间的隔阂感，从而建立起一个良好的团队关系，让小组成员的参与兴趣得以激发； 2. 引导成员了解团体辅导活动； 3. 设立团体目标，制定团体规范，签订团体契约	1. 团体活动简介； 2. 大风吹游戏； 3. 记忆马拉松； 4. 团体契约
干预自我效能感	单元二	1. 增进成员间的信任感，加强成员的归属感和依赖感； 2. 探讨成员学业压力，与学校适应情况； 3. 协助成员客观认识自己，促进自我接纳	1. 棒打"薄情郎"； 2. 盲人之旅； 3. 解开千千结； 4. 生活中的千千结
	单元三	4. 帮助成员学习使用正面的言语暗示鼓励自己，帮助他们提高自己的自信心	1. 拥挤的公交车； 2. 我的担心； 3. 故事分享之一； 4. 自我激励练习
干预希望	单元四	1. 创设学业压力情景，使团体成员体验学业压力； 2. 协助成员正确认识学业压力的本质，探讨有效解决方案； 3. 协助成员拥有对成功的渴望的同时，如何去指定达到成功的方案	1. 共建高塔； 2. 压力知多少； 3. 压力自救； 4. 放松训练
	单元五	4. 让成员了解自己的社会支持系统以及拥有的自愿，从而提升其希望的积极性水平	1. 共建绳房； 2. 给头像添嘴巴； 3. 价值拍卖； 4. 现在的我是谁？谁是未来的你

续表

总目标	单元	分目标	活动内容
干预乐观	单元六	1. 帮助成员认识并理解情绪理论，了解情绪产生； 2. 使成员明确自身存在的不合理信念； 3. 帮助成员学会运用情绪 ABC 理论掌控自己的情绪以及消除不合理信念； 4. 使成员形成乐观的解释风格。	1. 故事分享之二； 2. 情绪 ABC； 3. 故事分享之三； 4. 快乐点击。
干预韧性	单元七	1. 通过磨炼成员的耐性和坚韧，来锻炼他们的韧性； 2. 使成员意识到心理韧性的培养需从小事做起； 3. 让成员了解，以不同的方式面对挫折，会有不同的结果；要尽力提高自己的心理承受力以应对即将遇到的困难； 4. 帮助成员学习整理可以帮助自己发展的各种因素，在困境中积极地提升自己。	1. 小鸡变凤凰； 2. 凤凰涅槃； 3. 挫折防御机制知识分享； 4. 举手仪式。
满载而归	单元八	1. 回顾团体活动过程，进行活动总结； 2. 帮助成员将所得到的资源与能力进行整合，提高他们的心理资本，迎接今后的挑战； 3. 结束团体，处理离别情绪。	1. 桃花朵朵开； 2. 理性的乐观； 3. 真情告白。

四、结果与分析

（一）实验组和对照组学业压力、心理资本和学校适应的前测差异比较

从表 3-24 可以看出，实验组和对照组在学业压力、心理资本及学校适应上均不存在显著差异：〔t（学业压力）= -1.194，$P = 0.247$，$P > 0.05$；t（心理资本）= -0.029，$P = 0.977$，$P > 0.05$；t（学校适应）= 0.304，$P = 0.765$，$P > 0.05$〕，该研究结果表明，实验组和对照组两组被试之间不存在显著差异，即两组被试具有同质性，若实验组经过干预后与对照组在同一量表上的得分呈现出显著性差异，那么干预的有效性可以在一定程度上被证明。

表3-24 实验组和对照组学业压力、心理资本及学校适应的前测差异比较

组别	实验组 $M \pm SD$	对照组 $M \pm SD$	t	P
学业压力	3.795 ± 0.300	3.835 ± 0.276	-1.194	0.247
心理资本	3.093 ± 0.499	3.046 ± 0.499	-0.029	0.977
学校适应	2.953 ± 0.450	2.957 ± 0.416	0.304	0.765

(二)实验组和对照组学业压力、心理资本和学校适应的后测差异比较

采用t检验,对实验组和对照组三个变量的后测得分进行分析。详细结果如表3-25所示,两组被试在学业压力、心理资本及学校适应上均呈现出显著差异:〔t(学业压力) = -2.403,P = 0.027,P < 0.05;t(心理资本) = 3.026,P = 0.007,P < 0.05;t(学校适应) = 4.690,P = 0.000,P < 0.05〕。总体实验结果表明,接受了团体辅导的实验组的初中生,他们的学业压力与对照组的初中生相比有了明显的降低,他们的心理资本及学校适应相较于对照组的初中生有了明显提升,这就说明了本次团体心理辅导活动对初中生来说是有效果的。

表3-25 实验组和对照组学业压力、心理资本及学校适应的后测差异比较

组别	实验组 $M \pm SD$	对照组 $M \pm SD$	t	P
学业压力	3.564 ± 0.447	3.870 ± 0.272	-2.403*	0.027
心理资本	3.397 ± 0.473	2.956 ± 0.473	3.026**	0.007
学校适应	3.538 ± 0.411	2.915 ± 0.439	4.690***	0.000

注:*P < 0.05,**P < 0.01,***P < 0.001。

(三)实验组学业压力、心理资本和学校适应的前后测差异比较

采用配对样本t检验,对实验组的前测数据及后测数据之间的差异进行讨论分析,以此来判断团体心理辅导是否取得了好的效果。根据表3-26的数据分析结果,可以知道实验组的同学在参与了团体心理辅导后他们的学业压力(t = 6.487,P = 0.043)、心理资本(t = -3.676,P = 0.002)及学校适应(t = -6.599,P = 0.000)均呈现出显著差异。这就证明了团体心理辅导活动能够有效地提高初中生的心理资本与学校适应,有效地缓

解初中生学业压力，团体心理辅导取得了很好的效果，符合研究二中假设预期。

表 3-26 实验组学业压力、心理资本和学校适应的前后测差异比较

组别	前测 $M \pm SD$	后测 $M \pm SD$	t	P
学业压力	3.795 ± 0.300	3.564 ± 0.447	6.487*	0.043
心理资本	3.093 ± 0.499	3.538 ± 0.412	-3.676**	0.002
学校适应	2.953 ± 0.450	3.397 ± 0.473	-6.599***	0.000

注：$*P<0.05$，$**P<0.01$，$***P<0.001$。

（四）对照组学业压力、心理资本和学校适应的前后测差异比较

采用 t 检验，检验对照组前后测差异，如表 3-27 所示，可以看出对照组在学业压力、心理资本及学校适应的前后测不存在显著差异，这就说明了没有进行团体心理辅导的初中生被试学业压力、心理资本及学校适应在这段时间里无显著改变（t(学业压力) = -0.386，$P = 0.704$，$P > 0.05$；t(心理资本) = 0.327，$P = 0.747$，$P > 0.05$；t(学校适应) = 0.548，$P = 0.509$，$P > 0.05$）。

表 3-27 对照组学业压力、心理资本和学校适应的前后测差异比较

组别	前测 $M \pm SD$	后测 $M \pm SD$	t	P
学业压力	3.835 ± 0.276	3.870 ± 0.272	-0.386	0.704
心理资本	3.046 ± 0.499	3.263 ± 0.571	0.327	0.747
学校适应	2.957 ± 0.416	2.915 ± 0.439	0.548	0.509

研究结果显示，实验组经过团体辅导干预之后，该组学生的学业压力显著降低，同时心理资本水平与学校适应程度显著提高；对照组在无额外干预的情况下，三个变量的数据并没有呈现出明显的波动，可以在一定程度上证明本次团体辅导活动达到了预期的效果。

五、研究结论

第一，初中生的学业压力、心理资本以及学校适应总体来说处于一个中等的水平。在人口学变量上：

第三章 西部地区中学生心理健康现状研究

学业压力在性别方面,总体表现出有压力但并不显著,女生感受到的学业压力要高于男生,在学业压力的四个维度中,只有在自我压力上女生要显著高于男生;在不同年级上初三年级学生感知的学业压力和父母压力显著高于初一、初二年级,而在初一、初二年级之间存在着差异但是并不显著;在不同家庭环境上,他们在父母压力、教师压力、社交压力与学业压力总分上不存在显著差异,在自我压力上存在显著差异,农村学生的自我压力显著高于城市学生。

心理资本在性别方面,仅在希望维度上不存在显著的差别,而在乐观、自我效能、韧性、心理资本上都呈现出显著的差异,男生各维度得分要显著高于女生;在不同的年级上,初中生在乐观、希望、自我效能和心理资本上都不存在显著差异,但在韧性上存在着显著差异,在进一步的事后检验中发现,初二年级的韧性水平要显著高于初三年级;在不同家庭环境上,他们在乐观、希望、韧性以及心理资本上不存在显著的差异,而在自我效能感上存在显著差异,农村学生的自我效能感要显著低于城市学生。

学校适应在性别上,初中的男女生之间在学业适应、学校态度与情感、同伴关系、师生关系维度与总分上不存在显著差异,在常规适应上存在显著差异,女生的常规适应能力高于男生;在不同年级上,不同年级的初中生,在学业适应、同伴关系、常规适应维度与总分上不存在显著差异,在学校态度与情感以及师生关系上存在显著差异,进一步进行事后检验发现,在学校态度与情感上,不同年级两两间都存在着显著差异,其中初一年级得分最高,显著高于初二、初三年级;初二年级学生的师生关系得分显著高于初三年级学生;在不同家庭环境上,他们在学校适应上并未呈现出显著差别。

第二,从相关性上说,初中生学业压力、心理资本与学校适应间,两两呈现出显著相关,学业压力与心理资本、学业压力与学校适应呈现出显著负相关,心理资本与学校适应,显示出显著正相关。

第三,根据回归分析可知,学业压力可以显著反向预测心理资本与学校适应;心理资本可以显著正向预测学校适应。

第四,初中生心理资本在学业压力对学校适应的影响中起部分中介作用。

第五,在初中生中开展心理资本团体辅导,能提升其心理资本水平与学校适应水平,同时降低学业压力。

六、教育启示

本研究结果显示，参与调查的初中生心理资本处于中等水平，感知到的学业压力处于中上水平，对学校的适应情况一般，初中生的学业压力、心理资本以及学校适应之间有着密切的联系，并且心理资本在学业压力与学校适应中存在着中介作用。因此，根据本研究的研究结果，提出以下建议：

第一，学校及家长要加强对初中生心理健康水平的关注程度，重视初中生的心理健康教育。本研究显示，初中生整体来说处于中上的学业压力之中，并且有部分学生学校适应不良，心理资本水平较低，这提醒了我们在初中阶段学校就要重视心理健康课的开设和实施，让学生获得专业心理教师的帮助，让学生有意识地觉察自己的心理状态，并在情况较差的时候及时寻求帮助以改善不良的情绪状态。同时，家长和老师应该增加心理健康知识的储备，了解青少年心理发展的规律和特点，关注孩子的心理状态以及青春期问题，有问题及时发现及时解决，让学生的心理资本稳固发展，降低学生面对的学业压力，让学生更好地适应学校的学习生活。

第二，本研究已证实通过团体心理辅导的方式对初中生进行心理资本干预可以有效地提高学生的心理资本水平，从而达到缓解学生学业压力、提高学生学校适应水平的效果。对于心理资本的团体辅导干预，团体活动的设计者在制作团体辅导活动计划时要注意对学生心理资本每一维度都进行开发，根据具体的干预目的，有针对性地设计活动，让领导者在领导团体的过程中有意识地引导学生思考的问题的大致方向；团体的领导者在干预过程中要时刻提醒自己多鼓励、表扬学生，让学生从多方面接受积极的影响，从而更好、更快地提升自己的心理资本水平；团体辅导的参与者在干预过程中要做到积极配合，心理资本团体辅导干预的成功的关键就在于成员的积极参与程度，认真参与每一项活动、认真思考每一个问题，相信成员会收获会更加丰富。

若学校条件不允许开设团体心理辅导，那么教师可以根据Luthans的心理资本干预理论在日常的教学活动中对学生的心理资本进行开发。①帮助学生设立大目标和小目标，明确这些目标的时间起点和终点，协助学生制订完成目标的计划；②鼓励学生解决在完成目标的过程中遭遇的障碍与困难，让学生自己去体验挑战的过程以及总结出解决相似问题的方法；③帮助学生发现自己在完成目标过程中的"小成功"，多夸奖、鼓励学生，让他们发现自己已经做到了什么，体验成功感；④帮助学生了解自己的优点以及拥有的东西（如品质、技能和社会网络），并鼓励他们充分利用这些资源。

第三，学校应该把学生的减压落到实处，了解本校学生的学业压力更多的来源于何处，为学生的学习生活创造良好的环境，营造友好的氛围，在日常的教学活动中，在重视学生课业成绩、学习状态的同时，关注学生的人际关系、师生关系，以及对学校规章制度的适应情况。

第二节 初中生价值观、暴力态度和暴力行为的关系及干预研究

初中生心理正处在青春期阶段，这一时期的学生在经历各种情绪困扰的同时，还承受着日益增长的学业压力，因此容易引发校园暴力行为，而初中生拥有健康的心理环境不仅可以促进学业成绩的表现，还可以培养出良好的人格，因此必须加以重视，在查阅文献资料的过程中，作者发现到目前为止的相关研究中，还未有针对初中生价值观、暴力态度、暴力行为三者关系的研究，因此研究者在后续的实验设计中选取初中生为被试，拟对初中生的主流价值观、暴力态度、暴力行为进行测查，并选取目标样本对其暴力态度进行干预研究。

初中生校园暴力行为是校园生活的一颗毒瘤，它不单单会对受害者和实施者身心造成巨大的负面影响，还会使目击者因此产生恐惧情绪，开始畏惧校园生活，如果行为严重性达到一定程度，甚至会对当事人的一生造成不可估量的负面影响；再者，校园暴力行为破坏了实施者和受害者双方家庭的幸福，给双方家庭带来了长期的经济负担和精神压迫；不但如此，校园暴力行为对该校风气、社会和谐也产生了一定的影响。因此研究初中生校园暴力行为现象及其预防，一方面能够控制和预防初中生校园暴力行为，使得青少年的身心健康和合法权益得到保障，优化学校风气和校园环境，让学校作为初中生学习、成长的温馨场所，进一步解除学生家庭的后顾之忧，增添家庭幸福感，加强社会和谐风气；另一方面有利于学生们养成优良的道德品质，树立的正确价值观，使其具备一定的法制道德观念及常规的人际交往能力，从而更好地适应社会生活。

本次研究依据初中生校园暴力现象中存在的问题，有针对性地提出预

防校园暴力现象的有效措施,以便为各级政府及有关部门出台相关政策提供意见,最终为家长和学校处理中学生成长时期出现的各类问题提供帮助。

研究一　初中生价值观、暴力态度与暴力行为的关系研究

一、研究对象

此次研究考虑到研究结果的代表性,由此选取西宁市某中学的学生进行实施。在该校 3 个年级中,每个年级各选取 3 个平行班级进行测试,共 9 个班级,总计发放问卷 600 份。前测完成收回有效问卷 556 份,具体如表 3-28 所示:

表 3-28　有效被试人数分布表

年级	男(人)	女(人)	总计(人)
初一	91	98	189
初二	103	101	204
初三	78	85	163
总计	272	284	556

二、研究工具

(一)中学生价值观测量问卷

本研究最终采用西南大学覃江霞编制的《中学生主流价值观现状调查问卷》。该量表分为锐意进取、物质享受、自我关注、良好心态、益人利他、社会责任 6 个维度,共 27 个项目,从完全不符合到完全符合五个不同的程度采用五点计分法。该量表的 α 系数为 0.814,分半信度为 0.762,具有较好的信效度。

(二)初中生暴力态度测量量表

Buss-Perry 攻击问卷中文修订版:共 20 题,包括身体攻击、替代攻击、愤怒和敌意 4 个维度。采用 1(完全不符合)~5(完全符合)级评分,内部一致性系数为 0.84,重测信度为 0.92。

(三)中学生暴力行为量表

采用由郑春玲、刘丽(2013)等制订的《中学生暴力行为量表》,该量

表由心理暴力和躯体暴力两个分量表构成。其中心理暴力包括人格侮辱、关系攻击、性骚扰和权利侵犯4个维度，躯体暴力包括攻击他人、自虐行为、自杀意念与行为以及极严重暴力4个维度，共44个题目。量表同时从实施暴力、遭遇暴力、目击暴力三方面收集信息，要求被试以三个角色（A. 实施者；B. 受害者；C. 目击者）分别作答，以一学期为周期，采用5点计分：0＝没发生；1＝发生1次；2＝每月发生1次；3＝每周发生一次；4＝每周发生多次。该量表具有较好的内容效度，且内部一致性和重测信度都在0.70以上，具有良好的稳定性，适合于测量我国初中生的暴力行为。

三、研究结果

（一）初中生价值观现状研究结果

1. 初中生价值观描述性统计结果

由表3－29可知，在初中生价值观各维度的平均分中，得分排名依次为社会责任、物质享受、自我关注、锐意进取、益人利他、良好心态。物质享受和社会责任维度平均得分中等偏上，是良好心态的两倍；自我关注、锐意进取、益人利他维度得分处于中等水平；在良好心态维度上初中生得分最低。

表3－29　初中生价值观描述性总表

维度	得分（$M \pm SD$）
锐意进取	11.40 ± 2.72
物质享受	13.69 ± 2.59
自我关注	12.82 ± 2.60
良好心态	7.11 ± 2.23
益人利他	11.35 ± 2.74
社会责任	16.16 ± 3.05
价值观总量	120.07 ± 19.48

2. 初中生价值观人口学变量的关联

不同性别学生的价值观差异：由表3－30可知，总体上该校学生价值观得分女性高于男性，但差异并未达到显著。在主流价值观各因子水平上有不同的表现,其中女生在社会责任维度上的平均分显著高于男生;在锐意进取、良好心态、益人利他维度上,该校学生平均得分男性高于女性,但并未达到显著水平;在物质享受、自我关注因子上,该校学生平均得分女性高于男性,仍未达到显著水平。

表 3-30 初中生价值观性别差异 t 检验

	性别	N	M	SD	t	P
锐意进取	女	284	11.3556	2.63107	-0.37	0.159
	男	272	11.4412	2.81604	-0.37	
物质享受	女	284	13.9683	2.6919	2.6	0.784
	男	272	13.4007	2.44294	2.605	
自我关注	女	284	12.9014	2.71317	0.719	0.531
	男	272	12.7426	2.48091	0.721	
良好心态	女	284	6.7148	2.33267	-4.359	0.07
	男	272	7.5257	2.0364	-4.372	
益人利他	女	284	11.162	2.7296	-1.633	0.367
	男	272	11.5404	2.73528	-1.633	
社会责任	女	284	16.3732	2.8312	1.714	0.007
	男	272	15.9301	3.25637	1.709	
价值观总量	女	284	120.2183	20.35866	0.185	0.892
	男	272	119.9118	18.56035	0.186	

不同年级学生的价值观差异:由表 3-31 可知,总体上该校学生在价值观各因子水平上有不同的表现。在良好心态维度上该校学生价值观得分在年级上有差异,总体上并不显著,但具体初一年级学生在该维度上得分显著高于初三年级;而在物质享受、良好心态上初一年级学生得分显著高于初三年级学生;在自我关注、社会责任、益人利他维度上初一年级学生显著高于初二年级和初三年级的学生;而在锐意进取维度上初三年级学生显著高于初一年级和初二年级学生的得分。

第三章 西部地区中学生心理健康现状研究

表 3-31 初中生价值观年级差异 t 检验

维度	初一年级 (n=189)	初二年级 (n=207)	初三年级 (n=160)	F	LSD	显著性
	($M \pm SD$)					
锐意进取	11.98±2.37	11.48±2.78	10.6±2.85	11.724	初一年级＞初三年级、初二年级＞初三年级	0
物质享受	14.1±2.50	13.6±2.76	13.33±2.40	4.072	初一年级＞初三年级	0.018
自我关注	13.66±1.83	12.41±3.03	12.38±2.55	15.427	初一年级＞初二年级、初一年级＞初三年级	0
良好心态	7.33±2.39	7.16±2.10	6.79±2.17	2.582	初一年级＞初三年级	0.077
益人利他	11.9±2.47	11.24±3.00	10.82±2.57	7.146	初一年级＞初二年级、初一年级＞初三年级	0.001
社会责任	16.97±2.71	15.99±15.2.98	15.41±3.31	12.222	初一年级＞初二年级、初一年级＞初三年级	0

不同家庭情况学生的价值观差异：由表 3-32 可知，总体上该校学生在价值观各因子水平上有不同的表现，具体来看，锐意进取、良好心态和社会责任维度上家庭情况为家庭完整的学生较父母离异的学生得分显著更高；自我关注、益人利他维度上家庭情况为家庭完整的学生得分显著高于较父母离异的学生，家庭情况为丧父或丧母的学生较父母离异的学生得分也显著更高。

表 3-32 初中生主流价值观家庭情况差异 t 检验

维度	家庭完整 (n=485)	父母离异 (n=64)	丧母或丧父 (n=7)	F	LSD	显著性
	($M \pm SD$)					
锐意进取	11.66±2.49	9.42±3.54	11.14±2.27	20.54	家庭完整＞父母离异	0
物质享受	13.69±2.45	13.56±3.36	14.71±3.59	0.626		0.535
自我关注	12.93±2.39	11.81±3.76	14.57±1.13	6.984	家庭完整＞父母离异、丧父或丧母＞父母离异	0.001
良好心态	7.25±2.11	6.06±2.81	6.86±2.12	8.341	家庭完整＞父母离异	0
益人利他	11.57±2.51	9.55±3.66	12.29±1.70	16.79	家庭完整＞父母离异、丧母或丧夫＞父母离异	0
社会责任	16.26±2.97	15.27±3.59	17±2.45	3.31	家庭完整＞父母离异	0.037

不同上网主要目的学生的价值观差异：由表 3-33 可知，总体上该校学生在价值观各因子水平上有不同的表现，具体来看，除物质享受维度并未呈现出显著差异之外，其他维度上均呈现出显著差异：上网主要为打游戏的学生显著高于交友(聊天、网络社区)学生的得分；上网主要收集与学习有关的资料的学生得分显著高于打游戏的学生；上网主要进行娱乐(听音乐、看电影)的学生得分显著高于交友(聊天、网络社区)的学生；上网主要收集与学习有关的资料的学生得分显著高于娱乐(听音乐、看电影)和交友(聊天、网络社区)的学生。

表 3-33 初中生主流价值观上网主要目的差异 t 检验

($M \pm SD$)

维度	打游戏 (n=159)	娱乐 (n=258)	交友 (n=73)	收集与学习 有关的资料 (n=66)	F	LSD	显著性
锐意进取	11.47±2.55	11.29±2.66	10.37±2.89	12.76±2.67	9.552	打游戏>交友、收集>打游戏、娱乐>交友、收集>娱乐、收集>交友	0
物质享受	13.53±2.30	13.88±2.31	13.73±3.66	13.27±2.80	1.253		0.29
自我关注	12.75±2.44	12.9±2.42	11.82±3.52	13.8±2.09	7.062	打游戏>交友、收集>打游戏、娱乐>交友、收集>娱乐、收集>交友	0
良好心态	7.38±1.99	7.18±2.08	5.32±2.39	8.17±2.09	24.01	打游戏>交友、收集>打游戏、娱乐>交友、收集>娱乐、收集>交友、	0
益人利他	11.44±2.71	11.22±2.46	10.23±3.25	12.83±2.61	11.359	打游戏>交友、收集>打游戏、娱乐>交友、收集>娱乐、收集>交友	0
社会责任	15.86±3.20	16.36±2.84	15.01±3.31	17.35±2.73	7.918	打游戏>交友、收集>打游戏、娱乐>交友、收集>娱乐、收集>交友	0

(二)初中生暴力态度现状研究结果

1. 初中生暴力态度描述性统计结果

由表 3-34 可知,在初中生暴力态度各维度的平均分中,得分排名依次为身体攻击、愤怒、替代攻击、敌意。在敌意维度上初中生得分最低。替代攻击、愤怒维度得分处于中等水平;身体攻击维度平均得分较高,是敌意维度的 1.5 倍。

表 3-34　初中生暴力态度描述性总表

维度	($M \pm SD$)
身体攻击	7.01 ± 4.89
替代攻击	5.27 ± 3.96
愤怒	5.36 ± 4.83
敌意	4.91 ± 4.18
暴力态度总得分	22.55 ± 14.77

2. 初中生暴力态度人口学变量的关联

不同性别学生的暴力态度差异：由表 3-35 可知，总体上该校学生暴力态度得分在性别这一变量上有差异但不显著，在暴力态度各维度水平上有不同的表现，在愤怒这一维度上女性得分显著高于男性；其他维度在性别这一变量上有差异但均不显著。

表 3-35　初中生暴力态度性别差异 t 检验

	性别	N	M	SD	T	显著性
身体攻击	女	284	6.6725	4.79124	-1.651	0.375
	男	272	7.3566	4.97981	-1.649	
替代攻击	女	284	5.3099	3.76178	0.246	0.333
	男	272	5.2279	4.07669	0.246	
愤怒	女	284	6.2042	5.09561	4.28	0
	男	272	4.4779	4.37026	4.294	
敌意	女	284	5.4296	4.16514	3.004	0.413
	男	272	4.3713	4.1394	3.004	
暴力态度总得分	女	284	23.6162	15.10519	1.744	0.303
	男	272	21.4338	14.36514	1.746	

不同年级学生的暴力态度差异：由表 3-36 可知，总体上该校学生暴力态度得分在年级这一变量上差异显著，初二年级学生得分显著高于初一年级学生，初三年级学生得分显著高于初一年级，具体来说在暴力态度各维度水平上有不同的表现，在敌意性维度上三个年级学生得分差异并不显

著；在身体攻击性、替代攻击性维度上初二年级学生得分显著高于初一年级学生、初三年级学生得分显著高于初一年级学生；在愤怒性维度上初三年级学生得分显著高于初一年级和初二年级学生。

表3-36 初中生暴力态度年级差异 t 检验

维度	初一年级 (n=189)	初二年级 (n=207)	初三年级 (n=160)	F	LSD	显著性
	($M \pm SD$)					
身体攻击	6.04±4.01	7.26±5.08	7.82±5.40	6.273	初二年级＞初一年级、初三年级＞初一年级	0.002
替代攻击	4.23±3.48	5.94±3.84	5.63±4.25	10.698	初二年级＞初一年级、初三年级＞初一年级	0
愤怒	4.68±4.79	5.38±4.43	6.13±5.26	3.945	初三年级＞初一年级	0.02
敌意	4.92±4.49	5.07±3.90	4.7±4.18	0.348		0.706

不同家庭情况学生的暴力态度差异：由表3-37可知，总体上该校学生暴力态度得分在家庭情况这一变量上有差异但并不显著，在暴力态度各因子水平上有不同的表现，具体来看，在愤怒这一维度上家庭情况为父母离异的学生得分显著高于家庭完整的学生；在敌意这一维度上家庭情况为父母离异的学生得分显著高于家庭完整的学生，丧父或丧母的学生得分显著高于家庭完整的学生。

表3-37 初中生暴力态度家庭情况差异 t 检验

维度	家庭完整 (n=485)	父母离异 (n=64)	丧母或丧父 (n=7)	F	LSD	显著性
	($M \pm SD$)					
身体攻击	6.94±4.93	7.36±4.44	8.71±6.60	0.642		0.526
替代攻击	5.21±3.96	5.64±3.67	5.71±3.45	0.38		0.684
愤怒	5.2±4.76	6.47±5.18	6.29±5.47	2.091	父母离异＞家庭完整、	0.125

续表

维度	家庭完整 (n=485)	父母离异 (n=64)	丧母或丧父 (n=7)	F	LSD	显著性
	($M \pm SD$)					
敌意	4.64±4.04	6.59±4.66	8.14±4.95	8.486	父母离异> 家庭完整、 丧母或丧父 >家庭完整	0

不同上网主要目的学生的暴力态度差异：由表3-38可知，总体上该校学生暴力态度得分在上网主要类型这一变量上存在显著性差异，在暴力态度各因子水平上有不同的表现。具体来看，在身体攻击性维度上，上网主要类型为打游戏的学生得分显著高于娱乐和收集学习有关资料的学生、上网主要类型为交友的学生得分显著高于娱乐和收集学习相关资料的学生；在替代攻击维度上，上网主要类型为打游戏的学生得分显著高于娱乐（听音乐、看电影）和收集学习相关资料的学生，上网主要类型为交友（聊天、网络社区）的学生得分显著高于打游戏、娱乐（听音乐、看电影）和收集学习相关资料的学生，上网主要类型为娱乐（听音乐、看电影）的学生得分显著高于收集学习相关资料的学生；在愤怒这一维度上，上网主要类型为打游戏的学生得分显著高于娱乐（听音乐、看电影）和收集学习相关资料的学生，上网主要类型为交友（聊天、网络社区）的学生得分显著高于打游戏、娱乐（听音乐、看电影）和收集学习相关资料的学生；在敌意这一维度上，上网主要类型是交友（聊天、网络社区）的学生得分显著高于打游戏、娱乐（听音乐、看电影）和收集学习相关资料的学生，上网主要类型是打游戏和娱乐（听音乐、看电影）的学生得分显著高于收集学习相关资料的学生。

表3-38 初中生暴力态度上网主要目的的差异 t 检验

维度	打游戏 (n=159)	娱乐 (n=258)	交友 (n=73)	收集与学习 有关的资料 (n=66)	F	LSD	显著性
	($M \pm SD$)						
身体攻击	8.18±5.06	6.15±4.32	9.03±5.93	5.32±3.93	13.282	打游戏>娱乐、打游戏>收集、交友>娱乐、交友>收集	0

续表

维度	打游戏 (n=159)	娱乐 (n=258)	交友 (n=73)	收集与学习 有关的资料 (n=66)	F	LSD	显著性
	($M \pm SD$)						
替代攻击	5.92±4.42	4.68±3.36	7.52±3.80	3.5±3.38	17.364	打游戏>娱乐、交友>打游戏、打游戏>收集、交友>娱乐、娱乐>收集、交友>收集	0
愤怒	5.94±5.02	4.61±4.47	8.12±5.11	3.82±3.99	13.964	打游戏>娱乐、打游戏>收集、交友>打游戏、交友>娱乐、交友>收集	0
敌意	4.67±3.94	4.82±4.21	7.11±4.60	3.44±3.23	10.149	交友>打游戏、打游戏>收集、交友>娱乐、交友>收集、娱乐>收集	0

(三)初中生校园暴力行为总体情况

1. 初中生校园暴力行为描述性统计结果

由表3-39校园暴力行为的平均得分可以看出，三种角色中，不管是心理暴力还是躯体暴力，二者各子维度也无例外，都是作为目击者的得分最高。①心理暴力方面作为实施者、受害者，平均得分由高到低均为：人格侮辱、关系攻击、权利侵犯、性骚扰。②躯体暴力方面作为目击者，由高到低为：攻击他人、自杀意念与行为、自虐行为、极严重暴力；作为受害者，攻击他人平均得分比极严重暴力高。

通过各个角度的总暴力 $M \pm SD$ 可以看出，该学校初中年级校园暴力现象普遍存在，得分均值目击校园暴力>遭遇校园暴力>实施校园暴力；同时心理暴力的平均得分远高于躯体暴力——实施校园心理暴力平均得分大约是躯体暴力的1.5倍、受害校园心理暴力平均得分是躯体暴力的2倍、目击校园心理暴力平均得分大约是躯体暴力的2倍。

量表中各个维度的得分情况也不同。其中，实施校园暴力的得分由高到低为人格侮辱、关系攻击、自杀意念与行为、性骚扰、权利侵犯、攻击他人、自虐行为、极严重暴力；遭遇校园暴力行为得分由高到低为人格侮辱、关系攻击、权利侵犯、性骚扰、攻击他人、自杀、自虐行为、极严重暴力；目击校园暴力行为得分由高到低为人格侮辱、关系攻击、性骚扰、权利侵犯、攻击他人、自杀、自虐行为、极严重暴力。

表3-39　校园暴力行为描述性总表

	实施暴力	遭遇暴力	目击暴力
	得分($M \pm SD$)	得分($M \pm SD$)	得分($M \pm SD$)
人格侮辱	3.66 ± 5.32	4.90 ± 5.95	6.65 ± 6.98
关系攻击	2.42 ± 3.99	3.10 ± 4.17	3.94 ± 4.82
性骚扰	1.71 ± 3.87	2.25 ± 3.99	3.16 ± 4.58
权利侵犯	1.72 ± 3.54	2.46 ± 3.99	2.97 ± 4.77
攻击他人	1.19 ± 3.248	1.58 ± 3.53	2.40 ± 4.40
自虐行为	1.23 ± 2.94	0.92 ± 2.31	1.61 ± 3.22
自杀	1.74 ± 3.98	1.16 ± 3.23	1.85 ± 4.03
极严重暴力	0.62 ± 2.33	0.49 ± 2.05	0.64 ± 2.42
心理暴力	9.52 ± 15.12	12.71 ± 15.89	16.72 ± 18.08
躯体暴力	4.78 ± 10.00	4.15 ± 9.52	6.51 ± 11.94
总暴力	14.30 ± 23.36	16.86 ± 23.40	23.22 ± 28.40

2. 初中生暴力行为人口学变量的关联

不同性别学生在不同视角上的暴力行为差异：由表3-40可以看出，在男性和女性中学生之间，在受害者躯体暴力、目击者的维度上存在显著差异，而且男性中学生平均得分比女性中学生更高，表明男性中学生更具有校园躯体暴力倾向。而在其他维度上，虽然男性中学生和女性中学生校园暴力行为平均得分也存在差异，但差异不显著，在统计学上无意义。

表3-40　初中生校园暴力行为性别差异t检验

	性别	N	M	SD	t	显著性
实施者心理暴力	女	284	8.2465	15.08875	-2.029	0.267
	男	272	10.8419	15.06275	-2.029	
实施者躯体暴力	女	284	4.5317	9.47243	-0.595	0.391
	男	272	5.0368	10.53717	-0.594	
受害者心理暴力	女	284	11.838	15.21188	-1.327	0.057
	男	272	13.625	16.53931	-1.324	

第三章 西部地区中学生心理健康现状研究

续表

	性别	N	M	SD	t	显著性
受害者躯体暴力	女	284	3.4085	7.8867	-1.884	0.005
	男	272	4.9265	10.92621	-1.872	
目击者心理暴力	女	284	16.2535	15.99644	-0.621	0.005
	男	272	17.2059	20.03599	-0.618	
目击者躯体暴力	女	284	5.9366	9.42346	-1.148	0.018
	男	272	7.0993	14.08361	-1.139	

由表3-41可以看出，作为校园暴力的实施者，虽然在实施心理、躯体暴力整体上不存在显著性别差异，但是在实施心理暴力下的人格侮辱和关系攻击两个子维度上存在显著性别差异，二者都是男性中学生比女性中学生程度更高。在实施躯体暴力下子维度极严重暴力上，仍然是男性中学生比女性中学生高。

表3-41　实施者角度下初中生校园暴力行为性别差异t检验

	性别	N	M	SD	t	显著性
实施者人格侮辱	女	284	2.9085	5.18275	-3.429	0.01
	男	272	4.4412	5.35771	-3.426	
实施者关系攻击	女	284	2.1796	3.87245	-1.448	0.02
	男	272	2.6691	4.09762	-1.447	
实施者性骚扰	女	284	1.5528	3.87536	-1.003	0.53
	男	272	1.8824	3.86881	-1.003	
实施者权利侵犯	女	284	1.6056	3.51465	-0.81	0.26
	男	272	1.8493	3.57566	-0.81	
实施者心理暴力	女	284	8.2465	15.08875	-2.029	0.267
	男	272	10.8419	15.06275	-2.029	
实施者攻击他人	女	284	1.0106	3.06638	-1.337	0.065
	男	272	1.3787	3.42338	-1.334	
实施者自虐行为	女	284	1.331	2.94645	0.841	0.184
	男	272	1.1213	2.93157	0.841	

续表

	性别	N	M	SD	t	显著性
实施者自杀	女	284	1.757	4.06669	0.086	0.922
	男	272	1.7279	3.89335	0.086	
实施者极严重暴力	女	284	0.4331	1.91676	-1.906	0
	男	272	0.8088	2.68387	-1.892	
实施者躯体暴力	女	284	4.5317	9.47243	-0.595	0.391
	男	272	5.0368	10.53717	-0.594	

如表3-42所示,作为校园暴力的受害者,虽然在遭遇心理暴力总体上不存在显著性别差异,但是在遭遇心理暴力的关系攻击和权利侵犯两个子维度上男性和女性中学生存在显著差异,均是男性中学生比女性中学生程度更高;与此同时,在遭遇躯体暴力总体得分上是存在显著性别差异的,且具体表现在遭遇躯体暴力中的自虐、自杀、极严重暴力子维度上的显著差异。

表3-42 受害者角度下初中生校园暴力行为性别差异 t 检验

	性别	N	M	SD	t	P
受害者人格侮辱	女	284	4.5106	5.87411	-1.585	0.098
	男	272	5.3088	6.00186	-1.584	
受害者关系攻击	女	284	2.9683	3.94517	-0.785	0.025
	男	272	3.2463	4.39913	-0.783	
受害者性骚扰	女	284	2.2324	4.03897	-0.095	0.951
	男	272	2.2647	3.95124	-0.095	
受害者权利侵犯	女	284	2.1268	3.55046	-2.005	0.001
	男	272	2.8051	4.39753	-1.996	
受害者心理暴力	女	284	11.838	15.21188	-1.327	0.057
	男	272	13.625	16.53931	-1.324	
受害者攻击他人	女	284	1.3451	3.41178	-1.601	0.069
	男	272	1.8235	3.63436	-1.599	

续表

	性别	N	M	SD	t	P
受害者自虐行为	女	284	0.7923	2.0322	-1.382	0.035
	男	272	1.0625	2.55849	-1.375	
受害者自杀	女	284	0.9401	2.97575	-1.631	0.009
	男	272	1.386	3.46222	-1.625	
受害者极严重暴力	女	284	0.331	1.58715	-1.864	0.001
	男	272	0.6544	2.43401	-1.847	
受害者躯体暴力	女	284	3.4085	7.8867	-1.884	0.005
	男	272	4.9265	10.92621	-1.872	

如表3-43所示,作为校园暴力的目击者,在目击校园心理暴力总体上存在显著性别差异,且表现在子维度权利侵犯上,均呈现出男性比女性有更强的暴力倾向;在目击校园躯体暴力总体上存在显著性别差异,且表现在极严重暴力、攻击他人这两个子维度上,同样是男性相比女性程度更高。

表3-43 目击者角度下初中生校园暴力行为性别差异t检验

	性别	N	M	SD	t	P
目击者人格侮辱	女	284	6.4366	6.77447	-0.727	0.071
	男	272	6.8676	7.19861	-0.726	
目击者关系攻击	女	284	3.9894	4.48435	0.244	0.089
	男	272	3.8897	5.16041	0.243	
目击者性骚扰	女	284	3.0317	4.15202	-0.665	0.068
	男	272	3.2904	4.9967	-0.663	
目击者权利侵犯	女	284	2.7958	4.09264	-0.894	0.006
	男	272	3.1581	5.39516	-0.889	
目击者心理暴力	女	284	16.2535	15.99644	-0.621	0.005
	男	272	17.2059	20.03599	-0.618	
目击者攻击他人	女	284	2.1444	3.73366	-1.426	0.014
	男	272	2.6765	4.9965	-1.418	

续表

性别	N	M	SD	t	P
目击者自虐行为 女	284	1.5246	3.01283	-0.637	0.188
男	272	1.6985	3.41976	-0.635	
目击者自杀 女	284	1.8486	3.75791	-0.013	0.698
男	272	1.8529	4.30743	-0.013	
目击者极严重暴力 女	284	0.419	1.5785	-2.212	0
男	272	0.8713	3.04608	-2.184	
目击者躯体暴力 女	284	5.9366	9.42346	-1.148	0.018
男	272	7.0993	14.08361	-1.139	

不同年级学生在不同视角上的暴力行为差异：由表3-44可以看出，初中生在所有维度上均存在显著的年级差异，且均是初三年级较初一年级程度显著更高、初三年级较初二年级程度显著更高，初一年级和初二年级没有显著差异；这说明初三年级参与校园暴力的程度在这三个维度上比另两个年级学生更高。

表3-44 初中生校园暴力行为年级比较差异 t 检验

维度	初一年级 (n=189)	初二年级 (n=207)	初三年级 (n=160)	F	LSD	显著性
	(M±SD)					
实施者心理暴力	8.47±14.91	6.96±13.59	14.06±16.28	11.005	初一年级<初三年级；初二年级<初三年级	0.00
实施者躯体暴力	3.8±9.11	3.31±7.24	7.84±13.03	11.007	初一年级<初三年级；初二年级<初三年级	0.00
受害者心理暴力	10.74±14.43	9.39±13.25	19.33±18.55	21.313	初一年级<初三年级；初二年级<初三年级	0.00

续表

维度	(M±SD)			F	LSD	显著性
	初一年级 (n=189)	初二年级 (n=207)	初三年级 (n=160)			
受害者 躯体暴力	2.8±7.06	2.77±7.27	7.53±13.14	14.818	初一年级＜ 初三年级 初二年级＜ 初三年级	0.00
目击者 心理暴力	13.67±16.31	12.21±13.67	26.16±21.37	34.691	初一年级＜ 初三年级 初二年级＜ 初三年级	0.00
目击者 躯体暴力	3.97±7.74	4.61±9.86	11.96±16.07	25.661	初一年级＜ 初三年级 初二年级＜ 初三年级	0.00

不同家庭情况学生在不同视角上的暴力行为差异：由表3-45可以看出虽然在实施者心理暴力和受害者躯体暴力上没有显著差异，但是其他维度上家庭情况均呈现出显著差异，并且都是父母离异比家庭完整的学生在校园暴力程度上显著更高，而丧母或丧父与家庭完整之间没有显著差异。

表3-45 初中生校园暴力行为家庭情况差异t检验

维度	(M±SD)			F	LSD	显著性
	家庭完整 (n=485)	父母离异 (n=64)	丧母或丧父 (n=7)			
实施者 心理暴力	9.05±14.79	12.78±17.52	12±11.59	1.823		0.162
实施者 躯体暴力	4.41±9.63	7.48±12.26	5.71±10.03	2.722	父母离异＞ 家庭完整	0.067
受害者 心理暴力	11.87±15.43	18.81±18.42	15.57±10.92	5.612	父母离异＞ 家庭完整	0.004
受害者 躯体暴力	3.98±9.03	5.09±12.72	7.42±8.52	0.807		0.447

续表

维度	家庭完整 (n=485)	父母离异 (n=64)	丧母或丧父 (n=7)	F	LSD	显著性
	($M \pm SD$)					
目击者 心理暴力	15.66±16.90	24.97±23.98	15±17.95	7.719	父母离异 > 家庭完整	0.00
目击者 躯体暴力	5.71±10.10	12.64±20.61	5.71±5.94	9.859	父母离异 > 家庭完整	0.00

不同上网目的学生在不同视角上的暴力行为差异：通过表3-46可以看出，除了受害者躯体暴力维度，其他维度上均存在显著的上网主要类型差异，具体表现为：在实施者心理暴力维度上，上网主要类型为娱乐（听音乐、看电影）的学生比打游戏的学生差异更为显著；在实施者躯体暴力上，上网主要类型为交友（聊天、网络社区）的学生较上网主要去收集与学习有关的资料的学生差异更为显著；在受害者心理暴力维度上，上网主要类型为娱乐的学生较打游戏和收集与学习有关的资料的学生差异都更为显著；在目击者心理暴力维度上，上网主要类型为娱乐的学生较打游戏和收集与学习有关的资料的学生均更为显著，主要类型为交友（聊天、网络社区）的学生较打游戏和收集与学习有关的资料的学生差异均更为显著；在目击者躯体暴力维度上，上网主要类型为娱乐（听音乐、看电影）的学生较收集与学习有关的资料的学生差异更为显著，上网主要类型为交友（聊天、网络社区）的学生较收集与学习有关的资料的学生差异更为显著。

表3-46 初中生校园暴力行为上网主要类型差异 t 检验

维度	打游戏 (n=159)	娱乐（听音乐、看电影） (n=258)	交友（聊天、网络社区） (n=73)	收集与学习有关的资料 (n=66)	F	LSD	显著性
	($M \pm SD$)						
实施者心理暴力	7.57±12.46	11.18±17.25	9.45±13.22	7.76±13.44	2.233	娱乐>打游戏	0.083
实施者躯体暴力	4.42±9.02	4.91±11.03	6.55±9.42	3.17±8.40	1.422	交友>收集	0.235
受害者心理暴力	10.89±13.84	14.31±17.99	14.45±13.63	8.92±12.94	3.153	娱乐>打游戏、娱乐>收集、交友>收集	0.025

续表

维度	打游戏 (n=159)	娱乐(听音乐、看电影) (n=258)	交友(聊天、网络社区) (n=73)	收集与学习有关的资料 (n=66)	F	LSD	显著性
受害者躯体暴力	4.93±10.45	4.48±10.37	2.63±4.18	2.65±7.51	1.634		0.18
目击者心理暴力	13.92±16.16	18.91±19.30	20.79±17.56	10.39±15.58	6.655	娱乐>打游戏、交友>打游戏、娱乐>收集、交友>收集	0
目击者躯体暴力	5.74±9.15	7.07±13.76	8.71±11.72	3.71±9.79	2.469	娱乐>收集、交友>收集	0.061

表头：$(M \pm SD)$

(四)变量相关性分析

1. 初中生价值观各维度与初中生暴力态度各维度之间的相关

表3-47相关分析所得数据显示，除物质享受在暴力态度的身体攻击、替代攻击、敌意维度上不显著负相关以外，其余维度之间均存在显著负性相关，系数如表所示。因此除上述情况外，价值观各维度的倾向度越高，个体在暴力态度各维度上的倾向度也就越低。

表3-47 暴力态度各维度得分与价值观各维度得分的相关分析

	身体攻击	替代攻击	愤怒	敌意
锐意进取	-0.101*	-0.175**	-0.222**	-0.261**
物质享受	-0.046	-0.064	-0.111**	-0.048
自我关注	-0.101*	-0.178**	-0.238**	-0.216**
良好心态	-0.204**	-0.363**	-0.376**	-0.420**
益人利他	-0.130**	-0.245**	-0.229**	-0.260**
社会责任	-0.174**	-0.318**	-0.325**	-0.285**

注：$*P<0.05$，$**P<0.01$。

由表3-48可以看出，初中生价值观能够解释初中生暴力态度变异量的12.8%，起到负向预测作用显著。回归方程：暴力态度总分 = -0.271 × 价值观总分 + 55.143。

表 3-48　初中生暴力态度对初中生价值观的回归分析

因变量	R	R方	调整后R方	F	显著性	B
暴力态度	0.358	0.128	0.127	81.423	0	55.143（常量）
						-0.271

2. 初中生价值观各维度与初中生暴力行为各维度之间的相关

表 3-49 相关分析所得数据显示，相互之间不存在显著负相关的维度有：物质享受在暴力行为各维度（除性骚扰）上、自虐行为在价值观的锐意进取和社会责任维度上、极严重暴力在价值观的良好心态维度上。除此之外，其余维度之间均存在显著相关，系数如表所示。因此实施者角度下，除无显著相关的各维度间外，价值观中各维度的倾向度越高，个体产生校园暴力行为可能性也就越低。

表 3-49　实施者角度价值观各维度得分与校园暴力行为各维度得分的相关分析

	锐意进取	物质享受	自我关注	良好心态	益人利他	社会责任
人格侮辱	-0.139**	-0.046	-0.133**	-0.166**	-0.163**	-0.126**
关系攻击	-0.154**	-0.081	-0.136**	-0.174**	-0.174**	-0.116**
性骚扰	-0.182**	-0.093*	-0.172**	-0.130**	-0.167**	-0.157**
权利侵犯	-0.156**	-0.071	-0.122**	-0.124**	-0.131**	-0.148**
心理暴力	-0.173**	-0.078	-0.155**	-0.167**	-0.177**	-0.150**
攻击他人	-0.113**	-0.073	-0.102*	-0.099*	-0.099*	-0.141**
自虐行为	-0.083	-0.008	-0.169**	-0.331**	-0.143**	-0.08
自杀	-0.134**	-0.024	-0.215**	-0.316**	-0.166**	-0.097*
极严重暴力	-0.117**	-0.042	-0.116**	-0.053	-0.087*	-0.138**
躯体暴力	-0.142**	-0.045	-0.195**	-0.268**	-0.160**	-0.140**

注：$*P<0.05$，$**P<0.01$。

表 3-50 相关分析所得数据显示，除人格侮辱、自虐行为、自杀、极严重暴力、躯体暴力在价值观的物质享受维度上，自杀在自我关注维度上，攻击他人、自杀、极严重暴力、躯体暴力在良好心态维度上，自虐行为和自杀在价值观的益人利他和社会责任维度上不显著负相关以外，其余维度之间均存在显著负性相关，系数如表所示。因此受害者角度下，除上

述情况外,价值观各维度的倾向度越高,个体产生校园暴力行为可能性也就越低。

表 3-50 受害者角度价值观各维度得分与校园暴力行为各维度得分的相关分析

	锐意进取	物质享受	自我关注	良好心态	益人利他	社会责任
人格侮辱	-0.163**	-0.076	-0.155**	-0.185**	-0.122**	-0.132**
关系攻击	-0.163**	-0.088*	-0.145**	-0.235**	-0.159**	-0.128**
性骚扰	-0.192**	-0.117**	-0.115**	-0.105**	-0.143**	-0.148**
权利侵犯	-0.217**	-0.097*	-0.119**	-0.110**	-0.132**	-0.124**
心理暴力	-0.207**	-0.105**	-0.155**	-0.185**	-0.157**	-0.151**
攻击他人	-0.159**	-0.087*	-0.136**	-0.065	-0.128**	-0.152**
自虐行为	-0.165**	0.003	-0.120**	-0.101	-0.049	-0.078
自杀	-0.135**	-0.028	-0.081	-0.043	-0.05	-0.052
极严重暴力	-0.255**	-0.095*	-0.111**	-0.034	-0.132**	-0.095*
躯体暴力	-0.200**	-0.061	-0.131**	-0.071	-0.105**	-0.113**

注:$*P<0.05$,$**P<0.01$。

表 3-51 相关分析所得数据显示,除关系攻击、性骚扰、人格侮辱、自虐行为、自杀在价值观的物质享受维度上,权利侵犯、极严重暴力在价值观的良好心态维度上,极严重暴力在价值观的社会责任维度上不显著负相关以外,其余维度之间均存在显著负性相关,系数如表所示。因此目击者角度下,除上述情况外,价值观各维度的倾向度越高,个体产生校园暴力行为可能性也就越低。

表 3-51 目击者角度价值观各维度得分与校园暴力行为各维度得分的相关分析

	锐意进取	物质享受	自我关注	良好心态	益人利他	社会责任
关系攻击	-0.130**	-0.055	-0.116**	-0.235**	-0.127**	-0.092*
性骚扰	-0.184**	-0.082	-0.094*	-0.131**	-0.116**	-0.100*
权利侵犯	-0.200**	-0.098*	-0.108*	-0.051	-0.127**	-0.119**
攻击他人	-0.223**	-0.099*	-0.143**	-0.109**	-0.158**	-0.119**
心理暴力	-0.212**	-0.089*	-0.150**	-0.187**	-0.152**	-0.142**
人格侮辱	-0.202**	-0.071	-0.173**	-0.200**	-0.143**	-0.156**
自虐行为	-0.186**	-0.072	-0.178**	-0.150**	-0.141**	-0.121**

续表

	锐意进取	物质享受	自我关注	良好心态	益人利他	社会责任
自杀	-0.242**	-0.056	-0.200**	-0.168**	-0.157**	-0.085*
极严重暴力	-0.275**	-0.113**	-0.117**	0.015	-0.110**	-0.068
躯体暴力	-0.270**	-0.098*	-0.192**	-0.134**	-0.172**	-0.119**

注：$*P<0.05$，$**P<0.01$。

从表3-52可以看出，初中生价值观能够解释实施者角度下暴力行为变异量的6.3%，起到负向预测作用显著。回归方程：实施者角度下暴力行为总分 = -0.3×初中生价值观总分 + 50.34；初中生价值观能够解释受害者角度下暴力行为变异量的5.2%，起到负向预测作用显著。回归方程：实施者角度下暴力行为总分 = -0.274×初中生价值观总分 + 49.773；初中生价值观能够解释目击者角度下暴力行为变异量的5.1%，起到负向预测作用显著。回归方程：目击者角度下暴力行为总分 = -0.329×初中生价值观总分 + 62.721。

表3-52 初中生价值观对初中生暴力行为的回归分析

因变量	R	R方	调整后R方	F	显著性	B
实施者总暴力	0.25	0.063	0.061	37.047	0	50.34（常量）
						-0.3
受害者总暴力	0.228	0.052	0.05	30.443	0	49.773（常量）
						-0.274
目击者总暴力	0.226	0.051	0.049	29.728	0	62.721（常量）
						-0.329

3. 初中生在不同视角下暴力行为各维度与暴力态度各维度之间的相关

从表3-53相关分析所得数据显示，除攻击他人在暴力态度的敌意维度、极严重暴力在暴力态度的替代攻击、愤怒、敌意维度上不存在显著相关以外，其余维度之间均存在显著相关，系数如表所示。因此实施者角度下，除上述情况外，暴力态度中各维度的倾向度越高，个体产生校园暴力行为可能性也就越高。

表 3-53 实施者角度校园暴力行为各维度得分与暴力态度各维度得分的相关分析

	身体攻击	替代攻击	愤怒	敌意
人格侮辱	0.305**	0.202**	0.192**	0.119**
关系攻击	0.221**	0.148**	0.157**	0.142**
性骚扰	0.201**	0.127**	0.197**	0.129**
权利侵犯	0.170**	0.128**	0.179**	0.124**
心理暴力	0.257**	0.173**	0.201**	0.141**
攻击他人	0.199**	0.125**	0.212**	0.074
自虐行为	0.288**	0.227**	0.275**	0.238**
自杀	0.310**	0.217**	0.288**	0.198**
极严重暴力	0.136**	0.008	0.05	-0.029
躯体暴力	0.304**	0.196**	0.276**	0.166**

注：**$P<0.01$。

从表 3-54 相关分析所得数据显示，除躯体暴力及各维度在暴力态度的替代攻击和敌意维度上、极严重暴力在暴力态度的愤怒维度上不显著相关以外，其余维度之间均存在显著相关，系数如表所示。因此受害者角度下，除上述情况外，暴力态度中各维度的倾向度越高，个体产生校园暴力行为可能性也就越高。

表 3-54 受害者角度校园暴力行为各维度得分与暴力态度各维度得分的相关分析

	身体攻击	替代攻击	愤怒	敌意
人格侮辱	0.262**	0.157**	0.235**	0.206**
关系攻击	0.249**	0.209**	0.269**	0.265**
性骚扰	0.220**	0.125**	0.248**	0.193**
权利侵犯	0.250**	0.109**	0.214**	0.170**
心理暴力	0.282**	0.173**	0.275**	0.238**
攻击他人	0.203**	0.062	0.215**	0.072
自虐行为	0.180**	0.053	0.204**	0.05
自杀	0.122**	0.007	0.142**	-0.014
极严重暴力	0.087*	0.005	0.075	-0.029
躯体暴力	0.179**	0.039	0.193**	0.028

注：*$P<0.05$，**$P<0.01$。

从表 3-55 相关分析所得数据显示，除极严重暴力在暴力态度的替代攻击、愤怒、敌意维度，自杀在暴力态度的敌意维度上不显著相关之外，其余维度之间均存在显著相关，系数如表所示。因此目击者角度下，除上述情况外，暴力态度中各维度的倾向度越高，个体产生校园暴力行为可能性也就越高。

表 3-55　目击者角度校园暴力行为各维度得分与暴力态度各维度得分的相关分析

	身体攻击	替代攻击	愤怒	敌意
关系攻击	0.306**	0.209**	0.278**	0.277**
性骚扰	0.292**	0.167**	0.216**	0.145**
权利侵犯	0.236**	0.124**	0.200**	0.085*
攻击他人	0.299**	0.166**	0.244**	0.101*
心理暴力	0.336**	0.214**	0.292**	0.205**
人格侮辱	0.305**	0.215**	0.286**	0.187**
自虐行为	0.306**	0.175**	0.249**	0.129**
自杀	0.298**	0.149**	0.245**	0.083
极严重暴力	0.184**	0.002	0.072	-0.038
躯体暴力	0.331**	0.159**	0.254**	0.092*

注：$*P<0.05$，$**P<0.01$。

从表 3-56 可以看出，暴力态度能够解释实施者角度下暴力行为变异量的 7.7%，起到正向预测作用显著。回归方程：实施者角度下暴力行为总分 = $0.439 \times$ 暴力态度总分 + 4.407；暴力态度能够解释受害者角度下暴力行为变异量的 6.7%，起到正向预测作用显著。回归方程：实施者角度下暴力行为总分 = $0.409 \times$ 暴力态度总分 + 7.642；暴力态度能够解释目击者角度下暴力行为变异量的 9.7%，起到正向预测作用显著。回归方程：目击者角度下暴力行为总分 = $0.604 \times$ 暴力态度总分 + 9.603。

表 3-56　初中生暴力行为对暴力态度的回归分析

因变量	R	R 方	调整后 R 方	F	显著性	B
实施者总暴力	0.277	0.077	0.075	46.16	0	4.407（常量）
						0.439
受害者总暴力	0.258	0.067	0.065	39.586	0	7.642（常量）
						0.409
目击者总暴力	0.314	0.099	0.097	60.722	0	9.603（常量）
						0.604

四、讨论

实施者角度下青少年暴力行为与暴力态度之间的关系，除攻击他人在暴力态度的敌意维度、极严重暴力在暴力态度的愤怒、替代攻击、敌意维度上不存在显著相关以外，其余维度之间均存在显著相关；受害者角度下青少年暴力行为与暴力态度之间的关系，除躯体暴力及各维度在暴力态度的替代攻击和敌意维度上、极严重暴力在暴力态度的愤怒维度上不显著相关以外，其余维度之间均存在显著相关；目击者角度下青少年暴力行为与暴力态度之间的关系，除极严重暴力在暴力态度的替代攻击、愤怒、敌意维度、自杀在暴力态度的敌意维度上不显著相关之外，其余维度之间均存在显著相关；初中生暴力行为与价值观之间的关系中，实施者角度下相互之间不存在显著负相关的维度有：物质享受在暴力行为各维度（除性骚扰）上、自虐行为在价值观的锐意进取和社会责任维度上、极严重暴力在价值观的良好心态维度上。除此之外，其余维度之间均存在显著相关；受害者角度下除人格侮辱、自虐行为、自杀、极严重暴力、躯体暴力在价值观的物质享受维度上，自杀在自我关注维度上，攻击他人、自杀、极严重暴力、躯体暴力在良好心态维度上，自虐行为和自杀在价值观的益人利他和社会责任维度上不显著负相关以外，其余维度之间均存在显著负性相关；目击者角度下除关系攻击、性骚扰、人格侮辱、自虐行为、自杀在价值观的物质享受维度上，权利侵犯、极严重暴力在价值观的良好心态维度上，极严重暴力在价值观的社会责任维度上不显著负相关以外，其余维度之间均存在显著负性相关；在初中生价值观与暴力态度之间的关系中，除物质享受在暴力态度的替代攻击、身体攻击、敌意维度上不显著负相关以外，其余维度之间均存在显著负性相关。

研究二 对初中生暴力态度的团体辅导干预研究

一、研究对象

在研究一的基础上，采取自愿原则招募被试，随后发放问卷对其实施前测，问卷得分较高的学生进入面试，经过面试选择符合本团体要求的被试，最终进入实验的学生为 40 名。实验组 20 名参加团体辅导，对照组的 20 名学生不做任何干预。

二、研究方法

采用实验组对照组前后测设计，实验组进行学业自我效能感团体辅导干预，对照组不做任何干预。实验设计见表 3-57。

表 3-57 实验设计

组别	前测	实验处理	后测
实验组	O_1	X（团体辅导）	O_2
对照组	O_3		O_4

三、干预方案设计

这九次活动是占用学生的班会课进行的，每次活动持续的时间是 45 分钟，主要分为三个阶段：第一阶段初始阶段，包括"自我纠缠""分享你的梦"主要目的帮助增进各成员相互之间熟悉度；第二阶段是成长阶段，包括"三思而后行""理解父母，换位思考""远离暴力，珍惜生命""情由心生""怒也可遏"主要目的是帮助成员认知暴力、控制暴力情绪、降低暴力行为，学会沟通；第三阶段是结束阶段，主要目的是希望成员收获成长，以全新的心态面对未来，活动包括"合理归因""构造自己的快乐"。活动的目的和具体活动内容如下页表 3-58 所示。

第三章
西部地区中学生心理健康现状研究

表 3-58 干预方案设计

活动名称	活动目的	活动内容
1. 自我缠绕	让学生静心走进自己的内心，聆听自己的声音。让学生在游戏活动中察觉自我，认识并调节自我	将学生分为三类角色——内在的我、生理的我、观察的我，并自愿选择自己将要扮演的角色，其中，作为"内在的我"的学生安静站立，作为"生理的我"会将其脸庞运用可透气道具(纱布等)缠绕起来，其层数取决于"内在的我"扮演者，而作为"观察的我"的学生此时已认真观察完全部过程
2. 分享你的梦	让学生进行暴力梦境的分享，并了解梦背后的寓意。让学生思考现实中暴力的经历，从而调整自己的心态去面对它。将校园暴力行为的理解由自身经验上升到理论实际，初步了解什么是校园暴力行为	心理老师组织同学们踊跃畅谈自己近期做过的梦境，并引导学生谈论梦境与现实之间的联系，以此让学生意识到发生在身边的暴力事件对自己心理的影响，以及如何反映在自己的梦境中
3. 三思而后行	让学生进一步意识到校园暴力行为带来的不良后果	将同学们分为个体(施暴者、受害者、目击者)、校园、公共社会、家庭四个代表队，并分别以各自身份进行组内讨论——校园暴力行为产生的不良影响；四个代表队分别发言；四个代表队以PPT形式向同学们展示校园暴力行为带来的危害；活动总结
4. 理解父母，换位思考	站在父母的角度去思考问题，体谅父母身上肩负的责任、对我们无微不至的关爱，从而理解父母做的决定	心理老师组织学生们排列成一个圆圈，并与各自父母面对面站立，心理老师组织活动顺利开展；父母们互相配合组合成云梯形状，同学们一一进行攀爬；每一对父母分别表达内心感受

续表

活动名称	活动目的	活动内容
5. 远离暴力，珍惜生命	进一步认清校园暴力行为的形式和危害，并学会采取主动措施杜绝校园暴力行为的发生，降低校园暴力行为发生后的负面影响，懂得对自己负责就是回馈父母最好的方式	(1) 热身活动：欣赏音乐《愿》； (2) 内心想法：人生得来不易； (3) 动漫联想：危害生命的妖怪； (4) 从此刻起，珍惜人生
6. 情由心生	将情绪ABC理论的基本内容进行讲解，让学生们认识到自我不合理的认知对情绪的影响，并学会采取相应措施与之对抗	(1) 心理老师展示相关案例，同学们分析其产生不良情绪的原因； (2) 心理老师展开解释情绪ABC理论； (3) 让学生们利用该理论分析新案例； (4) 全班合唱歌曲：《岁月》
7. 怒也可遏	了解愤怒的常见表现形式；教育学生们逐级宣泄愤怒，掌握控制愤怒的方法	(1) 情景演练，让学生们感受到愤怒情绪来临时最直接的身心变化； (2) 播放大自然白噪声，逐步让学生的愤怒情绪获得平静； (3) 引导学生对愤怒进行合理解释； (4) 对歪曲的信念、想法说不
8. 合理归因	案例展示不良情绪来源于不合理的归因；引导学生用合理的归因来产生不同的情绪感受，最终感受到负面情绪的消除	(1) 为学生们展示三个相关案例，并要求学生对案例中人物造成的后果进行归因，进一步判断当事人身心感受； (2) 引导学生对自己的归因进行说明，并思考其合理与否； (3) 指出归因过程中出现的错误，并引导学生意识到其中的自利偏差
9. 建立快乐	引导学生探索让自己快乐的途径，建立属于自己的快乐，承担起情绪的主人一角色，换一种看法，去获取生活中的快乐	(1) 展示案例，引导学生观察当事人在碰到情绪困扰时是如何处理的； (2) 学生们各自展示自己在情绪不好时会如何进行调节； (3) 心理老师为学生们传授几种常见的情绪调适方法； (4) 学生们帮助当事人合理调试情绪，走出情绪困扰

四、结果与分析

(一)实验组对照组暴力态度、暴力行为的前测差异检验

表 3-59 是研究者利用前测被试暴力态度、校园暴力行为平均得分 M 进行实验组和对照组间的 t 检验,来检验实验组和对照组学生是否同质。统计检验结果显示,两组被试在暴力态度、暴力行为得分上差异均不显著,因此实验组和对照组学生基本同质。

表 3-59 实验组对照组暴力态度、暴力行为的前测差异检验

	实验组(n=16)		对照组(n=16)			
	M	SD	M	SD	t	P
暴力态度	45.81	8.35	44.94	4.48	0.37	0.72
暴力行为	69.25	27.92	67.19	31.29	0.20	0.85

(二)实验组暴力态度、暴力行为的前后测差异检验

由表 3-60 可以看出,实验组暴力态度前后测均分显著降低,即表明对其进行的暴力态度心理干预发挥了作用。实验组暴力行为前后测均分均不显著,但得分降低,说明暴力态度对其作为实施者而发出的暴力行为也起到一定的影响。

表 3-60 实验组暴力态度、暴力行为的前后测差异检验

	前测		后测			
	M	SD	M	SD	t	P
暴力态度	45.81	8.35	32.88	12.38	3.52	0.00
暴力行为	69.25	27.92	59.94	23.10	0.99	0.34

(三)对照组暴力态度、暴力行为的前后测差异检验

由表 3-61 可以看出,对照组暴力态度、暴力行为前后测结果平均得分有少许下降但不显著,基本符合对照组的实验预期。

表 3-61　对照组暴力态度、暴力行为的前后测差异检验

	前测		后测			
	M	*SD*	*M*	*SD*	*t*	*P*
暴力态度	44.94	4.48	42.06	8.71	1.17	0.26
暴力行为	67.19	31.29	66.00	27.15	0.10	0.92

（四）实验组对照组暴力态度、暴力行为的后测差异检验

如表 3-62 所示，实验组对照组在暴力态度、暴力行为后测平均得分上有显著差异——在暴力态度得分上对照组显著大于实验组，在暴力行为上实验组成绩也表现更优，进一步说明了对实验组进行的心理干预产生了一定的作用。

表 3-62　实验组对照组暴力态度、暴力行为的后测差异检验

	实验组($n=16$)		对照组($n=16$)			
	M	*SD*	*M*	*SD*	*t*	*P*
暴力态度	32.88	12.38	42.06	8.71	-2.43	0.02
暴力行为	59.94	23.10	66.00	27.15	-0.68	0.50

本心理干预实验的结果如上述所示，由实验组对照组暴力态度、暴力行为的前测差异检验表可知，在正式进行校园暴力态度心理干预之前，所选取的对照组实验组在暴力态度与暴力行为上并无显著性差异，这说明了两者在开展本次心理干预之前是同质的。从对照组暴力态度、暴力行为的前后测差异检验表中数据可知，日常的班会教育教学活动并没有给学生的校园暴力态度、行为带来任何影响。而在通过对实验组进行的八次心理干预之后，学生的暴力态度有所改善，从实验组暴力态度、暴力行为的前后测差异检验表中可以得知，其暴力态度得分均值显著降低，暴力行为均值有所下降，即暴力态度明显改善，校园暴力行为频次有所减少。

五、研究结论

首先，初中生价值观、暴力态度与暴力行为总体情况良好，均处于正常水平。

第三章
西部地区中学生心理健康现状研究

其次，在人口统计学变量上：

初中生价值观在性别方面，总体上有差异但并不显著。在不同年级方面，在良好心态维度上该校学生价值观得分在年级上有差异，总体上并不显著，但具体初一年级学生在该维度上得分显著高于初三年级；而在物质享受、良好心态上初一年级学生得分显著高于初三年级学生；在自我关注、社会责任、益人利他维度上初一年级学生显著高于初二年级和初三年级的学生；而在锐意进取维度上初三年级学生得分显著高于初一年级和初二年级学生。不同家庭情况方面，锐意进取、良好心态和社会责任维度上家庭情况为家庭完整的学生较父母离异的学生得分显著更高；自我关注、益人利他维度上家庭情况为家庭完整的学生较父母离异的学生得分显著更高，家庭情况为丧父或丧母的学生较父母离异的学生得分也显著更高。在不同上网主要目的方面，除物质享受维度并未呈现出显著差异之外，其他维度上均呈现出显著差异。

初中生暴力态度在性别方面有差异但不显著，在不同年级方面存在显著性差异。在家庭情况方面有差异但不显著。在不同上网主要目的方面存在显著差异。

初中生暴力行为在性别方面，在受害者角度的躯体暴力、目击者角度的心理和躯体暴力维度上存在显著差异，其他维度上有差异但不显著。在实施者角度上，实施心理、躯体暴力整体上不存在显著性别差异，但在实施心理暴力下的人格侮辱和关系攻击两个子维度上存在显著性别差异。在受害者角度上，遭遇心理暴力总体上不存在显著性别差异，但在遭遇心理暴力的关系攻击和权利侵犯两个子维度上男性和女性初中生存在显著差异；遭遇躯体暴力总体上是存在显著性别差异，且具体表现在自虐、自杀、极其严重暴力子维度上的显著差异。在目击者的角度上，心理暴力总体存在显著性别差异，且表现在子维度权利侵犯上；目击校园躯体暴力总体上存在显著性别差异，且表现在极严重暴力、攻击他人这两个子维度上。在不同年级方面，所有维度均存在显著的年级差异。不同家庭情况方面，实施者心理暴力和受害者躯体暴力维度上没有显著差异，其他维度均呈现出显著差异。在上网主要目的不同方面，除了受害者躯体暴力维度，其他维度上均存在显著的差异。

最终，在相关性上：

初中生价值观各维度与初中生暴力态度各维度之间的相关性中，除物质享受在暴力态度的身体攻击、替代攻击、敌意维度上不显著负相关以外，其余维度之间均存在显著负性相关。

在初中生价值观各维度与不同视角下暴力行为各维度之间的相关性中，实施者角度上，除物质享受在暴力行为各维度（不包含性骚扰）上、自虐行为在价值观的锐意进取和社会责任维度上、极严重暴力在价值观的良好心态维度上，其余维度之间均存在显著相关；受害者角度上，除人格侮辱、自虐行为、自杀、极严重暴力、躯体暴力在价值观的物质享受维度上，自杀在自我关注维度上，攻击他人、自杀、极严重暴力、躯体暴力在良好心态维度上，自虐行为和自杀在价值观的益人利他和社会责任维度上不显著负相关以外，其余维度之间均存在显著负性相关；在目击者角度上，除关系攻击、性骚扰、人格侮辱、自虐行为、自杀在价值观的物质享受维度上，权利侵犯、极严重暴力在价值观的良好心态维度上，极严重暴力在价值观的社会责任维度上不显著负相关以外，其余维度之间均存在显著负性相关。

初中生在不同视角下暴力行为各维度与暴力态度各维度之间的相关性中，在实施者角度上，除攻击他人在暴力态度的敌意维度、极严重暴力在暴力态度的替代攻击、愤怒、敌意维度上不存在显著相关以外，其余维度之间均存在显著相关；在受害者角度上，除躯体暴力及各维度在暴力态度的替代攻击和敌意维度上、极严重暴力在暴力态度的愤怒维度上不显著相关以外，其余维度之间均存在显著相关；在目击者角度上，除极严重暴力在暴力态度的替代攻击、愤怒、敌意维度，自杀在暴力态度的敌意维度上不显著相关之外，其余维度之间均存在显著相关。

六、教育启示

提高对初中生心理健康教育的关注度。在研究者与初中生接触的过程中，有多名同学曾主动提出心理咨询的要求，其中同伴关系危机类事件较多。曾经一起玩耍的好朋友，到最后沦为"绝交"的下场。究其原因发现，大多数友情的破裂都是无厘头的，往往是好朋友的一念之差导致的对他人心灵的伤害，这无外乎属于心理暴力的一种。这种不可逆的伤害，就是受到初中生不成熟的价值观的影响所导致的。希望今后初中生心理健康课程的编排中，可以提高对初中生心理健康教育的关注度，更多地涉足同伴关系的内容，帮助学生建立一个正确的友情观。

对家庭情况特殊的学生提高关注度。通过本次研究可以明显看出，家庭情况比较特殊的学生，其暴力态度、暴力行为的得分较高，即暴力倾向性较高。在同一班级中，一名学生的暴力行为可能会影响到两个甚至多个学生的身心健康，最好的办法就是改善暴力行为实施者的暴力倾向，从而制止暴力行为的产出。

提高对心理健康教育的重视度。在研究者亲自接触初中生心理健康教育课程的过程中，深刻地体会到学生们肩负的学业压力，也发现存在心理健康课程被其他课程占用的现象，长此以往，定会影响学生自我心理疏导的能力。初中生正处于头脑风暴、胡思乱想的年龄阶段，价值观也一直在不断修正的过程中，在这一环节出现的任何不良事件如果没有进行及时的心理疏导，会对其心理造成长久的伤害，价值观的塑造也会出现问题。学校应重视心理健康课程的应用性，把控好心理健康课程与其他课程的课堂频次，并督促各科老师严格按照课程表进行授课，科学地、有效地、综合性地提高学生的德育与智育成绩。

第三节　初中生父母教养方式、自我控制与校园欺凌的关系及干预研究

近些年来，校园欺凌频频发生，在学生中经常会出现踢辱、排挤孤立等行为，甚至有些学生以此为荣，但他们不知道是，这种行为已经严重威胁到了别人的身心健康。相关研究数据显示，校园欺凌已经不是地域性的偶发事件，而是在全球范围内，广泛存在的一种社会行为。Olweus(1978)最先在其著作中提出校园欺凌(school bullying)这一概念，并将其定义为：个体或群体持续反复且蓄意地对受害者进行踢打、威胁辱骂、排挤孤立或勒索等涉及身体、言语、关系与财物等方面的负面行为，造成受害者一定程度的身心伤害。

父母教养方式(parenting style)在个体的成长中发挥着至关重要的作用。关于父母教养方式的内涵，目前国外认可度较高、应用更普遍的定义是由Darling(1993)等人提出的，即父母在养育孩子的过程中所表现出的情感氛围的综合体，包括父母对待孩子的态度和自身行为表现，它可以反映出亲子互动是否和谐，也能作为一种具有跨情景稳定性的环境变量，对父母教养与子女发展结果之间的关系进行调节。

自我控制(self-control)主要表现为对个体内部的调控和对外部环境的迎合，它与个体的全方面发展存在密切联系。Kopp(1982)认为自我控制是

一种调节与控制自身的能力,是个体为了实现自我期待与价值,而进行延迟满足、克制欲望和冲动行为、制订长期远景计划以及采用适应社会发展的模式。

影响个体身心发展的因素有很多,其中家庭与自身的原因更为突出。个体自我控制的表现离不开父母教养方式的影响,校园欺凌的发生也离不开父母教养方式和自我控制的影响。因此,本研究将通过对初中生父母教养方式、自我控制和校园欺凌的现状和关系的探讨,以及干预方案的设计与实施,为减少校园欺凌发生、构建和谐校园提供参考依据。

研究一 初中生父母教养方式、自我控制与校园欺凌的关系研究

一、研究设计

研究对象 选取青海省某市2所初中(1所乡村中学、1所城镇中学)的初一生至初三生为调查对象,采取分层随机抽样的方法对被试进行问卷调查。问卷总计发放数为700份,回收的650份问卷中有效问卷数为606份,有效回收率为93.23%。具体情况见表3-63。

表3-63 有效被试信息表(N=606)

人口学变量	类别	人数	百分比(%)
年级	初一	201	33.17
	初二	208	34.32
	初三	197	32.51
性别	男	309	50.99
	女	297	49.01
生源地	城镇	327	53.96
	农村	279	46.04
是否独生	是	136	22.44
	否	470	77.56
父母是否离异	是	90	14.85
	否	516	85.15
父母是否在外务工	是	130	21.45
	否	476	78.55

续表

人口学变量	类别	人数	百分比(%)
父亲受教育程度	初中及以下	155	25.58
	高中/中专	236	38.94
	大专	96	15.84
	本科	119	19.64
	硕士及以上	0	0.00
母亲受教育程度	初中及以下	142	23.43
	高中/中专	210	34.65
	大专	130	21.45
	本科	124	20.46
	硕士及以上	0	0.00

二、研究工具

(一)学生基本情况调查表

自编的学生基本情况调查表共含8题,旨在掌握调查对象的基本情况,为下一步研究学生的心理特点奠定基础。

(二)简式父母教养方式问卷(S-EMBU-C)

S-EMBU-C 由蒋奖等人于2010年修订,共有42个题目。父母亲版各含相同的21题,分为情感温暖(7项)、过度保护(8项)、拒绝(6项)三个相同维度,其中前者属于积极教养,后两者属于消极教养。从"从不-总是"采用4点计分,第15题为反向计分。最终分别计算各维度得分,分数愈高,代表父/母愈主要采取哪种教养方式。该问卷α系数为0.87。

(三)中学生自我控制能力问卷(MSSSAQ)

MSSSAQ 由卢家楣、王红姣于2004年编制,共有36个题目。分为情绪(11项)、行为(15项)、思维自控(10项)三个维度。其中有10个正向题,剩余26个反向题从"完全不符-完全符合"分别计5-1分。最终得分越高代表自我控制能力越好。该问卷α系数为0.93。

(四)中学生校园欺凌问卷

中学生校园欺凌问卷的编制者是纪艳婷,分为欺凌、被欺凌两部分。

基于本研究目的，只采用欺凌分问卷测量初中生的校园欺凌行为。

欺凌分问卷共有12个题目，分为关系、语言、身体和网络欺凌（各3题）四个维度。从"从来没有—总是"分别计1—4分。最终得分愈高说明被试欺凌行为发生的频率愈高。该问卷 α 系数为0.89。

三、统计学方法

在SPSS 24.0中输入所得的数据并进行整理与分析，主要包括报告数据分布特征、方差分析、相关分析与检验中介效应等。

四、研究结果及讨论

（一）共同方法偏差

对被试的得分进行Harman单因素检验，其中特征根大于1的维度共15个，最大维度方法解释率为24.57%，低于40%的临界标准，由此可认为本研究无严重的共同方法偏差存在。

（二）初中生父母教养现状

1. 初中生父母教养方式整体状况

如表3-64所示：在情感温暖、过度保护与拒绝三个维度上，父亲的得分均值均低于母亲。此外，父、母情感温暖的均值（19.49、20.46）最高，父、母拒绝的均值（8.84、9.17）最低。这说明初中生的父母更倾向于采用情感温暖的教养。

表3-64　初中生父母教养方式的描述统计结果（$N=606$）

维度	Min	Max	M	SD
父亲情感温暖	7	28	19.49	4.61
父亲过度保护	8	32	16.41	4.33
父亲拒绝	6	22	8.84	3.19
母亲情感温暖	7	28	20.46	4.47
母亲过度保护	9	31	17.47	4.45
母亲拒绝	6	22	9.17	3.27

2. 初中生父母教养方式的人口学特征差异分析

（1）年级差异　除母亲拒绝维度（$P>0.05$）之外，三个年级的初中生在另外五个维度上的得分有显著差异。进一步对这五个维度的得分检验发现:在父亲情感温暖维度上,初一、初三年级得分显著高于初二年级。在父、母过度保护维度上,初一、初三年级均显著低于初二年级。在父亲拒绝维度上,初一年级显著低于初二年级。在母亲情感温暖上,初一年级显著高于初三、初二年级,同时初三年级显著高于初二年级。这可能是因为初一年级的学生刚经历过小升初的巨大转变,在父母眼中仍是小孩的他们要继续面临后续的生活作息、校园环境与课程作业等一系列变化,父母会对他们表达出更多的牵挂、关心与爱意。初三年级由于中招考试,时间紧任务重,父母也会在生活与学习上给予他们的关心与理解。而初二年级的学生经过一年的过渡后,处于青春期的他们更加要求独立,有些还会出现叛逆行为,想要脱离父母的"五指山",因此会体验到更多的父母管教与约束。

(2)性别差异 除母亲拒绝维度($P>0.05$)之外,男女生在另外五个维度上的得分有显著差异。男生的父、母情感温暖得分均低于女生,而父、母过度保护与父亲拒绝均高于女生。在父母眼里,男孩需要具有坚毅的品格、承担更多责任、在社会上有更大的最作为,因此父母对男孩的要求更高、干涉越多、管教更为严厉,男孩所体验到的父母过度保护与父亲拒绝也就更多;而女儿则是"小棉袄"的角色,因此父母对女孩的慈祥宽容与体贴更多,女孩主观感受到的父母情感温暖也就更多。此外相比于父亲,母亲在子女的教育中参与更多、教育原则也更不易打破,因此男女生感受到母亲拒绝差异不大。

(3)生源地差异 除父、母过度保护之外,来自不同地方的初中生在另外四个维度上的得分有显著差异。与农村相比,城镇学生的父、母更多偏向情感温暖教养($P<0.001$),更少地偏向拒绝教养($P<0.01$)。这可能是因为所处的生活环境不同,处于城镇的父母有更多的机会参加学校或社区开展的家庭教育讲座,汲取更为先进、正确的教育理念,而处于农村的父母在生存压力下,可能会忽视孩子的情感反馈或意识不到亲子沟通的重要性,与子女的相处方式较为粗鲁和暴躁。

(4)是否独生子女的差异 是否独生的学生得分在六个维度上均存在显著差异($P<0.001$)。独生学生体验到的父、母情感温暖更多($P<0.001$),体验到父、母过度保护与拒绝更少($P<0.001$)。这可能是因为在独生子女家庭中,父母会花费更多时间与心血陪伴孩子,更能及时察觉到孩子的各方面变化并给予适当反馈,并且孩子在成长过程中不必与其他的兄弟姐妹争夺父母的感情和关注。相反,由于兄弟姐妹的存在,非独生子

女的自主独立性更高,并且非独生家庭的父母很难在孩子之间做到完全公正与平衡,因此非独生子女会报告体验到更多的干涉与拒绝。

(5)父母是否离异的差异 是否父母离异的学生得分在各维度上均存在显著差异($P<0.001$)。父母未离异的学生体验到的父、母情感温暖更多($P<0.001$),体验到的父、母过度保护与拒绝更少($P<0.001$)。通常父母未离异的家庭功能结构较为完整,孩子与父母的相处沟通更为自然,同时感受到的关爱与理解也更多。而对于离异家庭而言,一些父母可能出于对孩子的亏欠与愧疚,会对孩子百依百顺、过于迁就;也有一些可能认为今后只能与孩子相依为命,而过于干涉子女的生活、约束子女的行为以免发生意外;还有一些父母由于未从婚姻的失败走出或者开启了新的生活,而采取攻击、指责等方式将情绪发泄在孩子身上或者忽视了孩子的心理健康。

(6)父母是否在外务工的差异 父母是否在外务工的学生得分在六个维度上均存在显著差异($P<0.001$)。其中父母未在外务工的学生体验到的父、母情感温暖更多($P<0.001$),父、母过度保护与拒绝更少($P<0.001$)。这可能是因为未在外务工的父母投入家庭教育的时间更多,与孩子的相处陪伴更高效,沟通交流更频繁,能够及时察觉到子女的需求与反应,因此孩子在成长过程中可以体验到较多的情感温暖。而在外务工的父母与子女聚少离多,情感沟通无法及时顺畅,即使交流也是父母一方的不停叮嘱居多,不能时刻照顾到子女的各种感受,因此孩子体验到的孤独与消极教养更多。

(7)父亲受教育程度的差异 除父、母过度保护($P>0.05$)之外,父亲学历不同的初中生在另外四个维度上的得分有显著差异。进一步对这四个维度的得分检验发现:在父、母情感温暖得分上,由高至低分别为本科、大专、高中/中专、初中($P<0.001$)。在父、母拒绝得分上,父亲为本科学历的初中生显著低于父亲学历为初中、高中/中专的学生($P<0.01$,$P<0.05$)。

(8)母亲受教育程度的差异 母亲学历不同的初中生在六个维度上的得分均存在显著差异。进一步对这六个维度的得分检验发现:在父、母情感温暖得分上,母亲为本科学历的初中生显著高于另外三类,母亲学历为大专的学生显著高于母亲学历为高中/中专与初中的学生($P<0.001$)。在父、母过度保护与父亲拒绝得分上,母亲为本科学历的初中生最低。在母亲拒绝得分上,母亲为本科学历的初中生显著低于母亲学历为初中的学生

（$P<0.05$）。通常父母文化程度越高，他们的文化素养、育儿知识与更新速度会更高更快，看待与处理问题的方式会更客观理智，相应的家庭地位与经济状况会更好，对待子女的方式也会更为民主与科学。

（三）初中生自我控制现状

1. 初中生自我控制整体状况

如表3-65所示，初中生情绪、行为、思维自控与自控总分的均值均高于理论均值。此外，初中生的行为自控（$M=54.27$）最高，思维自控（$M=33.38$）最低。

表3-65 初中生自我控制的描述统计结果（$N=606$）

维度	Min	Max	M	LSD
情绪自控	14	55	36.39	7.36
行为自控	18	75	54.27	11.56
思维自控	14	50	33.38	7.30
自控总分	48	180	124.04	24.33

2. 初中生自我控制的人口学特征差异分析

（1）年级差异 三个年级的初中生在三个自控维度与总分上均有显著差异（$P<0.001$，$P<0.001$，$P<0.01$，$P<0.001$）。进一步对这三个自控维度与总分检验发现：初二年级的情绪自控能力显著低于初一、初三年级。初一年级的行为、思维自控与自控总分显著高于初二、初三年级。初一年级的学生刚步入一个新环境，陌生的一切和新的社交需求都会使他们更加注意自己的言行仪表，小心谨慎地行动。初二、初三年级随着对学校环境的不断适应、与老师同学的不断熟悉，言行举止会变得稍显随性。同时随着自我意识的快速发展，对自身的约束力会放宽许多。初三年级学生面临中考分流，学习压力大，即使情绪上存在较大波动，也会告诫自己要理智，再加上身心发展不断趋于成熟，他们的自我控制能力相较于初二年级会提高许多。

（2）性别差异 男女生在三个自控维度与总分上均有显著差异。其中，女生的各方面自控能力更高。女生无论是在生理还是心理发育上都早于男生，因此在行为、情绪表现等各方面女生都显得相对成熟。

（3）生源地差异 来自不同地方的初中生在三个自控维度与总分上均有显著差异。其中，城镇初中生的各方面自控能力更高。与农村相比，城镇的规则与环境更多更复杂，学校教育更为严格，孩子之间的竞争力更大，这些都会对学生各方面的言行举止形成更强的约束力。

（4）是否独生子女的差异　是否独生的初中生在三个自控维度与总分上均有显著差异（$P<0.01$）。其中，独生初中生的各方面自控能力更高。独生女虽然拥有父母全部的爱，但也承担着父母全部的期望，没有兄弟姐妹帮忙分担的他们在未来要一人扛起全部责任，因此他们的使命感会更强，也会更加严格要求自己，他们可能会为了实现个人价值与社会期望而主动地对自身的行为、情绪、思维等进行调节与控制。

（5）父母是否离异的差异　父母是否离异的初中生在三个自控维度与总分上均有显著差异（$P<0.01$）。父母未离异的初中生在各方面的自控能力更高。一是父母离异前的吵闹冲突会对孩子起到负面影响，孩子在解决问题时可能会较为冲动，缺乏耐心与责任感；二是父母离异对孩子造成的情感创伤，会使他们安全感较低或者情绪无法得到合理的宣泄，再加上家庭教育的缺失，父母没有给予适当的引导，孩子在情绪方面的体验会更敏感、控制会更困难。

（6）父母是否在外务工的差异　父母是否在外务工的初中生在三个自控维度与总分上均有显著差异（$P<0.01$）。其中，父母未在外务工的初中生的各方面自控能力更高。父母去外务工后，孩子日常的生活学习会缺乏监督，由于孩子贪玩的天性，他们的学习自觉性普遍不高，自我控制能力较差。

（7）父亲受教育程度的差异　父亲学历不同的初中生在三个自控维度与总分上均有显著差异（$P<0.001$）。进一步对这三个维度的得分与总分检验发现：与另外三类初中生相比，父亲为本科学历的学生自控能力更高。与的初中生相比，父亲学历为高中的学生思维自控能力比父亲学历为初中的学生更高。

（8）母亲受教育程度的差异　母亲学历不同的初中生在三个自控维度与总分上均有显著差异（$P<0.001$）。进一步对这三个维度的得分与总分检验发现：与另外三类初中生相比，母亲为本科学历的学生自控能力更高。通常学历高的父母更加知道自我控制对孩子生活学习以及未来发展的重要性，会有意识地培养孩子的知情意行，对他们身心表现进行正确的引导与适当的约束，并且父母的言传身教也对孩子产生潜移默化的正向影响。

（四）初中生校园欺凌现状

1. 初中生校园欺凌整体状况

如表3-66所示，初中生语言、身体、关系、网络欺凌与欺凌总分的均值均低于理论均值。此外，初中生的语言欺凌($M=4.14$)最高，关系欺凌($M=3.44$)最低。

表3-66 初中生校园欺凌的描述统计结果($N=606$)

维度	Min	Max	M	SD
语言欺凌	3	12	4.14	1.71
身体欺凌	3	12	3.49	1.19
关系欺凌	3	12	3.44	1.15
网络欺凌	3	12	3.57	1.36
欺凌总分	12	48	14.64	4.55

2. 初中生校园欺凌的人口学特征差异分析

(1)年级差异　三个年级的初中生在四个欺凌维度与总分上的得分均有显著差异。进一步对这四个维度的得分与总分检验发现：在语言、身体、关系欺凌与总分上，初二年级显著高于初一、初三年级($P<0.001$)。在网络欺凌得分上，初二年级显著高于初三年级($P<0.05$)。

(2)性别差异　男生在四个欺凌维度与总分上的得分均高于女生。就所处的阶段来看，青春期的男生较为叛逆，不愿受到制度的约束，情绪不稳定，易冲动动手，故初中男生更容易使用言语侮辱、身体攻击等方式伤害他人；就生理差异来看，男生的雄性激素会使他们更容易发生欺凌行为。

(3)生源地差异　除网络欺凌($P>0.05$)外，来自不同地方的学生在另外三个欺凌维度与总分上均存在显著差异($P<0.001$)。农村学生的语言、身体、关系欺凌与总分得分比城镇学生更高($P<0.001$)。对于成长在农村的学生而言，其父母受教育程度普遍较低，有限的文化素质与奔波于生活的劳累，可能使父母无法对孩子的行为性格等问题给予及时、正确的引导。

(4)是否独生子女的差异　是否独生的学生在四个欺凌维度与总分上均存在显著差异。其中，独生学生的欺凌发生率更低。就是否独生而言，初中生校园欺凌的差异显著。非独生初中生在校园欺凌的各方面均高于独生初中生，这与过往的研究结果不一致，以往大部分学者认为独生子女更易因受到骄纵而横行霸道，欺负他人，而本研究结果恰恰相反。究其原因，非独生的孩子所受到的父母关爱、监管与沟通都会被分割，形成的亲子依恋也会相对较低，进而他们发生校园欺凌的概率会更高。

(5)父母是否离异的差异　父母是否离异的学生在四个欺凌维度与总分上均存在显著差异。其中，独生学生的欺凌发生率更低。这是因为家庭结构失衡是校园欺凌发生的一个预测因素。在父母离异的特殊家庭环境下，孩子易形成性格孤僻、情绪敏感、易激怒等特点。并且离异家庭的孩子更易感受到高频率、高强度的父母冲突，长此以往孩子也会表现出更多的敌意与攻击行为，并将在父母那里学得的不良行为泛化到同辈群体中。

(6)父母是否在外务工的差异　父母是否在外务工的学生在四个欺凌维度与总分上均存在显著差异。其中，独生学生的欺凌发生率更低。通常情况下，留守在家的孩子情绪波动大，易产生焦虑等消极情绪，在受挫时也就更易激怒并进行欺凌。未在外务工的父母有相对充足的时间与孩子近距离相处，给他们提供更多高质量心理的抚养，对孩子的知情意行的了解能够更加清楚准确，纠正与引导也能更及时有效。

(7)父亲受教育程度的差异　除网络欺凌($P>0.05$)之外，父亲学历不同的初中生在另外三个欺凌维度与总分上有显著差异。

进一步对这三个维度的得分与总分检验发现：与父亲学历为初中、高中/中专的初中生相比，父亲为本科学历的学生欺凌发生率更低。

(8)母亲受教育程度的差异　除网络欺凌($P>0.05$)之外，母亲学历不同的初中生在另外三个欺凌维度与总分上有显著差异。

进一步对这三个维度的得分与总分检验发现：在语言、身体与关系欺凌维度上，与母亲学历为初中、高中/中专的初中生相比，母亲为本科学历的学生欺凌发生率更低。在欺凌总分上，母亲为本科学历的学生欺凌发生率显著低与另外三类学生。通常文化程度低的父母更易表现出言语辱骂等攻击行为，受家庭不良环境的熏陶，孩子也更容易出现欺负他人的行为。并且低学历家长对欺凌的认识也更加不充分，这使得他们难以自觉地去关注并消除易使孩子卷入校园欺凌的因素。

(五)初中生父母教养方式、自我控制与校园欺凌的相关性

1. 初中生父母教养方式与自我控制

如表3-67所示：父母情感温暖分别与校园欺凌各个维度和总分的线性关系为正，且相关已达到显著水平($P<0.01$)。父母过度保护和拒绝分别与校园欺凌各个维度和总分的线性关系为负，且相关已达到显著水平($P<0.01$)。

表 3-67　初中生父母教养方式与自我控制的相关分析

	情绪自控	行为自控	思维自控	自控总分
父亲情感温暖	0.22**	0.20**	0.18**	0.22**
父亲过度保护	-0.40**	-0.45**	-0.39**	-0.45**
父亲拒绝	-0.44**	-0.54**	-0.48**	-0.53**
母亲情感温暖	0.19**	0.20**	0.19**	0.21**
母亲过度保护	-0.40**	-0.46**	-0.41**	-0.46**
母亲拒绝	-0.37**	-0.48**	-0.42**	-0.46**

注：**$P<0.01$。

2. 初中生父母教养方式与校园欺凌

如表 3-68 所示，父亲情感温暖与语言、身体、关系欺凌和总分的线性关系为负，且相关已达到显著水平（$P<0.01$）。母亲情感温暖与校园欺凌各个维度和总分的线性关系为负，且相关已达到显著水平。父母过度保护和拒绝分别与校园欺凌各个维度和总分的线性关系为正，且相关已达到显著水平（$P<0.01$）。

表 3-68　初中生父母教养方式与校园欺凌的相关分析

	语言欺凌	身体欺凌	关系欺凌	网络欺凌	欺凌总分
父亲情感温暖	-0.20**	-0.19**	-0.14**	-0.08	-0.18**
父亲过度保护	0.39**	0.34**	0.26**	0.27**	0.38**
父亲拒绝	0.47**	0.40**	0.41**	0.39**	0.50**
母亲情感温暖	-0.20**	-0.19**	-0.16**	-0.09*	-0.19**
母亲过度保护	0.34**	0.25**	0.24**	0.24**	0.32**
母亲拒绝	0.42**	0.36**	0.36**	0.34**	0.44**

注：*$P<0.05$，**$P<0.01$。

3. 自我控制与校园欺凌

如表 3-69 所示，自我控制各个维度与总分分别与校园欺凌各个维度和总分的线性关系为负，且相关已达到显著水平（$P<0.01$）。

表 3-69　初中生自我控制与校园欺凌的相关分析

	语言欺凌	身体欺凌	关系欺凌	网络欺凌	欺凌总分
情绪自控	-0.42**	-0.37**	-0.32**	-0.34**	-0.44**
行为自控	-0.50**	-0.39**	-0.39**	-0.39**	-0.51**

续表

	语言欺凌	身体欺凌	关系欺凌	网络欺凌	欺凌总分
思维自控	-0.40**	-0.34**	-0.37**	-0.42**	-0.46**
自控总分	-0.49**	-0.40**	-0.39**	-0.42**	-0.51**

注：**$P<0.01$。

（六）自我控制在父母教养方式与校园欺凌间的中介效应检验

由上述相关分析可知，校园欺凌与父、母情感温暖呈负相关，而与父、母过度保护和拒绝呈正相关；自我控制与校园欺凌呈负相关。由此可推测，初中生自我控制在父母教养方式和校园欺凌之间可能存在中介作用，即父母采用情感温暖的教养方式会培养出自控能力较好的孩子，他们校园欺凌行为的发生率会较低；反之采用过度保护、拒绝的消极教养方式，会培养出自控能力较差的孩子，他们的校园欺凌行为的发生率会较高。

本研究在 SPSS.24 中运用 process 插件来检验初中生自我控制在父母教养方式和校园欺凌中所起的中介作用，并按照 Bootstrap 法对其的显著性进行检验。设初中生父母教养方式的六维度为自变量 X，自我控制总分为中介变量 M，校园欺凌总分为因变量 Y，共建立六条路径分别进行检验：

（F1）父亲情感温暖→自控总分→校园欺凌总分；

（F2）父亲过度保护→自控总分→校园欺凌总分；

（F3）父亲拒绝→自控总分→校园欺凌总分；

（M1）母亲情感温暖→自控总分→校园欺凌总分；

（M2）母亲过度保护→自控总分→校园欺凌总分；

（M3）母亲拒绝→自控总分→校园欺凌总分。

各路径的间接效应值与效应量见表 3-70。

表 3-70 间接效应与效应量

路径	ab	BootSE	95% CI	效应量（%）
F1	-0.11	0.02	[-0.15, -0.06]	61.11
F2	0.19	0.03	[0.14, 0.25]	50.00
F3	0.18	0.03	[0.13, 0.23]	36.00
M1	-0.10	0.02	[-0.15, -0.06]	52.63
M2	0.21	0.03	[0.12, 0.27]	65.63
M3	0.18	0.03	[0.13, 0.24]	40.91

据表3-70所示，各个路径间接效应的Bootstrap置信区间不包括0。由此可知以上六条路径中均存在中介作用。

上述检验可知：自我控制在父母教养方式与校园欺凌之间起部分中介作用。无论是情感温暖、过度保护还是拒绝的父母教养，都可以对校园欺凌进行直接预测，也可以通过自我控制，间接作用于校园欺凌。这一方面表示初中生父母的情感温暖程度越高，校园欺凌发生的概率就越小，反之则越大；另一方面表示也可以通过提升初中生的自控能力进而降低校园欺凌发生的概率。

由此，在推测无法改变初中生父母教养方式的前提下，采用干预手段帮助初中生提高其自控能力，可以显著降低校园欺凌发生的概率。为进一步验证该猜想，研究二将通过为期8周的团体心理辅导对初中生的自控能力进行干预，从实验的角度来验证初中生父母教养方式对校园欺凌的作用机制。

研究二　初中生的自我控制团体心理辅导干预研究

一、研究设计

(一)研究对象

在研究一中筛选出自我控制较低(总分由低至高的前27%)、同时带有较高校园欺凌(总分由低至高的后27%)的初中生98名。基于筛选条件与自愿原则共招募80名学生参与本实验。其中随机选取40名进入实验组，剩余40人进入对照组。每周二下午第三、四节课对实验组行团体心理辅导，在此期间让对照组上自习不对其进行任何干预，等后测完成后再对其进行相应的自我控制干预。

(二)实验设计

实验方法是指一种科学方法，其目的是通过严格控制或创造一定条件，使个体产生一定的心理活动并进行测量。研究二采取实验组与对照组的单因素前后测实验设计，将80名被试随机分为实验组、对照组，以"自我控制"为主题的团体心理辅导作为自变量，两组被试的自我控制与校园欺凌得分作为因变量。如表3-71所示：

表3-71 团辅实验设计

组	前测	干预训练	后测
实验组	O_1	X	O_3
对照组	O_2	自习	O_4

(三)研究工具

1. 测量问卷

前后测均采用研究一所用的初中生自我控制能力问卷和中学生校园欺凌问卷。

2. 以自我控制为主题的团体心理辅导方案

自编了含有八单元的以"自我控制"为主题的团体心理辅导方案,每个单元一周进行一次,每次60分钟。

3. 团体活动契约书

在团体成员正式入组前签署契约书,使其明了团体心理辅导活动的目标、规则等内容,有助于增强成员的安全感和突出构建一个大家认可的正向的活动氛围。

4. 团体心理辅导记录表

团体心理辅导记录表主要对其的时间、地点、内容、领导者与成员的状态表现等进行记录,有助于领导者实时掌握成员的身心变化,从而及时有针对性地调整活动方案设置。

5. 团体心理辅导单元、总体反馈表

团体心理辅导单元、总体反馈表指在每单元和整体的团体心理辅导活动结束后,所收集到的成员主观评价和反馈。如活动满意度,自身知情意行的改变程度、印象最深刻的活动过程是什么、对领导者和整个活动的建议等。这有利于领导者把控活动全程,使辅导效果最大化。

(四)研究过程

(1)基于团体动力学、认知行为理论和埃利斯合理情绪疗法,制定一套以"自我控制"为主题的团体心理辅导方案。

(2)团体心理辅导开始前,采用初中生自我控制能力问卷与中学生校园欺凌问卷对实验组、对照组的80名被试进行前测。

(3)在实验过程中,对实验组进行每周一次、每次60分钟、共八次的团体心理辅导,对照组在同时间段上自习。在每次活动结束后,根据被试的表现与反馈对下次的活动方案进行适度调整,使得干预的逻辑与针对性更强。

(4)共计两个月的团体心理辅导干预结束后,采用初中生自我控制能力问卷与中学生校园欺凌问卷对实验组、对照组的被试进行后测,并运用spss24.0来分析数据。

(五)干预方案

团体心理辅导方案详情见表3-72:

表3-72 "自我控制"团体心理辅导方案

单元名称	活动目标	活动方案
第一单元: 用心来相聚	1. 使成员相互认识并初步了解; 2. 引起成员参与团体的兴趣,初现凝聚力; 3. 介绍团体内容,澄清活动期望,共同建立团体规范并签订契约书	1. 开场白:介绍团体的领导者、形式、内容、目的以及整体安排; 2. 我手写我心:通过制作与展示个性名片,使成员们初步相识了解,并与适应新团体; 3. 棒打"薄情人":强化成员对彼此的信息的记忆,进一步牢记成员的个性特点与喜好等; 4. 解开千千结:让成员深刻体会沟通的重要性和成员间相互配合、齐心协力克服困难的过程,同时懂得团体的智慧有时强于个人,会创造出很多不可能的奇迹; 5. 信任之旅:通过"盲人与天使"的助人与受助的配合体验,增强成员之间的信任与接纳; 6. 拟公约:大家共同谈谈对团体的期望,鼓励大家集思广益,共同建立团体规范并签订契约书

续表

单元名称	活动目标	活动方案
第二单元：突破思维定式	1. 认识思维定式的正向与负向影响； 2. 使成员主动习得如何认知与反思自我，突破常规思维的限制； 3. 学会从多个角度思考问题，并将其迁移到生活学习中的失控事件上，以提高成员的思维能力与解决问题的能力	1. 我看到了什么：活跃气氛，引入主题，并简单介绍思维定式的含义和特征； 2. "思维定式"之我见：回顾自己常出现哪些思维定式，并思考思维定式在自身生活学习中的积极与消极意义； 3. 卖梳子：通过游戏情景让成员尝试着从多角度考虑问题，体验思维常规的突破； 4. 你说我来演：通过模拟解决生活中的失控案例，使成员意识到破除思维定式、多角度寻求解决问题方法的重要性； 5. 大家来分享：该如何避免思维定式，以及它带来的消极影响； 6. 帮助成员总结提升
第三单元：学会正向思考	1. 了解正向思考与负向思考的特点，体会二者的差异； 2. 理解自己的思考倾向并积极修正自己的负向思考，形成正向思考的习惯，保持良好的处事心态； 3. 掌握正向思考的有效方法，养成正向思考的思维习惯	1. 开心辞典：通过导入活动，讨论正负向心理词汇有何特点和其分别对自己的生活学习有怎样影响，以及应怎样理解"生活是镜子"，使成员意识到正向思考的重要性； 2. 负向思考曝光台：通过分享自己眼中的一切并与他人做对比，帮助成员检查自己的想法，将具有负向思考特点的想法表达出来； 3. 我能正向思考：通过正向思考和负向思考差异的比较，帮助学生体会思考的积极意义，培养正向思考的习惯； 4. 正向思考如何走：学会正向思考的方法，培养正向思考的习惯，克服负向思考的消极影响； 5. 帮助成员总结提升

续表

单元名称	活动目标	活动方案
第四单元：和情绪做朋友	1. 初步认识情绪以及它的积极与消极作用； 2. 掌握转变认知等调节情绪的方法； 3. 感知自己的情绪状态，尝试以积极情绪的表达并培养积极心态	1. 诗句连词：活跃气氛，引出主题，使成员了解情绪是种对客观事物是否满足自身需求的主观体验； 2. 我的"情绪派"：通过对自己情绪内容的具体评价，让成员感受自己的情绪状态，并能够区分积极和消极情绪对自身的作用； 3. 转念想一想：通过心理双关图类比现实的生活学习，让成员意识到可以换个视角看问题，进而从操作层面学会用情绪ABC理论的方法，尝试转变态度调整认知，从而调节情绪，影响结果；通过对自身情绪事件的分析，促进成员将所学知识进行应用与迁移； 4. 头脑风暴：通过自省与小组互助学习使成员认识到积极信条可以引发积极情绪，尝试积极情绪的表达并培养积极心态； 5. 帮助成员总结提升
第五单元：管理好我的"愤怒怪怪"	1. 以愤怒为消极情绪的典型例子开展活动，让成员了解何为愤怒的含义、危害以及其发生的背后的原因； 2. 使成员掌握愤怒来临时如何转化或正确宣泄的方法； 3. 使成员意识到自己错误的情绪表达方式，促进成员深刻内省并调整自我情绪的表达方式	1. 读一读，议一议：引入典型案例，使成员反思在日常生活中，自己是否动不动就与父母、老师和同学发脾气，以及这样解决问题的危害； 2. 故事与心理剧：先让成员在别人的故事中，充分体验愤怒，再在讲故事和演绎心理AB剧的过程中掌握愤怒为何产生，以及同一事件不同处理方法的结果如何，让成员们在身临其境中进行反思； 3. 出谋划策：通过小组讨论与代表分享，学会如何合理应对愤怒，以及处理具体事件的方法； 4. 我想对你说：通过给被自己的愤怒所伤的人写信，触动成员的内心，促使他们从内心深处寻求改变自己不合理的情绪表达方式； 5. 帮助成员总结提升：情绪并不等于行为

续表

单元名称	活动目标	活动方案
第六单元：跟"冲动行为"说拜拜	1. 引导学生了解何为冲动行为及其不良后果； 2. 了解发生冲动行为的背后机制，并掌握避免做出冲动行为的方法； 3. 通过情景演绎初步应用所学方法，加深及记忆并巩固效果	1. 骆驼之死：通过短故事引出冲动行为的主题，让成员初步了解其含义及不良作用； 2. 辩一辩：小组分享讨论自己及身边的冲动行为案例，以及它对自身带来的影响如何； 3. 寻找诱因：帮助成员发现冲动行为产生的诱因； 4. 我有良方：大家集思广益如何避免或减少冲动行为的发生并掌握有效方法； 5. 学以致用：通过角色扮演解决不同的情景问题并对比结果，使成员再次意识到同一事件不同行为做法的结果有何不同，巩固所学知识与方法。例如：在"咱俩多铁啊"中让成员意识到不要为了所谓的义气而冲动行事，而要保持理智并对同伴加以劝导； 6. 帮助成员总结延伸
第七单元：意志助成长	1. 使成员理解何为意志力以及其作用； 2. 使成员明确自身意志力的优缺点，并掌握克制与坚持的方法； 3. 帮助其制订计划，增强意志力	1. 甩胳膊：活跃气氛，引出主题，通过游戏让成员初步认识何为意志力以及重要性； 2. 抵制诱惑与未来：通过实验介绍使成员理解抵制外部诱惑，拥有强大意志力对未来发展的重要性； 3. 一、二、三木头人：通过游戏使成员切身体验意志力，并通过输者分享的榜样故事意识到意志力的种种优点； 4. 各抒己见：通过成员分享自身故事并反思自身意志力存在何种缺点，大家集思广益思考如何解决； 5. 方法训练营：使成员理解并掌握培养和磨炼意志力的方法：目标训练法、座右铭暗示法以及体育运动训练法； 6. 从小事和现在做起：总结并使成员基于自身期望制订计划并分享，以期将所学知识与方法延伸到日常生活中

续表

单元名称	活动目标	活动方案
第八单元：扬帆起航	1. 回顾活动历程、感受以及期间的自身成长，归纳总结学习内容，形成系统性知识； 2. 增强成员在未来进行积极改变的信心； 3. 处理离别情绪，相互祝愿并告别	1. 超级大头贴：活跃气氛，并再次加深成员对理智沟通合作在未来的生活学习中必不可少的意识； 2. 回顾总结：帮成员梳理自己的感受和体会，引导成员制订团体结束后个人想努力达成的具体行为目标，相互约定，彼此勉励，以使团体成效得以在现实生活中维持并扩展； 3. 我们真的很棒：用真诚且合适的方法说出彼此的优点，体会被赞美的快乐，增加对未来的自信心； 4. 道别与祝福：成员们互送期望与祝福； 5. 领导者进行总结反馈

二、研究结果

（一）实验组、对照组干预前的差异对比

如表3-73所示，实验组、对照组在两个变量上的得分差异不显著（$P>0.05$），说明在进行团体心理辅导前两组被试同质。

表3-73 实验组、对照组的前测差异对比

变量	实验组($M \pm SD$)	对照组($M \pm SD$)	t
自我控制总分	85.38 ± 13.99	83.55 ± 16.72	0.53
校园欺凌总分	21.83 ± 6.95	21.90 ± 7.38	-0.05

（二）实验组、对照组干预后的差异对比

如表3-74所示，实验组、对照组在两个变量上的得分差异显著（$P<0.05$）。团辅结束后，实验组的自我控制得分显著高于对照组，而校园欺凌得分显著低于对照组。

表3-74 实验组、对照组的后测差异对比

变量	实验组($M \pm SD$)	对照组($M \pm SD$)	t
自我控制总分	90.50 ± 14.66	83.28 ± 16.90	2.04*
校园欺凌总分	18.00 ± 6.88	22.03 ± 7.30	-2.54*

注：**$P<0.05$。

(三)实验组、对照组干预前后的差异对比

如表 3-75 所示:实验组在两个变量上的前后测差异均显著($P < 0.001$);对照组在两个变量上的前后测差异均不显著($P > 0.05$)。

表 3-75 实验组、对照组的前后测差异对比

变量	实验组($N=40$)		t	对照组($N=40$)		t
	前测	后测		前测	后测	
自控	85.38±13.99	90.50±14.66	-10.19***	83.55±16.72	83.28±16.90	1.12
校欺	21.83±6.95	18.00±6.87	10.10***	21.90±7.38	22.03±7.30	-1.96

注:***$P<0.001$。

(四)干预结果的分析与讨论

1. 两组的结果差异分析

已知研究一发现初中生的自我控制与校园欺凌呈显著负相关,因此初中生的自我控制能力越强,校园欺凌发生的概率就越低。通过两个月的团体心理辅导,实验组的成员对自己有了更加深刻与清晰客观的了解,能够从辩证的角度看待自己的优缺点。进一步的自我认识、来自他人的鼓励支持与良好的人际关系,加之在活动中学到的对自身思维、情绪、意志与行为进行合理调控的方法,使得实验组拥有了更好的自我控制能力,进而有效遏制了他们校园欺凌行为的发生。相比之下,对照组的学生没接受系统的干预,未能掌握对自身知情意行进行有效调控的方法。他们对自己的评价依然主观性较高,只考虑当下的满足,不考虑冲动的后果与长远的打算,学不会倾听与理解他人的想法性,意志力与人际关系的也不到提升,自我控制能力依然较差,欺凌行为也依然得不到遏制。

2. 干预的有效性分析

本研究以"自我控制"为主题的团体心理辅导取得了不错的成效。

原因可能如下:①该团体心理辅导的设计具有坚实的理论支撑。在查阅了大量的以往相关文献与实验的基础之上,本研究根据所处的现实情况(时间安排、场地借用等),结合自我控制的维度划分与干预目的,对团体心理辅导方案进行了制订。②方案的针对性较强。本方案共八个单元,除去头尾的成员破冰与总结升华两个单元,剩下的二至七单元分别围绕初中生的知情意行展开干预,学生也在其中收获了许多。③团体成员的积极配合。成员的整体参与度和热情度较高,在进行情景模拟与角色扮演时能够

沉浸投入，分享讨论时也逐步愿意进行自我暴露。④外部资源的支持。学校不仅提供了偌大的活动场地，还将周二的自习课与班会课合并在一起腾给本研究做干预，一方面不耽误被试的课程知识学习，另一方面还保证了被试定时、定点地接受干预训练。此外，导师的专业指导与学校心理教师的积极协助也对此次团体心理辅导的顺利有效实施提供了莫大的帮助。

三、研究结论

通过对初中生父母教养方式、自我控制与校园欺凌的关系研究，并在此基础上，针对初中生自我控制展开团体心理辅导的干预研究，现得出以下结论：

第一，就整体情况而言，初中生的父母教养方式以情感温暖为主，自我控制能力处于中上等水平，校园欺凌存在但发生率较低。

第二，就人口学变量而言，初中生父母教养方式、自我控制、校园欺凌均分别在年级、性别、生源地、是否独生、父母是否离异、父母是否在外务工、父母受教育程度上存在显著差异。

第三，就相关关系而言，初中生父母教养方式、自我控制与校园欺凌之间的两两相关均显著。父母情感温暖与自我控制呈显著正相关，而与校园欺凌呈显著负相关；父母过度保护、拒绝与自我控制呈显著负相关，而与校园欺凌呈显著正相关；自我控制与校园欺凌呈显著负相关。

第四，就中介作用而言，初中生自我控制在父母教养方式与校园欺凌之间起部分中介作用。

第五，就干预效果而言，团体心理辅导可以显著提高初中生的自我控制能力水平，以及显著降低初中生校园欺凌的发生。

四、教育启示

(一)家庭

第一，采用合理恰当的教养方式，营造温馨和谐、民主理解的家庭氛围。基于本研究结果可知，父母的教养方式会影响到孩子的自我控制能力与校园欺凌行为。所以父母应尽量在能力范围内抽出时间陪伴孩子，多与孩子沟通交流，倾听他们内心的想法，对孩子的管束也要张弛有度，给予他们足够的尊重理解与情感支持。

第二，注重自身的文化内涵与道德品质的提高，身体力行做好孩子的正面榜样。家长的示范作用会潜移默化地影响孩子的品行发展。不论学历如何，父母都应要求自己有积极向上的人生观和高尚的品德；及时更新自己的知识结构，成为孩子求知的良师；同时也要加强对孩子的底线与人格教育，避免他们做出违法犯罪的事情。

第三，加强对欺凌与反欺凌知识学习。研究表明，现今大多数家长对校园欺凌的认识及其应对策略的掌握有所欠缺。首先，家长要对校园欺凌有明确的认识，它不是"小孩子间闹着玩"，更不是孩子间发生冲突时偶然攻击行为，而是一种通过长期反复的间接或者直接欺辱，对他人造成巨大身心伤害的行为。其次，对于校园欺凌问题，父母千万不能当"甩手掌柜"，而是要与学校形成高效合作，共同制订反欺凌策略，增强自身责任意识，依法落实监护责任。父母可以通过关注科普性公众号、参加专家座谈会等方式，学习校园欺凌的预防与应对之策并将其应用到日常生活中。

(二) 个人

第一，充分了解校园欺凌的含义与危害。可以通过家长教育、学校宣传或者互联网新闻等多种渠道认识何为校园欺凌以及它产生的负面影响。通过共情、换位思考等方式告诫自己不要成为欺凌实施者的同时，学习如何避免成为欺凌者的目标，注意提升自我防护意识与防护能力，以及遭遇或目击校园欺凌时应该如何做。

第二，注重自我控制能力的提高。可以将在课程里学到的自我控制策略应用到实际生活中，如学会调节负面情绪并通过运动、听歌等方式合理宣泄出来，转变角度看问题，明确自己的近期、远期目标并制订计划为之努力。

第三，注重人际交往能力的提高。在日常生活中可以多学习一些人际交往技巧，如适当地进行自我暴露，以真诚、包容的态度对待他人，倾听他人想法，学会换位思考，在与同学发生冲突或意见分歧时，要镇定合理地寻求解决方法，而非逃避或者产生身体攻击等。此外，一定要谨慎交友，切记不要近墨者黑。

(三) 学校

第一，定期开展心理健康普查，建立不公开的学生心理档案。如在每学期初根据学生的心理测试结果有目的、有方向地与学生进行交流，对他们的心理健康给予关注和适当干预。

第二，开设并重视心理健康教育课程。学校应根据不同年级的身心发展特点，制订更加有针对性的心理健康课程。基于本研究所得结果，学校应对三个年级的学生均长期开展与自我控制、校园欺凌相关的心理课程，如认识与悦纳自己、思维的训练、情绪的调适、行为的控制、人际交往的技巧、同理心的培养、生命教育等。同时，在课程实施中可以采用多样化教学手段，如通过情景演绎来体验冲突、角色扮演来换位思考等，以帮助学生更好地理解与投入课程。

第三，教师自身素质的提升。心理健康教师应受过专门训练，其他学科的教师在提升自身专业知识素养的同时也应辅修一定的心理学知识。此外，教师应时刻注意自己的言行，做到以德、以理服人，成为学生身心效行的正面榜样，严禁羞辱、体罚、孤立学生等不良行为的发生。

第四，完善校园欺凌防治机制。学校可以通过法制宣传、心理健康座谈会等让学生了解校园欺凌的概念与危害，培养他们的反欺凌与自我保护意识，还可以通过在校园设置欺凌举报热线或信箱、无死角监控等方式来增强学校的反欺凌氛围。学校在发现欺凌问题时一定要及时通知学生家长，在处理欺凌问题上也一定要避免和稀泥。

第五，做好校园文化建设。如通过建设"花园"式校园、健全校园规章制度、举办心理剧大赛等，使学生在和谐美丽、宽松有度的校园氛围下快乐成长。

第六，与家长建立长效沟通的桥梁。除成绩外，教师还应及时向家长反馈学生的身心状况，共同探讨对策，合力对心理或行为异常的学生进行纠正。

第四节　初中生学业压力与学业情绪的关系及干预研究

人的一生伴随着各种各样的情绪色彩，情绪是否稳定是衡量青少年人格是否成熟的标准之一，情绪可以很好地展示青少年的内心活动。学业作为中学生重要生活的组成部分，会对其情绪和心理状况有显著影响。伴随学业压力感增大的同时消极的学业情绪会随之增加，由此，中学生也成为心理障碍的高危人群。根据冯特的情绪三维理论，情绪的影响效应存在两极化，即是消极与积极并存的。我国学者俞国良、董妍在2005年就开始了国内学业情绪的研究，他们认为学生在学校教学或者学习过程中体验到的与学业有关的各种情绪（如高兴、厌倦等）是学业情绪。以往研究证实，中学生消极的学业情绪是导致其学业成绩下滑和心理健康出现问题的原因之一。同时前人研究集中在消极学业情绪,对于其他的情绪研究较少,实际上情绪各维度都可能会对青少年的心理产生影响。

当今中学生普遍具有学业压力,在日常生活得以保障的前提下,父母以及学生自己更多的关注力都放在了学习及学习能力上,学业的竞争力日益增多,竞争力越强,学业压力越大,超过学生们压力负荷的学业压力,会导致学生产生焦虑、抑郁等不良情绪。所以,对自我情绪有正确的认知和及时的调节,拥有积极的学业情绪,有利于中学生的身心健康。

赵丽霞和袁琳(2004)的研究表明,近40%的中学生普遍感到学习压力很大,他们的学习压力主要来自学校、家庭和学业等方面。俞国良(2001)在中小学生日常生活的压力研究中提出,至少有50%来自学业方面。中学生的学业情绪受到学业压力的影响,学业情绪对压力也有一定的影响。由于中学生的认知水平还处于不完全成熟的阶段,面对生活中的挫折会出现认知偏差,其中包括学业挫折,过大的学业压力会导致中学生出现认知偏差,诱发不良学业情绪,加剧了中学生的心理负担。本研究探讨学业压力与学业情绪之间的关系,并在此基础上对学业情绪不良个体进行团体心理辅导,以考察团体心理辅导对学业情绪的干预效果。

研究一 初中生学业压力与学业情绪的关系研究

一、研究对象

采用分层抽样法,从西宁市某初中取样,共发放问卷668份,其中剔除无效问卷21份,共获得有效问卷647份,调查问卷有效率96.86%,被调查者的基本信息如表3-76所示。

表3-76 被试人口学分布情况

变量	类别	频数(人)	百分比(%)
性别	男	323	49.9
	女	324	50.1
年级	初一	207	32.0
	初二	211	32.6
	初三	229	35.4
家庭所在地	城市	640	98.9
	农村	7	1.1

续表

变量	类别	频数(人)	百分比(%)
是否独生子女	独生	344	53.2
	非独生	304	46.8
父亲文化程度	高中及以下	273	42.2
	专科或本科	340	52.6
	研究生	34	5.3
母亲文化程度	高中及以下	288	44.5
	专科或本科	316	48.8
	研究生	43	6.6

二、研究工具

(一)中学生学业压力问卷

由徐嘉骏、曹静芳等人于2010年编制，包括四个部分：父母压力、自我压力、教师压力、社交压力。其中父母压力(6题)，自我压力(6题)，教师压力(5题)，和社交压力(4题)，得分越高学业压力越大。该量表信度为0.86，分半信度为0.84。具有较好的信度，所以适用于测量中学生学业压力。

(二)青少年学业情绪问卷

由俞国良和董妍于2007年编制，共有72道题目，该量表包含积极高唤醒学业情绪(16题)、积极低唤醒学业情绪(14题)、消极高唤醒学业情绪(17题)以及消极低唤醒学业情绪(25题)四个维度。问卷采用1~5分的5级记分制。该量表在研究结果显示各个维度的克隆巴赫值为0.837、0.851、0.842、0.923，表明本问卷信度良好。非常适用于我国青少年学业情绪的测量。

三、研究结果

(一)初中生学业压力的特点

1. 初中生学业压力总体状况

由表3-77可知，各个维度平均分均低于中等压力水平，且学业压力总平均分也是如此。除了教师压力，其他维度都接近理论中值，表明学业压力总体状况良好。父母压力、自我压力、社交压力维度上得分高于教师压力，表明受父母、自我和社交方面的压力较大。

表 3-77 初中生学业压力的总体情况（$n=647$）

	M	SD	最小值	最大值
父母压力	2.63	1.01	1.00	5.00
自我压力	2.83	0.98	1.00	5.00
教师压力	1.93	0.82	1.00	4.60
社交压力	2.60	0.78	1.00	5.00
学业压力总分	2.52	0.68	1.14	4.43

2. 初中生学业压力的性别差异

由表 3-78 可见，初中生学业压力在性别上有显著差异，尤其是在自我压力、教师压力、社交压力以及学业压力总分上。女生学业压力的总分得分高于男生，在自我压力、社交压力以及教师压力这几个维度上女生的得分显著高于男生，证明女生比男生体验到更多的学业压力。

表 3-78 初中生学业压力在性别上的差异分析

	男（$n=323$）	女（$n=324$）	t	P
父母压力	15.63±5.67	15.93±6.39	-0.626	0.531
自我压力	16.10±5.34	17.89±6.20	-3.926***	0.000
教师压力	9.28±4.04	10.01±4.11	-2.270*	0.024
社交压力	9.78±2.88	11.04±3.21	-5.283***	0.000
学业压力总分	50.78±13.02	54.86±15.06	-3.685***	0.000

注：***$P<0.001$。

3. 初中生学业压力的年级差异

由表 3-79 可知，各年级在父母压力，自我压力、教师压力、社交压力以及学业压力总分上有明显差异，表现为初三＞初二＞初一。

通过事后多重比较，父母压力维度上，初三＞初一（$P<0.00$），初二＞初一（$P<0.001$）；在自我压力维度上，初三＞初一（$P<0.001$）、初三＞初二（$P<0.05$），初一初二年级之间无显著差异；在教师压力维度上，初三＞初二＞初一（$P<0.001$）；社交压力维度也是如此。在学业压力总分初三＞初二＞初一（$P<0.001$）。

表 3-79 初中生学业压力在各年级上的差异分析

	初一($n=207$)	初二($n=211$)	初三($n=229$)	F
父母压力	14.26±5.66	16.16±6.20	16.80±5.97	10.579***
自我压力	16.00±6.13	16.80±5.82	18.07±5.47	7.074**
教师压力	7.45±3.20	9.87±3.84	11.41±4.12	61.253***
社交压力	9.58±2.95	10.43±3.12	11.14±3.08	14.139***
学业压力总分	47.29±13.89	53.26±14.38	57.42±12.59	30.262***

注：**$P<0.01$，***$P<0.001$。

4. 初中生学业压力在是否独生子女上的差异

由表 3-80 可知，父母压力、自我压力、教师压力、社交压力以及学业压力总分在独生、非独生子女上均没有显著差异，表明是否独生子女对初中生的学业压力并没有显著影响。

表 3-80 初中生学业压力在是否独生子女上的差异分析

	独生($n=344$)	非独生($n=303$)	t	P
父母压力	15.62±5.75	15.96±6.36	-0.723	0.470
自我压力	17.22±5.75	16.74±5.97	1.052	0.293
教师压力	9.79±4.19	9.48±3.98	0.979	0.328
社交压力	10.52±3.18	10.29±3.03	0.951	0.342
学业压力总分	53.15±14.18	52.46±14.26	0.615	0.539

5. 初中生学业压力在父亲文化程度上的差异分析

由表 3-81 可知，学业压力总分、父母压力和社交压力在父亲文化程度上存在显著差异，自我压和教师压力在父亲文化程度上不存在显著差异。

事后多重比较显示，父亲学历为高中及以下的初中生在父母压力上的分数显著高于父亲学历为专科或本科的初中生（$P<0.01$）。社交压力维度上父亲学历为高中及以下的初中生学业压力显著高于父亲学历为专科或本科的初中生（$P<0.05$）。在学业压力总分上，父亲文化程度在高中及以下的初中生学业压力总分显著高于父亲学历为专科或本科的初中生（$P<0.01$）。

表 3-81　父亲文化程度对初中生学业压力影响的差异分析

	高中及以下 ($n=273$)	专科或本科 ($n=340$)	研究生 ($n=34$)	F
父母压力	16.65±6.28	15.18±5.81	14.76±5.51	5.089**
自我压力	17.29±5.94	16.66±5.77	18.03±5.95	1.440
教师压力	9.95±4.18	9.44±4.10	9.21±3.06	1.404
社交压力	10.77±3.21	10.20±3.02	9.71±3.02	3.475*
学业压力总分	54.66±14.52	51.47±14.00	51.71±12.53	3.955*

注：$*P<0.05$，$**P<0.01$。

6. 初中生学业压力在母亲文化程度上的差异

由表 3-82 可知，初中生在父母压力、教师压力、社交压力以及学业压力总分在母亲文化程度上差异显著，证明母亲学历对孩子体验到学业压力有影响。

事后多重比较显示，在父母压力维度上，母亲文化程度在高中及以下的初中生学业压力显著高于母亲学历为专科或本科($P=<0.05$)、研究生($P<0.01$)的初中生。母亲学历在高中及以下的初中生在教师压力维度上的分数显著高于母亲学历为专科或本科($P<0.05$)、研究生($P<0.01$)。在社交压力维度上母亲学历为高中及以下的初中生分数显著高于母亲学历为研究生的初中生($P<0.05$)。在学业压力总分上，母亲学历为高中及以下的初中生分数显著高于母亲学历为专科或本科($P<0.05$)、研究生($P<0.01$)的初中生，且母亲学历为专科或本科的初中生学业压力得分显著高于母亲学历为研究生的学生($P<0.05$)。

表 3-82　母亲文化程度对初中生学业压力影响的差异分析

	高中及以下 ($n=288$)	专科或本科 ($n=316$)	研究生 ($n=43$)	F
父母压力	16.56±6.05	15.35±6.02	13.65±5.29	5.978**
自我压力	17.16±5.93	17.02±5.84	15.72±5.35	1.131
教师压力	10.19±4.39	9.30±3.85	8.49±3.17	5.539**
社交压力	10.71±3.19	10.26±3.07	9.53±2.68	3.467*
学业压力总分	54.63±14.30	51.92±14.18	47.40±11.97	6.178**

注：$*P<0.05$，$**P<0.01$。

（二）初中生学业情绪的特点

1. 初中生学业情绪的总体状况

由表3-83可知，在学业情绪各维度的描述性统计中，积极高唤醒＞积极低唤醒＞消极高唤醒＞消极低唤醒，且积极情绪得分大部分高于理论中值，消极情绪高于理论中值的不多，所以初中生整体情绪状态良好。初中生积极情绪高于消极情绪。

表3-83 初中生学业情绪各维度描述性统计

	M	SD	最小值	最大值
积极高唤醒	3.7	0.72	1	5
积极低唤醒	2.95	0.78	1	5
消极高唤醒	2.91	0.84	1.06	4.94
消极低唤醒	2.33	0.82	1	4.84

2. 初中生学业情绪的性别差异

由表3-84可知，初中男女生学业情绪分别在消极高唤醒（$t=-5.151$，$P<0.001$）、消极低唤醒（$t=-2.517$，$P<0.01$）上有显著差异，积极学业情绪上初中男女没有明显差异，证明初中女生比男生体会到更多消极学业情绪。

表3-84 初中生学业情绪在性别上的差异分析

	男（$n=323$）	女（$n=324$）	t
积极高唤醒	59.19±12.07	59.35±11.08	-0.179
积极低唤醒	41.72±10.88	40.95±11.03	0.891
消极高唤醒	46.66±13.70	52.32±14.22	-5.151***
消极低唤醒	56.14±19.64	60.20±21.39	-2.517*

注：*$P<0.05$，***$P<0.001$。

3. 初中生学业情绪的年级差异

由表3-85可以看出，不同年级的初中生在积极低唤醒、消极高唤醒，以及消极低唤醒维度上有显著差异，其中初一年级比初二、初三年级更容易体验到积极学业情绪。初一年级的学生积极低唤醒上得分要高于初二、初三年级，而初二年级在相同维度上得分高于初三年级。另外，可以看出，在消极学业情绪的各维度及总分上，初三年级得分均高于初二和初一年级。证明初三年级比初一初二年级更容易体验到消极学业情绪。

事后多重比较显示,在积极低唤醒维度上初一 > 初二($P<0.01$)、初一 > 初三年级($P<0.001$),初二 > 初三($P<0.01$)。在消极高唤醒维度上初三 > 初一($P<0.001$)、初三 > 初二($P<0.001$),初二 > 初一($P<0.01$)。消极低唤醒维度上均为初三 > 初一、初三 > 初二、初二 > 初一($P<0.001$)。

表3-85 初中生学业情绪在不同年级的差异分析

	初一($n=207$)	初二($n=211$)	初三($n=229$)	F
积极高唤醒	58.57 ± 11.45	59.20 ± 11.56	59.97 ± 11.72	0.8
积极低唤醒	44.64 ± 10.64	41.14 ± 11.33	38.52 ± 10.08	17.951***
消极高唤醒	45.09 ± 14.36	48.82 ± 13.96	54.10 ± 13.00	23.701***
消极低唤醒	48.63 ± 17.19	57.08 ± 20.99	67.81 ± 18.84	55.480***

注:***$P<0.001$。

4. 初中生学业情绪在是否独生子女上的差异

由表3-86可知,初中生学业情绪积极中高唤醒维度在是否独生子女上呈现显著差异($t=2.108$,$P<0.05$),独生子女比非独生子女在积极高唤醒上得分更高,证明独生子女更容易比非独生子女体会到积极学业情绪。

表3-86 初中生学业情绪在是否独生子女上的差异分析

	独生($n=344$)	非独生($n=303$)	t
积极高唤醒	60.17 ± 11.01	58.25 ± 12.13	2.108*
积极低唤醒	41.72 ± 11.14	40.88 ± 10.74	0.972
消极高唤醒	49.65 ± 14.15	49.32 ± 14.36	0.292
消极低唤醒	57.46 ± 20.99	58.99 ± 20.19	-0.944

注:*$P<0.05$。

5. 初中生学业情绪在父亲文化程度上的差异

由表3-87可知,在积极低唤醒、消极低唤醒维度上分数存在显著差异。

事后多重比较显示,积极低唤醒维度上父亲文化程度为专科或本科的初中生分数显著高于父亲文化程度为高中及以下的学生($F=4.305$,$P<0.05$);在消极低唤醒维度上父亲文化程度为高中及以下的初中生分数显著高于父亲文化程度为专科或本科的初中生($F=3.910$,$P<0.05$)。

表 3-87　初中生学业情绪在父亲文化程度上的差异分析

	高中及以下 ($n=273$)	专科或本科 ($n=340$)	研究生 ($n=34$)	F
积极高唤醒	58.73±11.78	59.86±11.36	57.79±12.09	1.014
积极低唤醒	39.87±10.89	42.46±11.03	41.82±9.57	4.305*
消极高唤醒	50.55±14.16	48.90±14.35	47.00±13.46	1.574
消极低唤醒	60.77±20.61	56.45±20.61	54.59±18.89	3.910*

注：*$P<0.05$。

6. 初中生学业情绪在母亲文化程度上的差异

由表 3-88 可知，积极低唤醒维度、消极低唤醒维度在母亲文化程度不同的初中生得分有显著差异。

事后多重比较显示，在积极低唤醒维度上母亲文化程度为专科或本的中生分数显著高于母亲文化程度为高中及以下的初中生（$F=3.918$，$P<0.05$），在消极低唤醒维度上母亲文化程度为高中及以下的初中生得分显著高于母亲文化程度为研究生的初中生分数（$F=3.445$，$P<0.05$）。

表 3-88　初中生学业情绪在母亲文化程度上的差异分析

	高中及以下 ($n=288$)	专科或本科 ($n=316$)	研究生 ($n=43$)	F
积极高唤醒	58.86±12.01	59.84±11.18	57.88±11.55	0.876
积极低唤醒	40.05±10.78	42.19±11.11	43.63±10.22	3.918**
消极高唤醒	50.31±14.08	49.28±14.24	45.56±14.92	2.161
消极低唤醒	59.84±20.42	57.59±20.83	51.35±19.20	3.445*

注：*$P<0.05$，**$P<0.01$。

（三）初中生学业压力与学业情绪的关系研究

如 3-89 表所示，对初中生的学业压力与学业情绪进行相关分析。学业压力总分与积极高唤醒学业情绪不存在显著相关，与积极低唤醒学业情绪存在显著负相关（$P<0.01$），与消极高唤醒学业情绪（$P<0.01$）、消极低唤醒学业情绪（$P<0.01$）均存在显著正相关。

总体来看,除了自我压力与积极高唤醒之间呈现弱相关($r=0.196^{**}$)外,学业压力其他各维度与积极高唤醒无显著相关,学业压力各维度与积极低唤醒均呈现显著负相关($P<0.01$),学业压力各维度与消极高唤醒显著正相关($P<0.01$),与消极低唤醒也呈现显著正相关($P<0.01$),由于相关系数 r 的绝对值小于 0.3 为弱相关,所以学业压力各维度与积极低唤醒呈现负的弱相关,与消极高唤醒和消极低唤醒学业情绪呈现不同程度的中等正相关。

表 3-89 学业压力与学业情绪各维度相关分析

	1	2	3	4	5	6	7	8	9
父母压力	1								
自我压力	0.351**	1							
教师压力	0.416**	0.313**	1						
社交压力	0.502**	0.383**	0.461**	1					
学业压力总分	0.799**	0.735**	0.694**	0.723**	1				
积极高唤醒	-0.075	0.196**	-0.012	-0.015	0.042	1			
积极低唤醒	-0.284**	-0.186**	-0.298**	-0.272**	-0.343**	0.534**	1		
消极高唤醒	0.441**	0.643**	0.484**	0.484**	0.698**	0.182**	-0.394**	1	
消极低唤醒	0.485**	0.372**	0.612**	0.508**	0.646**	-0.090*	-0.537**	0.727**	1

注:$**P<0.01$。

(四)学业情绪对学业压力的回归分析

为了进一步探究学业压力与学业情绪的关系,本研究以学业情绪各维度为自变量、以学业压力各维度与学业压力总分和各维度为因变量,回归分析均采用逐步多元回归分析。

1. 学业情绪各维度对学业压力总分的回归分析

如表 3-90 所示,在预测学业压力总分时,只有消极高唤醒和消极低唤醒维度进入了回归方程,达到了极其显著的水平($P<0.001$),消极高唤醒和消极低唤醒对学业压力总分的解释程度为 52.8%,表明消极学业情绪可以很大程度上正向预测学业压力。非标准化回归方程为:学业压力总分 = 17.111 + 0.482 消极高唤醒 + 0.203 消极低唤醒。

表 3-90 初中生学业情绪各维度对学业压力总分的回归分析

因变量	预测变量	R	R^2	$\triangle R^2$	F	Beta	B	t
学业压力总分		0.727	0.528	0.526	359.932***		17.111	12.203***
	消极高唤醒					0.483	0.482	12.257***
	消极低唤醒					0.295	0.203	7.489***

注：***$P<0.001$。

2. 学业情绪各维度对父母压力的回归分析

如表 3-91 所示，预测父母压力时，消极低唤醒、消极高唤醒、进入了回归方程，且两个维度对父母压力的解释率为 25.2%，表明在一定程度上消极高唤醒和消极低唤醒可以正向预测父母压力，消极学业情绪越强的初中生感知到父母压力越大。非标准化回归方程为：父母压力 = 5.897 + 0.102 消极低唤醒 + 0.080 消极高唤醒。

表 3-91 初中生学业情绪各维度对父母压力的回归分析

因变量	预测变量	R	R^2	$\triangle R^2$	F	Beta	B	t
父母压力		0.502	0.252	0.249	108.375***		5.897	7.866***
	消极低唤醒					0.348	0.102	7.019***
	消极高唤醒					0.188	0.080	3.790***

注：***$P<0.001$。

3. 学业情绪各维度对自我压力的回归分析

如表 3-92 所示，预测自我压力时，消极高唤醒和消极低唤醒进入了回归方程，而且消极高唤醒与消极低唤醒对自我压力的解释率为 43.3%，而且（$F=246.137$，$P=0.000$）证明消极高唤醒与消极低唤醒对自我压力有显著影响。而消极高唤醒学业情绪可以在很大程度上正向预测自我压力，表明当消极高唤醒情绪越多，自我压力越大。消极低唤醒学业情绪越少，自我压力越大。非标准化方程为：自我压力 = 4.249 + 0.325 消极高唤醒 - 0.057 消极低唤醒。

表 3-92 初中生学业情绪各维度对自我压力的回归分析

因变量	预测变量	R	R^2	$\triangle R^2$	F	Beta	B	t
自我压力		0.658	0.433	0.431	246.137***		4.249	6.716***
	消极高唤醒					0.790	0.325	18.301***
	消极低唤醒					-0.202	-0.057	-4.683***

注：***$P<0.001$。

4. 学业情绪各维度对教师压力的回归分析

如表3-93所示,在预测教师压力时只有消极低唤醒维度进入了回归方程,且回归系数达到了非常显著水平($F=385.628$, $P=0.000$),表明消极低唤醒学业情绪对教师压力有显著影响,消极低唤醒情绪越多的初中生教师压力越大。对教师压力的解释率为37.4%,非标准回归方程为:教师压力$=2.587+0.121$消极低唤醒。

表3-93 初中生学业情绪各维度对教师压力的回归分析

因变量	预测变量	R	R^2	ΔR^2	F	Beta	B	t
教师压力		0.612	0.374	0.373	385.628***		2.587	6.786***
	消极低唤醒					0.612	0.121	19.637***

注:***$P<0.001$。

5. 学业情绪各维度对社交压力的回归分析

如表3-94所示,在预测社交压力时,消极低唤醒与消极高唤醒进入了回归方程,且回归系数达到了非常显著的水平($F=128.859$, $P<0.001$)。表明消极低唤醒与消极高唤醒学业情绪对社交压力有显著的正向预测作用,消极高唤醒与消极低唤醒学业情绪越多,初中生的社交压力越大。非标准化方程为:社交压力$=4.870+0.05$消极低唤醒$+0.053$消极高唤醒。

表3-94 初中生学业情绪各维度对社交压力的回归分析

因变量	预测变量	R	R^2	ΔR^2	F	Beta	B	t
社交压力		0.535	0.286	0.284	128.859***		4.870	12.902***
	消极低唤醒					0.330	0.050	6.803***
	消极高唤醒					0.245	0.053	5.045***

注:***$P<0.001$。

四、讨论与分析

(一)初中生学业压力的差异

1. 初中生学业压力在性别上的差异

可以看出,初中生学业压力性别差异在父母压力维度上差异不明显,证明父母对于男生女生的学业教育方式逐渐趋于一致,所以男女生感受到的父母压力无差别。另外,在其他维度上初中生有明显性别差异,女生得分显著高于男生,这与徐伟曼(2020)研究中表明自我压力均值女生高于男生的研究结果保持一致。因为女生对自我的标准要求较高,习惯于约束自我,所以造成了这种现象。但是本研究与其研究不同的是女生在自我压力、教师压力、社交压力上得分均高于男生。女生对自我要求较为严谨,在社交方面考虑的比男生多,而且比男生敏感也是得分较高的原因之一。

2. 初中生学业压力在年级上的差异

在学业压力各维度上初三年级分数显著高于初一、初二,这与陈蕾(2021)年级差异上,任务要求压力方面是初三年级大于初一和初二年级的结论一致。在教师压力、社交压力和学业压力总分上,初二年级也显著高于初一年级。初三年级由于面临着升学压力,还面对着父母的期望,老师的期望,自己对自己的要求也高,课余活动时间也不是特别充裕,学习任务比较重。所以体会到的学业压力更大。而初二年级相比较于初三年级稍微好一些,虽然课业压力也大,也正是打好基础的成绩分流期,所以分数比初一高,但是比初三低。

3. 初中生学业压力在是否独生子女上的差异

在当代社会是否独生子女面对的升学压力、社会压力都是一致的,独生与非独生子女面对着一样的,父母期待、教师期望。自己对学业的渴望,以及接触的社交圈子都是大同小异的,所以在学业压力总分或者各个维度上是否独生子女的分数并没有显著差异。

4. 初中生学业压力在父亲文化程度上的差异

父亲文化程度对初中生的影响,就在父母压力维度、社交压力维度以及学业压力总分上有明显的差异,父亲文化程度在高中及以下的初中生在父母压力、社交压力以及学业压力总分上都显著高于父亲文化程度在专科或本科的初中生,由于父亲本身的文化程度引起父亲对自我经历的思考,可能往往对孩子的教育投入就会增多,对孩子的学业关注度也会增多,所以孩子在父亲这里体会到的学业压力往往会增大。

5. 初中生学业压力在母亲文化程度上的差异

在母亲文化程度对初中生学业压力的影响上来看,除了自我压力维度上初中生得分无明显差异,其他维度均有显著差异。母亲学历为高中以下的初中生分数显著高于母亲为其他学历的初中生分数,证明文化程度较低的母亲对孩子的教育比较严格,所以孩子在父母压力方面得分较高。而在教师压力方面,文化程度较低的母亲可能有在教师岗位的,造成孩子教师压力大,或者告诫孩子由于自己没有更好的教育能力,所以要更多听从老师的教育。在社交压力方面文化程度较低的母亲可能不能够更好地引导孩子与他人交往,交往方式靠初中生自己探索,或者有些初中生与母亲关系紧张,也不知道如何与异性交往,所以社交压力也较大。

(二)初中生学业情绪的差异

1. 初中生学业情绪在性别上的差异

初中生学业情绪性别上的差异主要体现在消极学业情绪,都是女生得分比男生要高,这与严鹏展等人(2011)女生在焦虑、生气、沮丧等因子分数显著高于男生的研究结果保持一致。而积极学业情绪无显著差异,这与冯程程(2019)学业情绪在男女性别方面差异不显著的研究结果部分一致。导致这种结果的原因可能是,在初中阶段初中生在寻找自我同一性的过程中,女孩子可能关注力更加内化,情绪无常的状态时常发生,随着女孩子敏感度的增加,考虑的事情越来越多,烦恼可能也越来越多,焦虑、生气、羞愧、厌倦、无助、沮丧、心烦等各种情绪油然而生,烦恼往往比男孩子多。

2. 初中生学业情绪在年级上的差异

在积极高唤醒维度上三个年级无明显差异,但是自豪维度除外。初三年级的自豪情绪可能更多来源于知识量的积累和升学的动力,在积极低唤醒情绪上初一年级的积极情绪显著高于初二、初三,是因为初一年级刚入学还没有面临太多的学业压力,对于学校生活充满了向往。而初三年级的消极学业情绪分数明显高于初一年级,另外在生气、羞愧甚至消极低唤醒学业情绪上初二年级分数也显著高于初一年级,初三年级面临升学压力,焦虑情绪、厌倦情绪可能会长期存在,学业课业负担导致其课余放松身心的业余活动时间也不多,压力的增加会导致消极学业情绪的积攒,从而恶性循环。初二年级虽然没有初三年级压力那么大,但是是初中学习关键期,也是心理断乳期,考虑的事情逐渐复杂也逐渐增多,所以一些消极的学业情绪也会时常伴随初二年级。

3. 初中生学业情绪在是否独生子女上的差异

研究结果表示,学业情绪在是否独生子女上的差异只显著表现在希望与积极高唤醒维度上,独生子女相对得分较高,非独生子女可能由于自己还有兄弟姐妹,在积极学业情绪方面受家庭环境影响较多,觉得父母的学业关注度可能平均分配到兄弟姐妹的身上,所以积极学业情绪可能并没有太多。

4. 初中生学业情绪在父亲文化程度上的差异

父亲文化程度为专科或本科的初中生在希望维度上的分数显著高于父亲学历为研究生的初中生，可能是父亲学历为研究生的比学历为专科或本科的父亲对孩子的要求得更多，使孩子感到迷茫。而其他积极学业情绪也是父亲学历为专科或本科生的得分较高，证明父亲对孩子的教育恰到好处，使孩子拥有良好的学业情绪。在消极学业情绪中的厌倦因子等情绪中，父亲文化程度为高中及以下的初中生得分要显著高于父亲学历为专科或本科的得分，证明由于父亲无法为孩子提供科学的学业教育方法时，孩子容易产生逆反与厌倦等情绪。

5. 初中生学业情绪在母亲文化程度上的差异

在积极低唤醒各种情绪体验上，母亲学历越高带给孩子平静放松的心态越强，而母亲文化程度在高中及以下的初中生明显比母亲学历为研究生的初中生更容易体验到羞愧、无助、心烦等情绪，因为与母亲沟通不畅，没有情感和心灵上的慰藉，得不到母亲恰到好处的安慰，所以导致初中生体会到更多消极学业情绪。

（三）初中生学业压力与学业情绪的相关分析

研究结果表明，学业压力各维度、学业压力总分与积极低唤醒学业情绪均呈现不同程度的负相关，与消极学业情绪呈现显著正相关，证明学业压力越大积极学业情绪体验的就越少，消极学业情绪体验的就越多。

在学业压力各维度与积极高唤醒的相关中，自我压力与积极高唤醒呈显著正相关，表明自我压力感越大，对积极学业情绪的唤醒程度越高。所谓压力越大动力越强，所以自我压力与积极高唤醒维度呈正相关。在学业压力各维度与积极低唤醒的相关中，学业压力各维度以及学业压力总分与积极低唤醒学业情绪各因子存在显著负相关，所以当学业压力大时，初中生体验到的满足、平静与放松等心情就会被打破。

在学业压力各维度与消极高唤醒的相关中，学业压力各维度包括学业压力总分与消极高唤醒以及消极高唤醒维度均呈显著正相关，也就是说学业压力大时，初中生的关注点往往更倾向于自己的学习与自我，如果成绩不理想不免产生更多的焦虑，父母压力与教师压力大时初中生会产生反抗情绪，生气、羞愧在所难免。在学业压力各维度与消极低唤醒的相关中，学业压力各维度以及学业压力总分与消极低唤醒各因子、消极低唤醒维度均显著正相关，证明父母压力、自我压力、教师压力、社交压力以及学业压力总分无论哪个维度压力越大都可能给初中生带来越来越多的反感情绪，或者习得性无助，如果不愿意与父母、教师进行有效沟通，也得不到他们的理解，可能更加引起初中生的厌倦、无助、沮丧、心烦等情绪。

（四）初中生学业情绪与学业压力的回归分析

本研究中，把学业情绪的各维度及因子作为自变量，将学业压力各维度及学业压力总分作为因变量进行回归分析，在初中生学业情绪各维度对学业压力总分的回归分析中只有消极学业情绪两个维度进入了回归方程，消极高唤醒和消极低唤醒对学业压力总分的解释程度为52.8%，研究证明初中生消极学业情绪越多，学业压力感越大，消极低唤醒情绪越多的初中生教师压力越大，消极高唤醒与消极低唤醒学业情绪越多，初中生的社交压力也越大。

总体来说，消极学业情绪的各维度能够在很大程度上正向预测学业压力的各个维度与学业压力总分，因为学业情绪映射其学业压力状况，所以初中生的学业情绪值得更加的关注。

研究二 初中生学业情绪的团体心理辅导干预研究

一、研究对象

本研究在西宁市某初中通过普测的方式经过问卷调查与数据分析，在学业情绪与学业压力状况相比较于其他两个年级更为不好的初三年级学生中招募被试，选择自愿报名参与且自我感觉学业情绪相对不佳、学业压力感相对较大的60名学生，并随机分配为两组，实验组30人（男生16人，女生14人），对照组30人（男生16人，女生14人）。

二、研究设计

本研究运用实验组和对照组前后测结果的对比来评估团体心理辅导效果的有效性。干预方案共分为6个单元，实验组的成员接受6次团体心理辅导，而对照组成员在此期间不做任何干预，如表3-95所示。

实验组和对照组前测与后测的问卷与研究一相同，分别为《青少年学业情绪问卷》《中学生学业压力问卷》。另外在心理干预过程最后，通过《团体满意度评估表》来了解团体成员对领导者、团体氛围、自我感受、团体活动的满意程度。

表 3-95 实验设计

组别	前测	实验处理	后测
实验组	O_1	X(团体心理辅导)	O_2
对照组	O_3		O_4

(一)干预方案设计

团体名称：调节情绪—我可以，减少压力—我能行。

团体结构：发展性、结构性团体。

团体对象：青海省西宁市某初中初三年级学生30人，全程无缺席。

团体领导者：研究者本人，另有专业的心理老师作为团辅助手。

团体场所：团体心理辅导活动教室。

团体目标：在成员间彼此真诚、轻松愉快的氛围中通过团体心理辅导活动帮助成员了解自己的情绪特点，了解理性情绪疗法，自我归因。①成员能认识情绪的意义并觉察自己的情绪。②成员能接纳自己正负向学业情绪、了解自己惯有的宣泄方式。③成员能以合理的方式表达情绪。④使成员了解信念与情绪的关系，并使用合理信念来管理情绪。学会情绪调节方法和技巧，增强积极的学业情绪，减少消极学业情绪，把活动中所学方法技巧用于以后的学习与生活中。最后，通过团体心理辅导让成员意识到良好的学业情绪对学业压力感的减缓作用。

团体方案设计如下(示例)：

表 3-96 团体心理辅导设计大纲

单元名称	目标	活动内容
第一单元 有缘相识—— 你我他	1. 促进成员之间进一步了解，有助于团体形成； 2. 活跃团体气氛，建立融洽的团体气氛； 3. 使团体成员熟悉团体概念，了解团体性质，签订团体契约书	1. 领导者自我介绍； 2. 领导者介绍团体、介绍团体契约里的规则，解答团体成员的疑问； 3. 签订团体契约书； 4. 引入下个单元关于情绪内容

续表

单元名称	目标	活动内容
第二单元 认识自我—— 你的学业情绪	1. 认识到自我在学习过程中都有哪些不同的学业情绪，学会辨别和捕捉自己的情绪； 2. 帮助同学找到学习生活中的情绪，认识这种情绪，感受学习中的忧与喜，激发同学的学习动机； 3. 激发成员想象，重拾学习的信心与学习动力	1. 表情图片引入情绪； 2. 介绍学业情绪定义，引入本单元主题； 3. 活动《心有灵犀——演员请就位》； 4. 故事《跳出你心中的高度》，提出问题大家回答，大家交流与分享； 5. 名人名言； 6. 领导者总结
第三单元 我的情绪 我做主—— 归因我在行	1. 了解归因的概念； 2. 帮助成员认识到不同归因方式的存在，体会不同归因带来的不同情绪体验； 3. 协助成员建立积极的归因模式，改善消极的归因模式； 4. 激发学生持续稳定的学习动机，提高学生自我效能感	1. 了解海德、韦纳的归因理论； 2. 完成《学业成败归因表》的填写。使成员自己总结归因并分享，使学生能直观看到学习成败归因对后来学习的影响，归因方式也影响着情绪的变化、领导者总结升华； 3. 活动《天使与恶魔》，演绎过程中使成员倾情体会，活动后提出问题，成员分享与交流； 4. 领导者总结

三、研究结果

（一）实验组对照组前测差异性检验

由于需要验证实验组与对照组水平是否存在差异，在进行团体心理辅导之前，对两组的前测数据进行独立样本 t 检验，其结果为：

由表 3-97 可知，通过对实验组与对照组进行独立样本 t 检验，结果表明实验组和对照组被试在积极高唤醒学业情绪、积极低唤醒学业情绪、消极高唤醒学业情绪、消极低唤醒学业情绪，以及学业压力各维度及总分均不存在显著差异。

第三章 西部地区中学生心理健康现状研究

表 3-97 实验组对照组前测差异比较

	实验组前测		对照组前测		
	M	SD	M	SD	t
积极高唤醒	60.30	7.57	62.47	9.50	-0.977
积极低唤醒	36.83	10.13	40.23	10.65	-1.267
消极高唤醒	56.90	12.64	57.73	13.30	-0.249
消极低唤醒	65.07	18.28	73.27	15.34	-1.882
父母压力	16.30	4.85	18.07	5.11	-1.374
自我压力	18.30	5.82	18.87	5.61	-0.384
教师压力	12.23	4.56	13.03	3.72	-0.745
社交压力	11.13	3.33	11.80	2.86	-0.832
学业压力总分	57.97	12.65	61.77	11.44	-1.220

对实验组和对照组在学业情绪和学习投入进行前测检验，结果显示两组被试在学业情绪得分和学习投入得分的前测差异均不显著，说明二组同质。

（二）实验组前后测差异性检验

为检验本次心理干预的效果，因此对实验组前后测的学业情绪、学业压力分数进行配对样本 t 检验。

通过表 3-98 可知，实验组前后测在积极高唤醒、积极低唤醒，消极高唤醒以及消极低唤醒学业情绪上均存在显著差异，其中积极高唤醒、积极低唤醒学业情绪的后测得分显著高于前测，而消极高唤醒、消极低唤醒学业情绪的后测分数显著低于前测分数。

表 3-98 实验组前后测差异比较

	实验组前测		对照组前测		
	M	SD	M	SD	t
积极高唤醒	60.30	7.57	64.20	7.05	-2.585*
积极低唤醒	36.83	10.13	43.87	9.02	-4.334***
消极高唤醒	56.90	12.64	50.33	11.09	2.743*
消极低唤醒	65.07	18.28	56.17	13.32	3.058**
父母压力	16.30	4.85	14.27	4.57	2.384*
自我压力	18.30	5.82	16.80	4.72	2.160*

续表

	实验组前测		对照组前测		
	M	SD	M	SD	t
教师压力	12.23	4.56	10.67	2.66	1.900
社交压力	11.13	3.33	9.93	2.23	2.449*
学业压力总分	57.97	12.65	51.67	9.56	3.368**

注：*P<0.05，**P<0.01。

(三) 对照组前后测差异性检验

为检验对照组在没有进行任何心理干预的情况下，前后测是否有差异，所以对对照组进行配对样本 t 检验，结果如下：

如表3-99所示，对照组在学业情绪、学业压力各个维度及总分上前后测均无显著差异。

表3-99 对照组前后测差异比较

	实验组前测		对照组前测		
	M	SD	M	SD	t
积极高唤醒	62.47	9.50	60.40	11.14	1.905
积极低唤醒	40.23	10.65	38.47	9.87	1.373
消极高唤醒	57.73	13.30	59.07	11.82	-1.191
消极低唤醒	73.27	15.34	74.13	15.50	-0.335
父母压力	18.07	5.11	18.53	5.46	-0.602
自我压力	18.87	5.61	20.00	6.25	-1.660
教师压力	13.03	3.72	12.07	3.74	1.591
社交压力	11.80	2.86	11.63	3.00	0.372
学业压力总分	61.77	11.44	62.23	11.72	-0.310

(四) 实验组和对照组前后测差异性检验

如表3-100所示，在学业情绪方面经过团体心理辅导的实验组在积极低唤醒、消极高唤醒与消极低唤醒学业情绪上与对照组有非常显著的差异，且实验组积极低唤醒得分显著高于对照组，消极高唤醒与消极低唤醒分数显著低于对照组，而积极高唤醒学业情绪在实验组对照组虽然没有显著差异，但是实验组积极学业情绪得分明显高于对照组，所以证明对实验组的心理干预是有效的。

在学业压力方面,父母压力,自我压力,社交压力与学业压力总分上实验组与对照组均有显著差异,实验组得分显著低于对照组,表明团体成员学业压力感有所降低。

表 3 - 100 实验组对照组后测差异比较

	实验组前测		对照组前测		
	M	SD	M	SD	t
积极高唤醒	64.20	7.05	60.40	11.14	1.578
积极低唤醒	43.87	9.02	38.47	9.87	2.212*
消极高唤醒	50.33	11.09	59.07	11.82	-2.952**
消极低唤醒	56.17	13.32	74.13	15.50	-4.815***
父母压力	14.27	4.57	18.53	5.46	-3.283**
自我压力	16.80	4.72	20.00	6.25	-2.237*
教师压力	10.67	2.66	12.07	3.74	-1.671
社交压力	9.93	2.23	11.63	3.00	-2.492*
学业压力总分	51.67	9.56	62.23	11.72	-3.827***

注:*$P<0.05$,**$P<0.01$,***$P<0.001$。

(五)团体活动反馈

在最后一次团体心理辅导活动结束后,成员填写《团体满意度评估表》,用来评估这六个单元团体活动在成员心中的总体感受,从评估结果来看,本次团体的成员在团体活动中收获了更好的自己,可以做到更加积极地与他人交流,更加了解自己,也收获了很多经验。对团体整体满意度均分为8分以上,表明对团体也较为满意。

四、关于团体心理辅导方案实施的讨论

(一)团体心理辅导对团体成员学业情绪的影响

通过上述数据以及团体满意度评估表,表明本次心理干预进行的团体心理辅导在实验组能够有效降低消极学业情绪,提高了积极的学业情绪,改善实验组学业情绪水平,降低其学业压力水平。本次心理干预根据前测结果分别有针对性地对积极学业情绪的提升和消极学业情绪的降低设计干预方案,让成员通过挖掘自我优点、认识不足改善对自我的认知、对学习的认知,放松身心,设计与实际相符适合自我的学习目标,成为更好的自己。

(二)学业情绪团体心理辅导对学业压力的影响

所以实验组前后测对比中,后测父母压力、自我压力、社交压力以及学业压力总分的得分显著降低,也就证明了学生学业压力感总体显著下降。另外此次团体心理辅导也有不足之处,可能由于方案主要关于学业情绪,且学业压力涉及因素较多,对涉及的教师压力在干预方案中的内容较少,且学生对此话题较为敏感,所以效果不明显。

五、研究结论

(1)分析调查对象整体表明学业压力总体状况良好,除教师压力外其他维度都接近理论中值。但是在父母压力、自我压力、社交压力维度上得分高于教师压力。积极学业情绪得分大部分高于理论中值,消极学业情绪高于理论中值的不多,所以初中生整体情绪状态良好。

(2)学业压力总分与积极低唤醒学业情绪呈显著负相关,当学业压力总分越高时,积极低唤醒得分越低,也就是学业压力越大时,积极学业情绪越少。学业压力各维度及总分与消极高唤醒、消极低唤醒呈显著正相关,说明学业压力越大,消极学业情绪越多。

(3)在回归分析中消极学业情绪各维度上可以很大程度上正向预测学业压力,积极高唤醒中的自豪、希望显著正向预测学业压力总分,满足、平静、放松、显著负向预测学业压力。

(4)团体心理辅导方案可以有效提高初中生积极学业情绪,降低其消极学业情绪,在一定程度上降低学业压力感。

六、教育启示

由本研究的研究结果可以看出,初三年级相比较于其他两个年级的学业情绪在消极学业情绪上差异更显著,学业压力感更大,由于初三学生面临升学考试,学业任务更重,所以学校也需要更加重视,心理健康课与心理辅导都是必不可少的。

首先,在学校方面,需要更加重视学生平时的情绪问题,关于学业情绪和学业压力的教育活动学要从多重要素入手,甚至和家长进行及时沟通与交流,解决或缓解同学心理上堆积的负面情绪,由于课堂时间是有限的,所以需要在有限的时间内通过内容的学习与辅导以学生感兴趣的方式和内容,使学生更快地掌握情绪调节与管理的方法,找到调节自我的办法,更好地制订目标,按部就班地学习。

其次，学生的学业情绪，学业压力事关初中生心理健康水平，而且与其社会支持也有非常紧密的联系，家庭对孩子的影响至关重要，家长也需要通过定期学习来改善自我情绪状态，改善一味要求孩子学业的方式，学会与青春期的孩子沟通，学会激发孩子学习的信心，家长的正确示范与指导也是影响孩子的重要因素，当初中生产生消极学业情绪时家长要耐心指导其用合理信念对待，这将非常有利于处于初中生的情绪发展，和父母压力感的降低。

第五节 初中生成就动机、心理弹性与学业倦怠的关系及干预研究

初中阶段的学生主要任务是学习，在学习过程中的成就动机不仅影响学生自身的知识储备，还会影响个体的抗压能力以及在学习过程中所产生的情绪。成就动机低的个体更会使他们出现低成就感、情绪耗竭、行为不当等问题。因此，在初中阶段，成就动机影响着学生的心理弹性与学业倦怠。因此本研究拟探讨初中生成就动机、心理弹性和学业倦怠三者之间的关系研究，假设心理弹性在初中生成就动机对学业倦怠的影响中起中介作用，并设计团体心理辅导方案对初中生的心理弹性进行干预，通过干预来提高初中生心理弹性，提高初中生的成就动机水平，缓解其学业倦怠。

研究一 初中生成就动机、心理弹性与学业倦怠之间的关系研究

一、研究目的与内容

(一)研究目的

运用问卷调查了解青海省西宁市初中生成就动机、心理弹性与学业倦怠现状，并探讨三者之间的关系，为研究二提供数据支持。

(二)研究内容

通过问卷调查和数据处理分析西宁市初中生的成就动机、心理弹性与学业倦怠目前的总体状况，并从年级、性别、独生子女与否、生源地等四个方面，分析初中生在成就动机、心理弹性和学业倦怠上是否存在差异以及差异存在的原因，并证明三者之间的关系。

二、研究设计

(一)研究方法

三种研究方法:文献法;问卷法;实验法。

(二)研究工具

1. 成就动机量表

本研究使用的是我国研究者叶仁敏和挪威 Hegtvet 合作译制中文版本。修订后的量表一共 30 题,包含追求成功和避免失败两个维度,各 15 题。

2. 心理弹性量表

本研究使用的是由胡月琴等编制的《青少年心理弹性量表》,问卷设置了五个维度,即目标专注、情绪控制、积极认知、家庭支持和人际协助,该量表共 27 个题目。

3. 学业倦怠量表

本研究使用的学业倦怠量表为胡俏和戴春林编制的《中学生学业倦怠问卷》。该量表设计了 21 个题目,包括四个维度,即情绪耗竭、学习低效能感、师生疏离和生理耗竭。

(三)研究对象

本研究从青海省西宁市某初中取样,共发放 620 余份问卷,剔除无效问卷后,回收到 556 份有效问卷,有效率为 89.7%。

表 3-101 被试构成分布($N=557$)

人口学变量	研究类别	研究人数	占比(%)
年级	初一	211	37.9
	初二	197	35.4
	初三	148	26.6
性别	男生	298	53.6
	女生	258	46.4
独生子女	是	129	23.3
	否	427	76.7
生源地	城市	394	70.9
	农村	162	29.1

（四）数据处理

本研究使用SPSS24.0数据处理软件。分别使用描述性统计级分析、相关分析、差异检验与中介效应分析。

三、研究结果

（一）初中生成就动机、心理弹性和学业倦怠的总体状况

如表3-102所示，初中生成就动机均分为79.45，心理弹性均分为84.15，学业倦怠均分为60.55，这说明初中生总体上在这三个方面趋于中等水平。

初中生成就动机最高得分为98分，最低得分为60分；而在心理弹性方面的最高得分为132分，最低得分为32分，且在学业倦怠方面的最高得分为94分，最低得分为24分，三者均存在较大落差，说明初中生群体中也有部分同学在这三个方面需要辅导和帮助。

表3-102 初中生成就动机、心理弹性和学业倦怠得分情况（$N=556$）

变量	$M \pm SD$	最小值	最大值
成就动机	78.46±12.348	60	98
心理弹性	84.15±32.530	32	132
学业倦怠	60.55±20.226	24	98

（二）初中生成就动机的特点

1. 总体状况

初中生成就动机的总体状况如表3-103所示。可以看出各维度平均分均处于中等水平成就动机，即接近理论中值，表明成就动机总体状况良好。

表3-103 初中生成就动机总体情况（$N=556$）

维度	$M \pm SD$	最小值	最大值
追求成功	38.79±14.659	30	60
避免失败	40.37±10.776	20	60
成就动机总分	78.46±12.348	60	98

2. 性别差异

研究性别因素对初中生成就动机的影响如表3-104所示，可以看出成就动机在性别上并无显著差异。男、女生在追求成功维度中并无显著差

异，而在避免失败维度中，男生显著高于女生。

表 3-104　初中生成就动机性别差异

维度	男生($n=298$) $M \pm SD$	女生($n=258$) $M \pm SD$	t
追求成功	38.37±15.180	39.28±14.047	-0.728
避免失败	41.64±11.277	38.89±9.986	3.057*
成就动机总分	79.18±11.956	77.63±12.759	1.467

注：*$P<0.05$。

3. 年级差异

初中生成就动机与年级之间的关系，如表 3-105 所示。通过数据分析可知，初中生不同年级在成就动机水平上不存在显著差异。

表 3-105　初中生成就动机年级差异

维度	初一($n=211$) $M \pm SD$	初二($n=197$) $M \pm SD$	初三($n=148$) $M \pm SD$	F
追求成功	38.83±14.735	38.94±14.585	38.54±14.746	0.032
避免失败	40.34±10.805	40.07±10.607	40.80±11.016	0.193
成就动机总分	78.48±12.342	78.36±12.594	78.57±12.107	0.013

4. 生源地差异

初中生成就动机与生源地因素的关系，如表 3-106 所示。可以看出，初中生不同生源地在成就动机总分上存在显著差异，具体表现为避免失败维度并无显著差异，而追求成功维度存在显著差异，相比之下，城镇学生的成就动机水平显著大于农村学生。

表 3-106　初中生成就动机生源地差异

维度	城镇($n=394$) $M \pm SD$	农村($n=162$) $M \pm SD$	t
追求成功	39.74±14.894	36.48±13.847	2.466*
避免失败	40.12±10.565	40.96±11.285	-0.807
成就动机总分	79.22±12.415	76.62±12.026	2.258*

注：*$P<0.05$。

5. 独生子女与否差异

初中生成就动机与是否为独生子女的因素的关系，如表3-107所示。可以看出，初中生是否为独生子女在成就动机水平不存在显著差异，具体为追求成功维度中是否为独生子女并无显著差异，且避免失败维度中，是否为独生子女也不存在显著差异。

表3-107　初中生成就动机在是否为独生子女的差异

维度	为独生子女($n=129$) $M \pm SD$	非独生子女($n=427$) $M \pm SD$	t
追求成功	38.59 ± 14.658	38.85 ± 14.676	-0133
避免失败	40.46 ± 10.904	40.34 ± 10.750	-0179
成就动机总分	78.33 ± 12.127	78.50 ± 12.428	0.111

(三)初中生心理弹性的特点

1. 总体状况

采用描述性统计，分析初中生心理弹性的总体状况，如表3-108所示。可以看出各维度平均分均处于中等水平心理弹性，即接近理论中值。表明心理弹性水平总体状况良好。

表3-108　初中生心理弹性的总体情况($N=556$)

维度	$M \pm SD$	最小值	最大值
目标专注	15.66 ± 6.501	5	25
情绪控制	18.42 ± 7.598	6	30
积极认知	12.56 ± 5.059	4	20
人际协作	18.80 ± 7.594	6	30
家庭支持	10.71 ± 7.690	6	30
心理弹性总分	84.15 ± 32.530	32	132

2. 性别差异

性别因素对初中生心理弹性及其各维度的影响见表3-109，从中可以看出，初中生不同性别在心理弹性水平上并无显著差异，具体来讲目标专注、情绪控制、积极认知、人际协作与家庭支持维度上在性别差异上均无显著差异。

表3-109　初中生心理弹性的性别差异

维度	男生($n=298$) $M \pm SD$	女生($n=258$) $M \pm SD$	t
目标专注	15.41±6.828	15.95±6.102	-0.972
情绪控制	17.95±7.797	18.97±7.339	-1.574
积极认知	12.40±5.186	12.57±4.912	-0.818
人际协作	18.43±7.883	19.24±7.238	-1.263
家庭支持	18.16±7.951	19.35±7.341	-1.836
心理弹性总分	82.34±33.958	86.24±30.731	-1.422

3. 年级差异

通过初中生年级对心理弹性的影响分析,如表3-110所示。初中生的心理弹性在目标专注、情绪控制、积极认知、人际协作与家庭支持这五个维度的年级得分差异并不显著。

表3-110　初中生心理弹性的年级差异

维度	初一($n=211$) $M \pm SD$	初二($n=197$) $M \pm SD$	初三($n=148$) $M \pm SD$	F
目标专注	15.79±6.550	15.68±6.408	15.45±6.592	0.119
情绪控制	18.34±7.714	18.61±7.359	18.28±7.778	0.102
积极认知	12.49±5.071	12.68±5.018	12.50±5.128	0.080
人际协作	18.91±7.566	18.86±7.597	18.57±7.678	0.092
家庭支持	18.64±7.504	18.83±7.745	18.64±7.927	0.038
心理弹性总分	84.18±32.638	84.66±32.090	83.45±33.161	0.059

4. 生源地差异

通过研究生源地对初中生心理弹性及其各维度的影响,结果见表3-111。不同生源地的初中生在心理弹性水平存在显著差异,具体来说,不同生源地的学生在目标专注维度上的差异并不显著,而在情绪控制、积极认知、人际协作与家庭支持维度上的差异显著,且在这四个维度上,城镇学生心理弹性水平均高于农村学生。

表 3 – 111　初中生心理弹性的生源地差异

维度	城镇($n=394$) $M \pm SD$	农村($n=162$) $M \pm SD$	t
目标专注	15.95 ± 6.584	14.96 ± 6.260	1.624
情绪控制	18.85 ± 7.625	17.37 ± 7.451	2.097*
积极认知	12.85 ± 5.124	11.86 ± 4.844	2.084*
人际协作	19.24 ± 7.624	17.73 ± 7.436	2.132*
家庭支持	19.26 ± 7.801	17.38 ± 7.266	2.637**
心理弹性总分	86.14 ± 32.894	79.31 ± 31.200	2.260*

注：*$P<0.05$；**$P<0.01$。

5. 独生子女与否差异

初中生独生子女与否对心理弹性及其各维度的影响，如表 3 – 112 所示：初中生独生子女与否在目标专注、情绪控制、积极认知、人际协作与家庭支持五个维度，以及心理弹性总分上没有明显差异。

表 3 – 112　初中生心理弹性的独生子女与否差异

维度	独生子女($n=129$) $M \pm SD$	非独生子女($n=427$) $M \pm SD$	t
目标专注	15.78 ± 6.758	15.63 ± 6.429	0.229
情绪控制	18.44 ± 7.519	18.41 ± 7.630	0.036
积极认知	12.71 ± 5.183	12.52 ± 5.026	0.374
人际协作	18.53 ± 7.772	18.89 ± 7.547	-0.469
家庭支持	18.65 ± 7.617	18.73 ± 7.721	-0.100
心理弹性总分	84.10 ± 32.919	84.17 ± 32.451	-0.021

（四）初中生学业倦怠的特点

1. 总体状况

通过对初中生学业倦怠的总体状况分析，如表 3 – 113 所示。可以看出各维度平均分均处于中等水平学业倦怠，即接近理论中值，表明学业倦怠水平总体状况良好。

表 3-113　初中生学业倦怠的总体情况（$N=556$）

维度	$M \pm SD$	最小值	最大值
情绪耗竭	23.13 ± 8.229	8	42
低效能感	14.55 ± 5.209	5	25
师生疏离	11.44 ± 3.527	4	18
生理耗竭	11.41 ± 3.806	4	18
学业倦怠总分	60.55 ± 20.226	24	98

2. 性别差异

通过性别因素对初中生学业倦怠及其各维度的影响研究，结果见表 3-114。初中生不同性别在学业倦怠水平上并无显著差异，具体来讲情绪耗竭、低效能感、师生疏离与生理耗竭这四个维度上在性别差异上均不显著。

表 3-114　初中生学业倦怠的性别差异

维度	男生（$n=298$） $M \pm SD$	女生（$n=258$） $M \pm SD$	t
情绪耗竭	23.65 ± 8.571	22.53 ± 7.789	1.603
低效能感	14.91 ± 5.448	14.14 ± 4.896	1.763
师生疏离	11.66 ± 3.627	11.19 ± 3.397	1.605
生理耗竭	11.59 ± 3.930	11.21 ± 3.654	1.162
学业倦怠总分	61.81 ± 21.125	59.10 ± 19.072	1.588

3. 年级差异

初中生年级对学业倦怠的影响，如表 3-115 所示，初中生不同年纪在学业倦怠水平上并无显著差异，具体来讲情绪耗竭、低效能感、师生疏离与生理耗竭这四个维度在年纪上的差异均不显著。

表 3-115 初中生学业倦怠的年级差异

维度	初一($n=211$) $M \pm SD$	初二($n=197$) $M \pm SD$	初三($n=148$) $M \pm SD$	F
情绪耗竭	22.61 ± 7.972	23.25 ± 8.533	23.72 ± 8.186	0.815
低效能感	14.42 ± 5.011	14.43 ± 5.390	14.89 ± 5.261	0.433
师生疏离	11.33 ± 3.480	11.46 ± 3.500	11.58 ± 3.646	0.219
生理耗竭	11.36 ± 3.713	11.30 ± 3.700	11.64 ± 4.082	0.375
学业倦怠总分	59.74 ± 19.689	60.45 ± 20.538	61.84 ± 20.631	0.472

4. 生源地差异

初中生生源地对学业倦怠及其各维度的影响，结果见表 3-116：不同生源地的初中生在心理弹性水平不存在显著差异，具体来说，不同生源地的学生在情绪耗竭、低效能感、师生疏离与生理耗竭四个维度上的差异并不显著。

表 3-116 初中生学业倦怠的生源地差异

维度	城镇($n=394$) $M \pm SD$	农村($n=162$) $M \pm SD$	t
情绪耗竭	22.75 ± 8.282	24.06 ± 8.046	-1.713
低效能感	14.38 ± 5.212	14.98 ± 5.194	-1.234
师生疏离	11.31 ± 3.501	11.77 ± 3.577	-1.412
生理耗竭	11.21 ± 3.776	11.91 ± 3.845	-1.967
学业倦怠总分	59.66 ± 20.265	62.73 ± 20.024	-1.629

5. 独生子女与否差异

研究初中生独生子女与否对学业倦怠及其各维度的影响，如表 3-117 所示，初中生独生子女与否与情绪耗竭、低效能感、师生疏离与生理耗竭四个维度以及学业倦怠总分上没有明显差异。

表 3-117　学业倦怠独生子女与否差异

维度	独生子女(n=129) M±SD	非独生子女(n=427) M±SD	t
情绪耗竭	23.43±8.149	23.04±8.260	0.477
低效能感	14.66±5.115	14.52±5.243	0.270
师生疏离	11.57±3.318	11.40±3.590	0.482
生理耗竭	11.51±3.638	11.38±3.859	0.333
学业倦怠总分	61.19±19.609	60.36±20.427	0.411

(五)变量相关性分析

1. 初中生成就动机、心理弹性与学业倦怠的相关关系

为了进一步了解初中生成就动机、心理弹性与学业倦怠的相关关系,对三个变量进行了相关分析,如表 3-118 所示。初中生成就动机、心理弹性与学业倦怠三组变量,每两各变量之间存在显著相关($P<0.01$)。具体来说,学业倦怠与成就动机、心理弹性呈显著负相关,而成就动机与心理弹性呈显著正相关。

表 3-118　成就动机、心理弹性与学业倦怠的相关分析

维度	成就动机	心理弹性	学业倦怠
成就动机	1		
心理弹性	0.577**	1	
学业倦怠	-0.464**	-0.902**	1

注:**$P<0.01$。

2. 初中生成就动机、心理弹性与学业倦怠各维度间的相关关系

对初中生成就动机、心理弹性与学业倦怠各维度进行相关分析,进一步了解三个变量之间各维度间关系,如表 3-119 所示。初中生三组变量各维度之间,两两变量间呈显著相关($P<0.01$)。

第三章 西部地区中学生心理健康现状研究

表3-119 成就动机、心理弹性与学业倦怠各维度间的相关分析

11	1	2	3	4	5	6	7	8	9	10
追求成功	1									
避免失败	-0.56**	1								
目标专注	0.89**	-0.70**	1							
情绪控制	0.91**	-0.67**	0.87**	1						
积极认知	0.89**	-0.69**	0.84**	0.86**	1					
人际协作	0.89**	-0.71**	0.87**	0.87**	0.86**	1				
家庭支持	0.89**	-0.71**	0.87**	0.87**	0.85**	0.87**	1			
情绪耗竭	-0.81**	0.72**	-0.81**	-0.81**	-0.80**	-0.82**	-0.83**	1		
低效能感	-0.85**	0.74**	-0.84**	-0.84**	-0.83**	-0.85**	-0.84**	0.94**	1	
师生疏离	-0.85**	0.70**	-0.83**	-0.83**	-0.82**	-0.83**	-0.83**	0.91**	0.92**	1
生理耗竭	-0.87**	0.66**	-0.84**	-0.84**	-0.83**	-0.85**	-0.84**	0.90**	0.93**	0.92**

注：**$P<0.01$。

(六)中介效应检验

根据以上结果，三个变量之间均存在显著相关，成就动机、心理弹性与学业倦怠存在显著负相关，成就动机与心理弹性存在显著正相关。需要进一步深入地进行中介效应检验，为研究各变量间的关系，如表3-120。

表3-120 心理弹性的中介效应检验

中介变量	效应	效应量	95% CI
心理弹性	总效应	0.61	[-0.88, -0.63]
	直接效应	0.09	[0.02, 0.16]
	间接效应	0.52	[-0.56, -0.47]

由上表可知，初中生成就动机对学业倦怠的影响中，心理弹性产生的间接效应在95%置信区间为[-0.56, -0.47]，不包含0，说明心理弹性作为中介变量所产生的效应显著。那么，进一步对心理弹性的中介效应分析，如下表3-121所示。

表 3 – 121　心理弹性的中介效应分析

	路径系数	SE	t
成就动机⇒心理弹性	0.56	0.09	15.78***
心理弹性⇒学业倦怠	0.93	0.01	-42.44***
成就动机⇒学业倦怠	0.06	0.04	2.50**

注：**$P<0.01$；***$P<0.001$。

根据表 3 – 121 结果表明，在控制中介效应心理弹性后，可以看出三者之间的关系：成就动机作用于心理弹性的效应 a 为 0.56，且显著；心理弹性作用于学业倦怠的效应 b 为 -0.93，且显著；考虑中介变量后，成就动机作用于学业倦怠的效应 c′ 为 0.05，且在 0.05 水平上显著。由此可以看出，成就动机对学业倦怠的影响中，心理弹性起部分中介作用，且中介效应占总效应的 52%，具体路径见图 3 – 2。

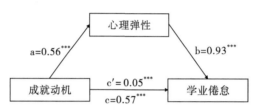

图 3 – 2　心理弹性的中介效应模型

注：***$P<0.001$。

四、讨论

（一）成就动机、心理弹性与学业倦怠的相关分析的讨论

本研究通过相关关系分析结果发现：成就动机与心理弹性，成就动机与学业倦怠，心理弹性与学业倦怠，三组变量之间存在显著相关关系，验证了研究中的假设二。

初中生成就动机、心理弹性与学业倦怠之间存在显著负相关，而成就动机与心理弹性存在显著正相关。初中生成就动机中的追求成功与心理弹性的目标专注、情绪控制、积极认知、人际协作与家庭支持存在显著正相关，而避免失败与心理弹性的五个维度存在显著负相关。初中生与心理弹性各维度学业倦怠各维度呈显著负相关。

（二）心理弹性在成就动机与学业倦怠的中介作用的讨论

为了深入探究初中生成就动机与学业倦怠两者间的关系，本研究进一步引入了心理弹性这一变量。通过中介效应分析发现：初中生的心理弹性水平在成就动机与学业倦怠间存在着部分中介作用，说明一方面初中生的成就动机会直接地影响到学业倦怠水平，成就动机水平越高，学业倦怠水平越低；另一方面也可以通过提升初中生心理弹性水平降低初中生的学业倦怠状况。因此，研究二对初中生的心理弹性进行干预研究。

研究二　初中生心理弹性团体辅导干预研究

一、研究目的、内容与假设

（一）研究目的

根据研究一得出结论，初中生的成就动机、心理弹性与学业倦怠三者之间存在显著相关关系，且心理弹性中介效应显著，因此对初中生的心理弹性进行干预，以改善其学业倦怠水平，并根据数据分析与干预结果提出相应的教育建议。

（二）研究内容

采用青少年心理弹性量表对实验组与对照组前测，进行差异性分析，对心理弹性进行团体辅导干预以及数据整理和分析，探讨团体辅导干预对初中生心理弹性与学业倦怠状况产生的影响。

（三）研究假设

假设一：团体心理辅导干预可以有效提高初中生心理弹性状况，改善学业倦怠。

假设二：在实验组前、后测与实验组、对照组后测中初中生心理弹性与学业倦怠有显著差异。

假设三：在对照组前、后测与实验组、对照组前测中初中生心理弹性与学业倦怠均无显著差异。

二、研究设计

（一）研究对象

从研究一结果中，以自愿原则招募心理弹性量表得分较低的40名被试进入实验组与对照组,两组各 20 人。对实验组的同学进行心理弹性团体辅导干预,对照组的同学则不进行干预。

(二)研究工具

前测与后测问卷使用胡月琴等人编制的《青少年心理弹性量表》与胡俏等人编制的《中学生学业倦怠问卷》。实验组干预开始前,成员签署团体契约书,使其了解团体心理辅导的性质及意义与团体活动的目的与规则。在六单元团体干预后,使用《团体心理辅导总体反馈表》了解心理干预的成果,成员是否对团体活动满意,对团体氛围感知等内容。

(三)研究的实验设计及开展

1. 研究设计

研究二采用实验组、对照组前后测设计,在干预前分别对两组被试采用《青少年心理弹性性量表》与《中学生学业倦怠问卷》施测,针对实验组施测具体结果制定团体辅导干预方案,对照组不进行任何干预。为期六周的干预结束后,采用上述心理弹性量表与学业倦怠量表对两组分别施测。本研究设计如表 3-122 所示:

表 3-122　研究设计

组别	前测	实验处理	后测
实验组	O_1 心理弹性量表 学业倦怠量表	X(团体辅导)	X_1 心理弹性量表 学业倦怠量表
对照组	O_2 心理弹性量表 学业倦怠量表		X_2 心理弹性量表 学业倦怠量表

2. 研究过程

检索文献:查阅心理弹性相关团辅方案收集资料,针对本研究所使用的心理弹性相关理论与量表的维度制定团体辅导基础框架,并以团体动力学为理论基础完善方案,形成以提高心理弹性的共六单元的团体心理辅导方案。

实验设计:结合研究一结论,以自愿原则选取被试,采用实验组、对照组前后测设计,共进行六个单元,实验组进行心理弹性干预,对照组不进行干预。问卷采用与研究一一致的心理弹性与学业倦怠量表。

被试选取：青海省西宁市某初中学校，选取心理弹性得分较低的40个同学进行分配至实验组、对照组。

团体辅导活动开展：实施心理弹性团体辅导，每周进行一单元的活动，每单元实施60分钟，共六周时间。

后测：团体心理辅导六个单元活动结束后，使用心理弹性量表与学业倦怠量表再次对实验组、对照组的40名成员后测，收集并分析相关数据。并使用《团体心理辅导总体反馈表》了解团辅实施情况。

统计分析：针对以上所得数据，使用SPSS 24.0分析讨论初中生心理弹性团体辅导干预效果，及其对学业倦怠的影响。

三、团体辅导实施

（一）团体辅导方案

活动名称：面对风浪，勇敢起航。

活动性质与原则：引导性、教育性、发展性、保密与自愿原则。

活动程序：团体心理辅导活动共六个单元，每单元活动60分钟，每周进行一单元活动。

活动目标：帮助成员认识困难，与困难同行，树立正确的恰当地避免失败。从而更好地使成员减少对学习的消极情绪，降低学业倦怠。

（二）团体辅导内容

表3-123　本研究心理弹性团辅方案大纲

单元名称	活动目标	活动方案
第一单元：遇见你真好	1. 团体初步形成，成员之间相互介绍认识彼此； 2. 制订团体纪律与规章制度； 3. 介绍团辅主题，建立团体契约； 4. 通过活动引导成员面对困难要乐观	1. 暖身活动：滚雪球； 2. 领导者自我介绍； 3. 介绍活动主题心理弹性与签订团体契约书； 4. 乐观有妙招，不同的情景以乐观的态度面对； 5. 结束活动：分享对心理弹性的认识

续表

单元名称	活动目标	活动方案
第二单元：积极认知	1. 巩固团体，构建轻松愉悦的团体环境； 2. 让同学们了解名人的挫折，并提出针对解决方案，引出自己面对挫折时，使用的方法，以正确得积极面对所产生的问题	1. 暖身活动：传递书本； 2. 名人挫折案例，一起出主意； 3. 定主题为"在学习中遇到的困难"提出关于自己遇到的挫折并解决的案例，重点为提供解决方法，供大家参考； 4. 结束活动
第三单元：巧用内部资源（乐观、耐挫力、自信）	1. 回顾过去，总结发现以前凭借自己能力克服困难的经历，使成员乐观面对困难； 2. 让成员正确面对困难，学会战胜困难的基本方法，以发展他们的耐挫力	1. 暖身活动：30秒鼓掌； 2. 许下梦想，绘制生命线，表述可能会有的困难及解决方案并互相夸奖； 3. 优点轰炸：比较熟的两个人，两人一组，一次表达对对方的肯定、鼓励、欣赏、赞美，每人至少说五项
第四单元：爱的港湾（1）	1. 让团体成员懂得父母的无私支持，感受到父母的爱，面对困难找父母帮助	1. 暖身活动：萝卜蹲； 2. 分享感动，互相分享自己与父母之间的感动小故事； 3. 出谋划策
第五单元：爱的港湾（2）	1. 让学生去不同的交流方式导致的不同结果，使学生学会良性沟通； 2. 面对困难，感知朋友之间的相互帮助	1. 暖身活动：击鼓传花； 2. 让学生体会不同的交流方式与朋友交流导致的不同结果，使学生学会良性沟通； 3. 分享与同伴一起克服困难的经历并感谢对方，了解同伴的重要性； 4. 分享教师帮助自己克服困难的经历并感谢，了解求助老师帮助的重要性
第六单元：祝福明天	1. 在团体心理辅导结束时，避免因分离而悲伤，营造轻松愉快的气氛； 2. 对五单元学到的内容进行总结	1. 回顾团体活动内容并彼此祝福； 2. 当场进行问卷后测； 3. 领导者进行总结反馈，拍照留念； 4. 填写团体心理辅导总体反馈表

第三章
西部地区中学生心理健康现状研究

四、研究结果

(一)实验组、对照组前测差异性检验

对实验组、对照组前测数据分析,判断两组是否具有同质性。如表 3-124 所示,发现两组被试在前测中心理弹性与学业倦怠以及这两个变量的各维度均不存在显著差异,这表明实验组和对照组学生具有同质性,可以对其进行研究。

表 3-124 实验组、对照组的前测差异比较

组别	实验组 $M \pm SD$	对照组 $M \pm SD$	t
心理弹性总分	40.70 ± 3.881	40.45 ± 3.486	0.214
目标专注	7.05 ± 1.605	7.55 ± 1.791	-0.930
情绪控制	9.10 ± 2.075	9.55 ± 2.164	-0.671
积极认知	6.35 ± 1.461	5.95 ± 1.356	0.897
人际协作	9.00 ± 1.747	8.80 ± 1.735	0.363
家庭支持	9.20 ± 2.238	9.00 ± 1.892	0.305
学业倦怠总分	88.40 ± 4.914	86.20 ± 4.432	1.487
情绪耗竭	35.00 ± 2.384	33.70 ± 2.179	1.800
低效能感	21.65 ± 1.814	21.35 ± 1.631	0.550
师生疏离	15.85 ± 1.040	15.65 ± 0.745	0.699
生理耗竭	15.90 ± 0.912	16.05 ± 0.945	-0.511

(二)实验组、对照组后测差异性检验

对实验组与对照组后测分析,如表 3-125 所示。经过团体心理辅导,实验组与对照组在心理弹性总分与其情绪控制、目标专注、积极认知与人际协作维度上有显著差异,并且实验组后测高于对照组后测;在学业倦怠水平方面,实验组低效能感、师生疏离与生理耗竭维度与对照组有显著差异,并且实验组后测低于对照组后测,证明心理干预可以有效提高心理弹性。

表 3-125　实验组、对照组后测差异比较

组别	实验组 $M \pm SD$	对照组 $M \pm SD$	t
心理弹性总分	46.20 ± 3.172	40.10 ± 3.851	5.062***
目标专注	8.50 ± 1.878	7.15 ± 1.899	2.260*
情绪控制	10.65 ± 1.814	9.35 ± 2.059	2.118*
积极认知	7.10 ± 1.294	6.10 ± 1.210	2.525*
人际协作	10.70 ± 1.976	9.05 ± 1.986	2.634*
家庭支持	9.25 ± 1.650	8.45 ± 1.986	1.385
学业倦怠总分	81.95 ± 5.052	86.25 ± 4.253	-2.912**
情绪耗竭	31.85 ± 1.954	32.85 ± 1.954	-1.618
低效能感	19.90 ± 1.861	21.30 ± 1.625	-2.534*
师生疏离	15.10 ± 1.294	16.05 ± 1.050	-2.550*
生理耗竭	15.10 ± 1.071	15.90 ± 0.788	-2.690*

注：*$P<0.05$，**$P<0.01$，***$P<0.001$。

（三）实验组前、后测差异性检验

为进一步检验心理干预的有效性，对实验组前后测的心理弹性与学业倦怠测量结果进行分析，如表 3-126 所示。心理弹性总分与学业倦怠总分实验组后测显著优于前测，具体维度上看，心理弹性中的情绪控制、目标专注、积极认知与人际关系以及学业倦怠中的低效能感、师生疏离与生理耗竭维度实验组后测显著优于前测，证明本研究心理弹性干预是有效的。

表 3-126　实验组前后测差异比较

组别	前测 $M \pm SD$	后测 $M \pm SD$	t
心理弹性总分	40.70 ± 3.881	43.25 ± 4.141	-3.943**
目标专注	7.05 ± 1.605	8.50 ± 1.878	-2.470*
情绪控制	9.10 ± 2.075	9.10 ± 1.957	-2.854*
积极认知	6.35 ± 1.461	6.65 ± 1.424	-2.349*
人际协作	9.00 ± 1.747	9.35 ± 1.785	-2.333*
家庭支持	9.20 ± 2.238	9.35 ± 2.084	-1.143

续表

组别	前测 $M \pm SD$	后测 $M \pm SD$	t
学业倦怠总分	88.40 ± 4.914	85.40 ± 3.515	3.807**
情绪耗竭	35.00 ± 2.384	34.95 ± 2.502	0.438
低效能感	21.65 ± 1.814	19.90 ± 1.861	3.317**
师生疏离	15.85 ± 1.040	11.05 ± 2.282	2.127*
生理耗竭	15.90 ± 0.912	15.20 ± 0.951	2.208*

注：*$P<0.05$，**$P<0.01$。

（四）对照组前、后测差异性检验

在对照组前后测分析中发现，如表3-127所示。心理弹性与学业倦怠总分及其各维度在对照组在前后测均无显著差异。

表3-127 对照组前后测差异比较

组别	前测 $M \pm SD$	后测 $M \pm SD$	t
心理弹性总分	40.45 ± 3.486	40.10 ± 3.851	1.324
目标专注	7.55 ± 1.791	6.90 ± 1.832	0.982
情绪控制	9.55 ± 2.164	9.35 ± 2.059	0.346
积极认知	5.95 ± 1.356	6.10 ± 1.210	-0.353
人际协作	8.80 ± 1.735	9.05 ± 1.986	-0.584
家庭支持	9.00 ± 1.892	8.45 ± 1.986	1.207
学业倦怠总分	86.20 ± 4.432	86.25 ± 4.253	-0.032
情绪耗竭	33.70 ± 2.179	32.85 ± 1.954	1.220
低效能感	21.35 ± 1.631	21.30 ± 1.625	0.093
师生疏离	15.65 ± 0.745	16.05 ± 1.050	-1.361
生理耗竭	16.05 ± 0.945	15.90 ± 0.788	0.484

五、讨论

经过六次团体辅导，学生的心理弹性问题得到一定得缓解，面对困难与挫折的抗压能力有所提高。干预后的结果可以发现，大多数同学对团辅活动较为满意，通过设置心理弹性有关的活动，围绕领导者提出的问题成员之间有较多的互动与交流，积极踊跃地参加到活动中并分享经验。本次团体辅导效果较为显著，能够在一定程度上帮助学生提高心理弹性水平，进而缓解他们的学业倦怠。

（一）实验组与对照组的前测后测差异讨论

学业倦怠实验组后测分数与对照组相比有显著下降趋势，证明实验组的心理干预可以降低初中生学业倦怠感。这表明心理弹性能够改善经历学业压力后的心理调适，减少学业倦怠。通过团体心理辅导的方式，引导学生了解主动与同伴、教师交流的重要性，主动与教师建立良好的沟通，使得学生面对压力时得以释放其紧张情绪等，以发展的眼光开发学生的潜能。

（二）实验组前后测与对照组前后测差异讨论

经过团体辅导干预后，在实验组心理弹性总水平前测中，家庭支持上和实验组后测无显著差异，而在情绪控制、目标专注、积极认知与人际协作上和实验组后测有显著差异，证明团体辅导对提高心理弹性有一定的作用。但是发现心理弹性中的家庭支持维度并没有差异，可能是家庭方面所带来的一系列问题很难在短时间内改变。

学业倦怠水平上实验组的低效能感、师生疏离、生理耗竭与对照组差异显著，后测得分显著低于前测。证明成员通过对心理弹性的心理干预后，初中生对学业上产生的倦怠感减小，可以通过抗压能力的提高，对学业中的难题保持情绪的稳定，对此困难产生积极的认知，使得学业倦怠降低。

对照组不做任何干预，随着时间的变化，必然会受到其他因素的影响，对照组前后测结果会产生一定的波动，但整体上对照组心理弹性与学业倦怠以及各维度前后测并无差异。

六、研究结论

研究一采用《成就动机问卷》《青少年心理弹性量表》与《中学生学业倦怠问卷》对初中生成就动机、心理弹性与学业倦怠三个变量总体现状分析，并探讨三者之间的关系，发现心理弹性在其中起到中介作用，因此研究二对心理弹性进行团体干预，并分析相关数据。由此可以得出以下的结论：

第一,分析初中生成就动机、心理弹性和学业倦怠总体状况良好,处于中等水平。

第二,在人口学变量上:初中生成就动机在人口学变量中的性别、年级以及独生子女与否上无差异。但在不同生源地上成就动机总分与追求成功维度存在显著差异,且城镇初中生显著高于农村,在不同生源地与避免失败维度上的差异不显著;初中生心理弹性在人口学变量中的性别、年级、独生子女与否上无差异。但不同生源地在心理弹性总分与情绪控制、积极认知、人际协作和家庭支持维度上存在显著差异,且城镇初中生显著高于农村,生源地与目标专注维度无差异;初中生学业倦怠在性别、年级、独生子女与否上以及生源地的总体差异并不显著。

第三,在相关性方面:初中生成就动机与学业倦怠呈显著负相关,其中追求成功的动机与学业倦怠及其维度呈显著负相关,而避免失败的动机与学业倦怠总分及维度呈显著正相关;初中生成就动机与心理弹性呈显著正相关。其中成就动机中的追求成功与心理弹性总分及各维度呈显著正相关,而成就动机中的避免失败与心理弹性总分及维度呈显著负相关;初中生心理弹性总分及维度与学业倦怠总分及维度呈显著负相关。

第四,初中生心理弹性在成就动机对学业倦怠的影响中起部分中介作用。团体心理辅导可以在一定程度上提高初中生心理弹性,降低其学业倦怠。

七、教育启示

(1)学校需要更加格外重视中学生的心理建设,尤其是抗压能力的培养,力求提高中学生心理弹性水平,降低学业倦怠,改善成就动机水平,需要学校、家庭和社会的共同努力。

(2)在学校里教师在初一的时候就应引导孩子树立远大志向,提供自主努力的目标,增强学生主动参与意识,以激发孩子努力学习的动机;同时,努力提供给学生更多的成功体验,避免让学生连续多次失败而导致"习得性无助",教学过程中教师应给学生提供足够多的成功体验,让学生建立起"我可以"的心理模式,从而让学生有更多努力的行为;除此之外,还要注意引导学生进行合适的归因,使学生掌握成就动机高的学生的想法、谈话方式和行为方式的特点等等。

(3)在初中阶段我们必须十分关注学生心理并努力提高学生的心理弹性水平,在学生自身方面,学校要引导学生产生积极的自我认知,以积极的心态去面对学业上的压力以及生活中的挫折;在家庭上,父母应多多关注子女的精神状态并给予更多的关怀和支持,让子女产生浓烈的家庭归属感,要注意鼓励与引导;教师应给予每个学生积极的关注,并引导同伴间产生关注与期待,营造一个良好的学习氛围。

第六节 初中生同伴关系、学业自我效能感与学习投入的关系及干预研究

初中时期位于个体青春期发展的重要阶段,这一阶段心理的成长情况,以及认识自我能力、学习能力、社会交往能力、解决问题能力、解压能力、自我控制能力如何,都将关系到个体今后的成长与发展。本研究立足于外部同伴关系对初中生心理成长的影响的基础之上,加入个体内部学业自我效能感的作用,将两个内外变量因素结合起来探讨对初中生学习投入影响的研究,探寻初中生外部的同伴关系,内在的学业自我效能感,学习投入之间的关系及相互作用的机制。在此基础上,对影响因素之一的学业自我效能感进行干预,以期增强初中生的学习自信,提升初中生的学业自我效能感。

研究一 初中生同伴关系、学业自我效能感与学习投入的关系研究

一、研究目的与假设

(一)研究目的

以随堂发放问卷的形式,调查了解青海省西宁市两所初级中学学生的学习、生活现状,具体包括同伴关系、学业自我效能感以及学习投入。为第四章研究二提供数据支持。

(二)研究内容

(1)考察当前初中生同伴关系、学业自我效能感、学习投入现状,是否可在人口统计学的变量上发现差异,具体表现在哪些方面。

(2)考察初中生同伴关系、学业自我效能感、学习投入之间有着哪些联系,三者相关关系如何。

（3）探明在初中生同伴关系与学习投入两者间学业自我效能感能够发挥什么作用。

（三）研究假设

假设一：初中生的同伴关系、学业自我效能感与学习投入在各人口学变量上存有显著差异。

假设二：初中生同伴关系、学业自我效能感、学习投入三个变量的关系，存在两两变量呈显著正相关。

假设三：在初中生同伴关系对学习投入的影响中，部分中介学业自我效能感起作用。

二、研究过程

（一）研究方法

文献法；问卷法。

（二）研究工具

1. 同伴关系量表

本研究所采用的《同伴关系量表》，是由该邹泓（1998）编制。采用四点计分法，共计30个题目。分为同伴接受分量表（1~20题，其中2、5、6、8、9、10、12、13、14、15、16题为反向计分）和同伴恐惧自卑分量表（21~30题）两个维度。

2. 学业自我效能感量表

本研究采用的《初中生学业自我效能感问卷》是由梁宇颂（2000）编制。五点计分，共计22个题目。分为学习能力自我效能感（1~11题）和学习行为自我效能感（12~22题，其中14、16、17、20题为反向计分）两个维度。

3. 学习投入量表

本研究中测量学习投入的量表选用的是王思思（2013）编制的《中学生学习投入问卷》。

（三）研究对象

研究对象的选取为西宁市任意两所初中学生。采取整体分层抽样的方式，初一至初三每个年级发放各200份。随堂发放纸质版测量问卷共计600份，最终得到有效的测量问卷551份，问卷有效回收率为91.8%。筛选后的研究对象情况，如表3-128所示。

表 3-128 被试情况分布表（$N=551$）

分类变量	类别	人数（人）	百分比/%
性别	男	284	51.5
	女	267	48.5
年级	初一	182	33.0
	初二	186	33.8
	初三	183	33.2
班干部	是	277	50.3
	否	274	49.7
独生子女	是	221	40.1
	否	330	59.9
生源地	农村	50	9.1
	乡镇	67	12.2
	城市	434	78.8

（四）数据处理

本研究使用的数据处理软件为：SPSS 25.0。分析过程中需用到：描述性统计与分析、t 检验、相关、回归分析和中介效应分析等。

（五）共同方法偏差检验

共同方法偏差检验是正式数据处理之前，是整个数据分析过程中必不可少的环节，以 HARMAN 对三个量表的被试得分进行检验。如表 3-129 所示，共提取了 15 个特征值（因子特征大于 1），进一步解释了 60.198% 的信息。第一个公因子分因子负荷值为 25.631%，小于临界值 40%，因此，说明本次研究所收集数据无共同方法偏差问题。

表 3-129 共同方法偏差检验

成分	初始特征值			提取载荷平方和		
	总计	方差百分比	累积(%)	总计	方差百分比	累积(%)
1	19.992	25.631	25.631	19.992	25.631	25.631
2	6.358	8.151	33.782	6.358	8.151	33.782
3	3.361	4.309	38.091	3.361	4.309	38.091

续表

成分	初始特征值			提取载荷平方和		
	总计	方差百分比	累积(%)	总计	方差百分比	累积(%)
4	2.507	3.214	41.305	2.507	3.214	41.305
5	2.040	2.615	43.920	2.040	2.615	43.920
6	1.637	2.099	46.019	1.637	2.099	46.019
7	1.548	1.984	48.004	1.548	1.984	48.004
8	1.469	1.883	49.887	1.469	1.883	49.887
9	1.352	1.733	51.620	1.352	1.733	51.620
10	1.289	1.652	53.272	1.289	1.652	53.272
11	1.182	1.515	54.787	1.182	1.515	54.787
12	1.110	1.423	56.210	1.110	1.423	56.210
13	1.087	1.394	57.604	1.087	1.394	57.604
14	1.020	1.308	58.911	1.020	1.308	58.911
15	1.003	1.286	60.198	1.003	1.286	60.198
16	0.971	1.245	61.443			
17	0.938	1.202	62.645			
18	0.933	1.196	63.841			
19	0.922	1.183	65.024			
20	0.887	1.137	66.161			
21	0.847	1.086	67.246			
22	0.839	1.075	68.322			
23	0.811	1.040	69.362			
24	0.796	1.020	70.382			
25	0.749	0.960	71.343			

三、研究结果

(一) 初中生同伴关系现状研究结果

1. 初中生同伴关系描述性统计结果

由表 3-130 可知,初中生同伴关系在同伴接受维度上的均值为 3.104 (高于量表中值点),得分越高说明同伴关系越好;在恐惧和自卑维度上得分 2.125 (低于量表中值点),得分越高说明同伴关系水平越差;同伴接受得分高于同伴恐惧和自卑得分,且同伴关系总分较高,因此最终得分情况说明,初中生的同伴关系总体来说处在一个较高的水平。

表 3-130 初中生同伴关系描述性统计结果

变量	M	SD	S^2
同伴接受	3.104	0.533	0.285
同伴恐惧和自卑	2.125	0.807	0.652
同伴关系总分	3.027	0.552	0.305

2. 初中生同伴关系人口学变量的关联

对初中生同伴关系得分进行 t 检验、方差分析,进一步探讨在性别、年级、生源地以及是否独生子女和班干部方面的差异。

不同性别学生的同伴关系质量分析如下。

由表 3-131 可知,不同性别的初中生,在同伴接受维度上不存在显著差异(t(接受) = 1.900,P = 0.058,$P > 0.05$),在同伴恐惧和自卑、同伴关系总分上存在显著差异(t(恐惧和自卑) = -2.590,P = 0.010;t(总分) = 2.488,P = 0.013,$P > 0.05$)。男同学在三个维度得分均高于女同学,表明在初中生中:男同学的同伴关系要优于女同学。

表 3-131 初中生同伴关系在性别上的差异

分类	男生(n = 284)		女生(n = 267)		t	P
	M	SD	M	SD		
同伴接受	3.145	0.508	3.059	0.556	1.900	0.058
同伴恐惧和自卑	2.039	0.775	2.216	0.832	-2.590*	0.010
同伴关系总分	3.084	0.523	2.967	0.576	2.488*	0.013

注:*$P < 0.05$。

2. 是否独生子女学生的同伴关系质量分析

由表 3-132 可知：初中生是否为独生子女，在同伴接受、同伴恐惧和自卑以及同伴关系总分上均存在显著性差异（t(接受) = 3.908，P = 0.000；t(恐惧和自卑) = -3.001，P = 0.003；t(总) = 3.989，P = 0.000，P < 0.05）。不是独生子女初中生在同伴接受、恐惧和自卑及总分的得分上均高于独生子女，故此，非独生子女初中生的同伴关系要好于独生子女。

表 3-132 初中生同伴关系在是否独生子女上的差异

分类	是（n = 221）		否（n = 330）		t	P
	M	SD	M	SD		
同伴接受	2.996	0.558	3.175	0.504	3.908***	0.000
同伴恐惧自卑	2.250	0.808	2.041	0.797	-3.001*	0.003
总分	2.914	0.569	3.103	0.528	3.989***	0.000

注：*P < 0.05，***P < 0.001。

3. 是否班干部学生的同伴关系质量分析

由表 3-133 可知：初中生是否担任班干部，在同伴接受、同伴恐惧和自卑以及同伴关系总分上，均不存在显著性差异（t(接受) = -1.550，P = 0.122；t(恐惧和自卑) = 0.426，P = 0.671，；t(总) = -1.205，P = 0.299，P > 0.05）。

表 3-133 初中生同伴关系在是否班干部上的差异

分类	是（n = 277）		否（n = 274）		t	P
	M	SD	M	SD		
同伴接受	3.139	0.524	3.068	0.541	-1.550	0.122
同伴恐惧自卑	2.110	0.801	2.140	0.814	0.426	0.671
总分	3.055	0.536	2.999	0.567	-1.205	0.229

4. 不同年级学生的同伴关系质量分析

由表 3-134 可知，不同年的级初中生，在同伴接受维度上不存在显著性差异（t(接受) = 2.192，P = 0.113，P > 0.05），在同伴恐惧和自卑、同伴关系总分上存在显著差异（t(恐惧和自卑) = 6.096，P = 0.002；t(总) = 4.293，P = 0.014，P < 0.05）。进一步事后检验分析，发现初三学生与初一初二年级学生同伴关系存在显著差异，初三学生同伴关系与初一、初二差距相对较大。初中生同伴关系总分排名为：初一年级 > 初二年级 > 初三年级。

表 3-134　初中生同伴关系在年级上的差异

分类	初一($n=182$)		初二($n=186$)		初三($n=183$)		t	P
	M	SD	M	SD	M	SD		
同伴接受	3.165	0.556	3.097	0.520	3.049	0.519	2.192	0.113
同伴恐惧自卑	2.033	0.787	2.049	0.823	2.294	0.789	6.096**	0.002
总分	3.099	0.571	3.048	0.536	2.934	0.538	4.293*	0.014

注：*$P<0.05$，**$P<0.01$。

5. 不同生源地学生的同伴关系质量分析

由表 3-135 可知：不同的生源地，初中生在同伴接受、同伴恐惧和自卑和同伴关系总分上均不存在显著差异（t（接受）=0.092，$P=0.912$；t（恐惧和自卑）=2.369，$P=0.094$；t（总）=0.815，$P=0.443$，$P>0.05$）。

表 3-135　初中生同伴关系在生源地上的差异

分类	农村($n=50$)		乡镇($n=67$)		城市($n=434$)		t	P
	M	SD	M	SD	M	SD		
同伴接受	3.130	0.545	3.087	0.622	3.103	0.518	0.092	0.912
同伴恐惧自卑	1.892	0.740	2.049	2.116	2.153	0.802	2.369	0.094
总分	3.122	0.540	3.019	0.619	3.017	0.543	0.815	0.443

（二）初中生学业自我效能感现状研究结果

1. 初中生学业自我效能感描述性统计结果

由表 3-136 可知，在学业自我效能感在各维度上，初中生的得分无太大差异。在学习能力自我效能感这一维上均值为 3.552。学习行为自我效能感维度上均值为 3.587。学习自我效能感总分均值为 3.570。三个维度得分均高于量表中值点（量表为 5 级计分），说明初中生学业自我效能感大体状态较好。

表 3-136　初中生学业自我效能感描述性统计结果

变量	M	SD	S^2
学习能力自我效能感	3.552	0.784	0.615
学习行为自我效能感	3.586	0.593	0.352
学业自我效能感总分	3.569	0.625	0.391

2. 初中生学业自我效能感人口学变量的关联

对不同性别、年级、生源地以及是否独生子女和是否班干部初中生学习能力、学习行为、学业自我效能感总分进行 t 检验、方差分析，进一步探讨初中生学业自我效能感在同性别、年级、生源地以及是否独生子女和是否班干部方面的差异。

（1）不同性别学生的学业自我效能感质量分析。

由表 3-137 可知，不同性别的初中生，仅在学习能力自我效能感维度上存在显著差异 [t(学习能力) = 3.687，$P = 0.000$，$P < 0.05$]；在学习行为及总分上均不存在显著差异 [t(学习行为) = -0.841，$P = 0.401$；t(总) = 1.891，$P = 0.059$，$P > 0.05$]。男同学在学习能力及总分两个维度得分均高于女同学。女同学仅在学习行为这一维度上高于男同学。

表 3-137 初中生学业自我效能感在性别上的差异

分类	男生(n =284)		女生(n =267)		t	P
	M	SD	M	SD		
学习能力自我效能感	3.670	0.740	3.427	0.810	3.687**	0.000
学习行为自我效能感	3.565	0.590	3.608	0.595	-.841	0.401
总分	3.618	0.602	3.517	0.645	1.891	0.059

注：**$P < 0.01$。

（2）是否独生子女学生的学业自我效能感质量分析。

由表 3-138 可知：初中生在是否独生子女方面，学习能力、行为自我效能感以及总分上得分相差不大，均无显著差异存在（t(学习能力) = 1.263，$P = 0.207$；t(学习行为) = 1.399，$P = 0.162$；t(总) = 1.455，$P = 0.146$，$P > 0.05$）。

表 3-138 初中生学业自我效能感在是否独生子女上的差异

分类	是(n =221)		否(n =330)		t	P
	M	SD	M	SD		
学习能力自我效能感	3.501	0.766	3.587	0.795	1.263	0.207
学习行为自我效能感	3.543	0.602	3.615	0.585	1.399	0.162
总分	3.522	0.621	3.601	0.627	1.455	0.146

(3)是否班干部学生的学业自我效能感质量分析。

由表3-139可知:初中生是否担任班干部,在学习能力、学习行为自我效能感以及总分上得分相差较大,存在显著性差异〔t(学习能力) = -5.994, $P = 0.000$;t(学习行为) = -6.136, $P = 0.000$;t(总) = -6.709, $P = 0.000$, $P < 0.001$〕。担任班干部的初中生在学习能力、学习行为和学业自我效能感总分三个维度上得分均高于非班干部的初中生。

表3-139 初中生学业自我效能感在是否班干部上的差异

分类	是($n = 277$)		否($n = 274$)		t	P
	M	SD	M	SD		
学习能力自我效能感	3.745	0.709	3.357	0.808	-5.994***	0.000
学习行为自我效能感	3.735	0.549	3.435	0.598	-6.136***	0.000
总分	3.740	0.552	3.396	0.647	-6.709***	0.000

注:***$P < 0.001$。

(4)不同年级学生的学业自我效能感质量分析。

由表3-140可知:年级方面的差异体现在,初中生在学习能力、学习行为自我效能感及总分上得分相差较大。进一步分析,均存在显著性差异〔t(学习能力) = 25.445, $P = 0.000$;t(学习行为) = 26.805, $P = 0.000$;t(总) = 32.183, $P = 0.000$, $P < 0.001$〕。进一步进行事后检验分析,发现三个年级初中生学业自我效能感存在显著差异。在学习能力自我效能感和总分上:得分从高到低依次是初一、初二、初三年级;在学习行为自我效能感维度:初一年级得分最高,然后是初三年级,初二年级学生最低。

表3-140 初中生学业自我效能感在年级上的差异

分类	初一($n = 182$)		初二($n = 186$)		初三($n = 183$)		t	P
	M	SD	M	SD	M	SD		
学习能力自我效能感	3.841	0.709	3.536	0.751	3.281	0.791	25.445***	0.000
学习行为自我效能感	3.804	0.553	3.586	0.578	3.370	0.568	26.805***	0.000
总分	3.823	0.567	3.561	0.594	3.325	0.614	32.183***	0.000

注:***$P < 0.001$。

(5)不同生源地学生的学业自我效能感质量分析。

由表3-141可知:出生在不同地区的初中生,学习能力、学习行为和总分上不存在显著差异(t(学习能力) = 0.938,P = 0.392;t(学习行为) = 0.318,P = 0.728;t(总分) = 0.671,P = 0.511,P > 0.05)。

表3-141 初中生学业自我效能感在生源地上的差异

分类	农村(n = 50)		乡镇(n = 67)		城市(n = 434)		t	P
	M	SD	M	SD	M	SD		
学习能力自我效能感	3.694	0.697	3.514	0.793	3.542	0.791	0.938	0.392
学习行为自我效能感	3.640	0.578	3.610	0.596	3.576	0.595	0.318	0.728
总分	3.667	0.586	3.562	0.615	3.559	0.631	0.671	0.511

(三)初中生学习投入现状研究结果

1. 初中学生学习投入现状研究结果

由表3-142可知,初中生学习投入在学习状态维度上的均值为3.443;学习动力维度上均值为3.847;学习态度维度上分均值为3.209;学习感受维度上均值为3.686;以及学习投入总分均值3.538,四个维度得分均高于量表中值点(量表为5级计分),得分越高说明学习投入越好,说明初中生学习投入整体水平较好。

表3-142 初中生学习投入描述性统计结果

变量	M	SD	S
学习状态	3.443	0.804	0.647
学习动力	3.847	0.749	0.562
学习态度	3.209	0.870	0.757
学习感受	3.686	0.864	0.748
学习投入总分	3.538	0.722	0.522

2. 初中生学习投入人口学变量的关联

对初中生学习状态、学习动力、学习态度、学习感受以及学习投入总分进行分析,进一步探讨人口学变量方面初中生表现的差异。

(1)不同性别学生的学习投入质量分析。

由表3-143可知:不同性别初中生,在学习状态、动力、态度、感受以及学习投入总分上均不存在显著差异[t(学习状态) = 0.200,P = 0.842;t(学习动力) = -0.127,P = 0.899;t(学习态度) = -0.027,P = 0.978;t

（学习感受）= 1.447，P = 0.148；t（总分）= 0.381，P = 0.703，P > 0.05〕。

表 3-143　初中生学习投入在性别上的差异

分类	男生（n = 284）		女生（n = 267）		t	P
	M	SD	M	SD		
学习状态	3.449	0.825	3.436	0.782	0.200	0.842
学习动力	3.843	0.751	3.851	0.749	-0.127	0.899
学习态度	3.208	0.886	3.210	0.854	-0.027	0.978
学习感受	3.738	0.864	3.631	0.863	1.447	0.148
总分	3.549	0.731	3.526	0.713	0.381	0.703

（2）是否独生子女学生的学习投入质量分析。

由表 3-144 可知：初中生是否独生子女在学习状态、态度、感受及总分上均存在显著差异〔t（学习状态）= 2.465，P = 0.014；t（学习态度）= 3.418，P = 0.001；t（学习感受）= 2.209，P = 0.028；t（总分）= 2.748，P = 0.006，P < 0.05〕；在学习动力维度上不存在显著差异〔t（学习动力）= 1.634，P = 0.103，P > 0.05〕。不是独生子女的初中生在状态、动力、态度、感受以及总分上均高于独生子女的学生。说明非独生子女初中生的学习投入水平要好于独生子女初中生。

表 3-144　初中生学习投入在是否独生子女上的差异

分类	是（n = 221）		否（n = 330）		t	P
	M	SD	M	SD		
学习状态	3.340	0.813	3.511	0.792	2.465*	0.014
学习动力	3.783	0.737	3.889	0.756	1.634	0.103
学习态度	3.056	0.847	3.312	0.870	3.418**	0.001
学习感受	3.587	0.878	3.752	0.849	2.209*	0.028
总分	3.435	0.721	3.607	0.716	2.748**	0.006

注：*P < 0.05，**P < 0.01。

（3）是否班干部学生的学习投入质量分析。

由表 3-145 可知：初中生是否班干部在各维度上，均存在显著差异〔t（学习状态）= -4.056，P = 0.000；t（学习动力）= -2.375，P = 0.018；t（学习态度）= -2.358，P = 0.019；t（学习感受）= -3.814，P = 0.000；t（总分）= -3.733，P = 0.000，P < 0.05〕。是班干部的初中生在状态、动力、态度、感受以及总得分上均高于不是班干部的学生，说明班干部的学

习投入水平要好于不是班干部的初中生。

表3-145 初中生学习投入在是否班干部上的差异

分类	是($n=277$)		否($n=274$)		t	P
	M	SD	M	SD		
学习状态	3.579	0.742	3.305	0.841	-4.056***	0.000
学习动力	3.922	0.708	3.771	0.783	-2.375*	0.018
学习态度	3.296	0.832	3.121	0.899	-2.358*	0.019
学习感受	3.824	0.777	3.546	0.925	-3.814***	0.000
总分	3.651	0.658	3.423	0.766	-3.733***	0.000

注：*$P<0.05$，***$P<0.001$。

(4)不同年级学生的学习投入质量分析。

由表3-146可知：不同年级初中生在各维度上，均存在显著差异〔t(学习状态)=22.507，$P=0.000$；t(学习动力)=25.420，$P=0.000$；t(学习态度)=24.588，$P=0.000$；t(学习感受)=24.845，$P=0.000$；t(总分)=31.363，$P=0.014$，$P<0.05$〕。进一步事后检验分析，发现各年级间都存在显著差异，初一年级各维度得分均显著高于其他年级。初中生学习投入按大小排序：初一年级、初二年级、初三年级。

表3-146 初中生学习投入在年级上的差异

分类	初一($n=182$)		初二($n=186$)		初三($n=183$)		t	P
	M	SD	M	SD	M	SD		
学习状态	3.703	0.790	3.465	0.767	3.161	0.765	22.507***	0.000
学习动力	4.110	0.720	3.857	0.704	3.574	0.730	25.420***	0.000
学习态度	3.498	0.859	3.241	0.843	2.888	0.801	24.588***	0.000
学习感受	3.990	0.815	3.692	0.808	3.378	0.863	24.845***	0.000
总分	3.813	0.707	3.556	0.667	3.245	0.681	31.363*	0.014

注：*$P<0.05$，***$P<0.001$。

(5)不同生源地学生的学习投入质量分析。

由表3-147可知：不同生源地的初中生在学习动力、学习态度两个维度上存在显著差异〔t(学习动力)=3.493，$P=0.031$；t(学习态度)=3.831，$P=0.022$，$P<0.05$〕；在学习状态和学习动力以及学习投入总分上不存在显著差异〔t(学习状态)=1.890，$P=0.152$；t(学习感受)=0.499，$P=0.608$；t(总分)=2.748，$P=0.086$，$P>0.05$〕。生源地在农村的初中生学习投入水平最高,其次是在乡村的,最后是在城市的。

表 3-147 初中生学习投入在生源地上的差异

分类	农村($n=50$)		乡镇($n=67$)		城市($n=434$)		t	P
	M	SD	M	SD	M	SD		
学习状态	3.644	0.650	3.370	0.813	3.431	0.816	1.890	0.152
学习动力	4.113	0.644	3.820	0.826	3.820	0.744	3.493*	0.031
学习态度	3.520	0.774	3.253	0.960	3.166	0.860	3.831*	0.022
学习感受	3.776	0.889	3.740	0.887	3.667	0.859	0.499	0.608
总分	3.753	0.622	3.523	0.750	3.515	0.726	2.466	0.086

注:* $P<0.05$。

(四)变量相关性分析

为了进一步了解初中生同伴关系、学业自我效能感和学习投入间的相关关系,本部分对三个变量进行了 Pearson 相关分析,具体结果如表 3-148 所示。初中生同伴关系、学习投入和学业自我效能感三组变量之间,每两各变量之间存在显著相关($P<0.01$)。

表 3-148 同伴关系、学业自我效能感和学习投入的相关分析

	1	2	3	4	5	6	7	8	9	10	11
学习状态	1										
学习动力	0.742**	1									
学习态度	0.763**	0.665**	1								
学习感受	0.703**	0.681**	0.578**	1							
学习投入	0.944**	0.868**	0.851**	0.828**	1						
能力效能感	0.678**	0.656**	0.577**	0.698**	0.742**	1					
行为效能感	0.556**	0.538**	0.497**	0.510**	0.600**	0.643**	1				
学业自我效能感	0.689**	0.666**	0.597**	0.679**	0.749**	0.932**	0.877**	1			
同伴接受	0.351**	0.395**	0.372**	0.370**	0.416**	0.433**	0.330**	0.428**	1		
同伴恐惧自卑	-0.358**	-0.326**	-0.347**	-0.322**	-0.386**	-0.435**	-0.328**	-0.428**	-0.554**	1	
同伴关系	0.400**	0.413**	0.408**	0.395**	0.456**	0.491**	0.372**	0.484**	0.914**	-.844**	1

注:** $P<0.01$。

(五)变量回归分析

1. 同伴关系对学习投入的回归

为进一步了解同伴关系与学习投入的关系,以学习投入为因变量,同伴关系为预测变量,进行回归分析,结果如表 3-149。

表 3-149　同伴关系对学习投入的回归分析

因变量	预测变量	R^2	调整后 R^2	B	β	F	t
学习投入	同伴关系	0.208	0.206	0.517	0.456	144.061***	12.003***

注：***P<0.001。

由结果可知，回归模型具有统计学意义（$F=144.061$，$P<0.001$），R^2 值为 0.234，说中初中生同伴关系可解释学习投入的 20.8% 的变化，初中生同伴关系能够正向预测其学习投入。

2. 同伴关系对学业自我效能感的回归

为进一步了解同伴关系与学业自我效能感的关系，以学业自我效能感为因变量，同伴关系为预测变量，进行回归分析，结果如表 3-150。

由表 3-150 结果可知，回归模型具有统计学意义（$F=168.055$，$P<0.001$），R^2 值为 0.234，说中初中生同伴关系可解释学业自我效能感的 23.4% 的变化。初中生同伴关系能够正向预测其学业自我效能感。

表 3-150　同伴关系对学业自我效能感的回归分析

因变量	预测变量	R^2	调整后 R^2	B	β	F	t
学业自我效能感	同伴关系	0.234	0.233	0.402	0.484	168.055***	12.964***

注：***P<0.001。

3. 学业自我效能感对学习投入的回归

为进一步了解学业自我效能感与学习投入的关系，以学习投入为因变量，学业自我效能感为预测变量，进行回归分析，结果如表 3-151。

由表 3-151 结果可知，回归模型具有统计学意义（$F=702.633$，$P<0.001$），R^2 值为 0.561，说中初中生学业自我效能感可解释学习投入的 56.1% 的变化。初中生学业自我效能感能够正向预测其学习投入。

表 3-151　学业自我效能感对学习投入的回归分析

因变量	预测变量	R^2	调整后 R^2	B	β	F	t
学习投入	学业自我效能感	0.561	0.561	1.023	0.749	702.633***	26.507***

注：***P<0.001。

4. 同伴关系和学业自我效能感对学习投入的回归

由表 3-152 结果可知，回归模型具有统计学意义（$F = 367.262$，$P < 0.001$），R^2 值为 0.573，说明中初中生同伴关系和学业自我效能感可解释学习投入的 57.3% 的变化。

表 3-152 同伴关系和学业自我效能感对学习投入的回归分析

模型	R^2	调整后 R^2	B	β	F	t
常量			5.451			1.581
同伴关系	0.573	0.571	0.138	0.122	367.262***	3.814***
学业自我效能感			0.942	0.690		21.632***

注：*$P<0.05$，**$P<0.01$，***$P<0.001$。

综上所述，初中生同伴关系能够正向预测学业自我效能感和学习投入，学业自我效能感能够正向预测学习投入，研究一中的假设二得到了有效验证。

（六）中介效应检验

根据以上分析，三个变量之间均存在显著的正相关。为了进一步研究各变量间的逻辑关系，需进更深一步进行中介效应检验，特选用 Bootstrap 检验（温忠麟，2014）。本研究中，自变量、因变量分别是：同伴关系和学习投入，将学业自我效能感定为中介变量，特此建构路径模型进行中介效应检验。具体如表 3-153 所示。

表 3-153 学业自我效能感的中介分析

效应类型	路径	B	SE	95% CI 下限	95% CI 上限	β	P
间接效应	同伴关系⇒学业自我效能感⇒学习投入	0.942	0.044	0.857	1.028	0.690	0.000
间接效应过程	同伴关系⇒学业自我效能感	0.402	0.031	0.341	.463	0.484	0.000
	学业自我效能感⇒学习投入	1.023	0.039	0.947	1.099	0.749	0.000
直接效应	同伴关系⇒学习投入	0.517	0.043	0.432	0.601	0.456	0.000

由表 3-153 可知：初中生同伴关系通过学业自我效能感影响学习投入路径的间接效应的 95% 置信区间为 [0.875, 1.028]，不包含 0，说明学业自我效能感作为中介变量所产生的效应显著（$\beta = -0.69$，$P < 0.05$）。进一步分析间接效应，同伴关系对学业自我效能感的预测作用显著，95% 置信区间包不含 0 [0.341, 0.463]，（$\beta = 0.484$，$P < 0.05$）。学业自我效能感显著正向预测学习投入，95% 的置信区间为 [0.947, 1.099]，包含 0（$\beta = 0.7499$，$P < 0.05$）。根据结果表明，学业自我效能感作为中介，在同伴关系对学习投入的产生影响的过程中作用显著，与研究一中的第三个假设相符。具体路径见下图 3-3。

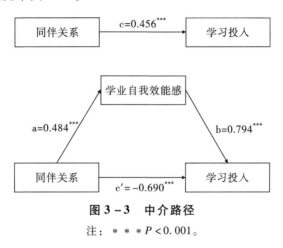

图 3-3 中介路径

注：＊＊＊$P < 0.001$。

根据图 3-3 可知，当引入学业自我效能感作为中介变量时，同伴关系对中介变量学业自我效能感影响的路径系数 a 为 0.484（$P < 0.001$），中介变量对学习投入影响的路径系数 b 为 0.749（$P < 0.001$），同伴关系对学习投入影响的路径系数 c' 为 0.690（$P < 0.001$）。由于 c' 在 0.001 水平上显著，因此自变量同伴关系部分通过中介变量学业自我效能感的中介来达到影响因变量学习投入的效果，中介效应占总效应的比值为 0.794（79.4%）。

四、讨论

（一）初中生同伴关系、学业自我效能感和学习投入现状的讨论

1. 初中生同伴关系总体情况

本研究结果表明，初中生同伴关系总体得分普遍较高，学生同伴接受

程度总体不错，同伴恐惧和自卑程度总体较低，同伴关系总体情况较好。因此，总体上来说初中生的同伴交往程度是相对健康的。这与张帆（2020）、毛政弘（2021）对初中生同伴关系的相关研究结论一致。探究原因，可能是因为处于青春期的初中生逐渐进入叛逆阶段，同伴关系在初中生的成长中日益重要，他们非常重视自己与同伴的关系，想要获得同伴的认可，尽可能地融入交往小团体，这是他们日常生活中不可或缺的一部分，因此在初中阶段，个体的同伴关系较为和谐。

2. 初中生学业自我效能感总体情况

研究结果显示，试验对象的学业自我效能感，从总体上看处于中间偏上水平，且同各维度的得分差异不多。说明其学业自我效能感水平较高，学习能力与学习行为自我效能感发展相对合理均衡。这与任亚楠等学者所得出结论基本相似，都认为初中生的学业自我效能感水平较好，并且在各维度上发展均衡，说明初中生无论是对学习能力还是学习行为而言都有着较高的效能感（谷丹，2010；杨志杰，2011；曾伊宁，2017；任亚楠，2021）。

3. 初中生学习投入总体情况

研究结论显示，试验对象学习投入在各个维度均处于中等偏上水平，说明初中生学习投入状态良好，这与前人的研究发现一致（唐翠莲，2018；高伟安，2020）。在当代社会国家对教育的重视下，对于青少年的教育问题越来越重视，密切关注学生学习情况，为其提供和营造良好的学习氛围，说明当代初中生有着良好的学习投入，能够对知识有积极的心态，主动自觉地投入高效的学习之中。

（二）同伴关系、学业自我效能感与学习投入的相关分析的讨论

初中生同伴关系与学业自我效能感不仅显著相关，且前者还可以正向预测后者情况，即初中生对同伴关系越好，其学业自我效能感水平也会上扬。同伴关系好的学生，他们通常会更加开朗、心胸开阔、思维活跃，并且能够随时表达自己的感受和观点，展示自我魅力。

初中生学业自我效能感和学习投入不仅显著正相关，且前者还能正向预测后者，即初中生在学习上的自我效能感越高，投入学习的程度也能提升。也就是说，个体对自身的学习能力越具信心，越能转化为积极的学习投入。

（三）学业自我效能感在同伴关系与学习投入的中介作用的讨论

通过中介分析可知，学业自我效能感在同伴关系与学习投入之间担当部分中介。说明同伴关系对初中生学习投入既可以产生直接影响,亦可通过提高或降低前者间接影响后者。

同伴交往作为初中生在校期间的主要人际关系之一,是个体除家庭以外获得支持与力量的重要来源,由此也成为影响其学习的重要因素。学生借助同伴关怀与他人建立情感联结,收获爱与安全感,并从中得到支持与帮助,这些理性和感性的支持对于学生更好地投入学习活动起着至关重要的作用。

研究二 对初中生学业自我效能感的团体辅导干预研究

一、研究目的与假设

(一)研究目的

根据研究一得出的结论,进一步丰富其相关性研究,拓展初中生学习心理的研究范围。对初中生学业自我效能感进行干预研究,以期同时提升其学习投入,并根据该干预结果提出具体的教育建议。

(二)研究内容

以研究一研究结果为有效的理论支撑,进而科学选取所需的实验组与对照组。实验组进行学业自我效能感的团辅干预,对照组处在自然状态下不进行任何干预。两组均选用同一量表施测,分析前后测差异,验证初中生团体辅导干预效果。

(三)研究假设

假设一:通过团体心理辅导能有效提升初中生学业自我效能感水平。

假设二:团体心理辅导干预在提升初中生学业自我效能感的同时,也能提升其同伴关系和学习投入水平。

二、研究过程

(一)研究对象

在研究一测查过的初中学校当中选择其中一所,发放问卷,采取自愿原则招募问卷得分较低的被试60人进入面试,经过面试选择符合本团体要求的学生,如有上进心,愿意表现自己,希望能通过团体辅导提升自己的同学,选择最后共选择学生60名,实验组30人、对照组30人。

（二）研究工具

前测和后测均采用邹泓 1998 年编制和修订的《同伴关系量表》，梁宇颂 2000 年编制的《初中生学业自我效能感问卷》，王思思于 2013 年编制的《中学生学习投入问卷》。

（三）研究方法

①实验法；②团体心理辅导。

（四）实验设计

采用实验组、对照组前后测设计，实验组学生进行学业自我效能感团体辅导干预，而对照组不做任何干预。团体心理辅导活动一个月后，对实验组被试进行追踪测量，来评估干预的有效性和实效性。

（五）干预方案设计

已有干预研究证实，将学业自我效能感作为变量进行的干预中，为期 8 次的团体心理辅导能有效提升效能感。围绕学业自我效能的两个维度，分为三个主要阶段（团体初期、功能期和后期），具体阶段如表 3-154 所示，并参照已有的相关研究自行设计活动方案（姜玉恒，2020；刘源，2021），见表 3-155：活动时间：50~60 分钟；活动频率：1 次/周，共 8 周；活动地点：某中学大型团体活动室。

表 3-154　阶段划分

阶段	单元	目标
第一阶段（1~2）	1~2	初建团队，增强凝聚力和归属感
第二阶段（3~7）	3~4	提升学习能力自我效能感
	5~7	提升学习行为自我效能感
第三阶段（8）	8	结束阶段，实现自我发展

表 3-155　活动简案

阶段	目标	活动名称
第一单元：很开心认识你	1. 为成员介绍活动内容与主要形式、强调活动规范； 2. 增强团队精神与团队凝聚力	1. 开场白； 2. 签订团队契约书； 3. 填写问卷； 4. 雨点变奏曲； 5. 团队建设； 6. 分享交流

续表

阶段	目标	活动名称
第二单元：共建团队、相互信任	1. 学会有效交流和沟通，加深学生之间配合，增强协作能力。 2. 提升团体成员归属感	1. 数字竞赛； 2. 青蛙跳水； 3. 心有千千结； 4. 分享与讨论
第三单元：天生我材必有用	1. 增强成员的自我成就感和价值感。 2. 合理归因，帮助学生在学习上建立自信	1. 快乐抓快乐； 2. 优点轰炸； 3. 曾经我也成功过； 4. 分析与交流
第四单元：遇见更好的自己	1. 帮助成员学会放松，缓解学习压力。 2. 想象美好未来，激发学生学习动机	1. 小鸡成长史； 2. 未来的自己； 3. 自我剖析； 4. 分享与交流
第五单元：动机、需要和行为	1. 引导成员树立正确的动机意识，并为此而努力。 2. 帮助成员合理制订目标	1. 词语竞赛； 2. 头脑风暴； 3. 来个小目标； 4. 分享与讨论
第六单元：乐学体验会	1. 引发成员的学习兴趣，引导其喜欢上学习。 2. 帮助其获得替代性经验，从他人身上寻找力量，进一步强化自信	1. 有奖竞猜； 2. 榜样的力量； 3. 我们都一样； 4. 分享与讨论
第七单元：做时间的主人	1. 让成员认识到学习时间的珍贵并帮助其树立正确的时间观念。 2. 掌握一定的时间管理策略，提升自控意识，增强行为自控力	1. 我的一生； 2. 规划小能手； 3. 集思广益； 4. 分享与讨论
第八单元：总结过去、展望未来	感悟成长，先自我总结参，然后领导者总结并给予强化；结束团体活动	1. 观看回忆录； 2. 我的成长； 3. 填写问卷； 4. 总结、合影

三、研究结果

(一)实验组和对照组同伴关系、学业自我效能感及学习投入的前测差异比较

表3-156 实验组和对照组同伴关系、学业自我效能感及学习投入的前测差异比较

组别	实验组 $M \pm SD$	对照组 $M \pm SD$	t	P
同伴关系	2.787 ± 0.503	2.804 ± 0.541	-0.123	0.902
学业自我效能感	3.309 ± 0.682	3.297 ± 0.709	0.067	0.946
学习投入	3.334 ± 0.704	3.467 ± 0.787	-0.691	0.492

从表3-156可以看出,实验组和对照组在同伴关系、学业自我效能感及学习投入上均不存在显著差异〔t(同伴)= -0.123,P = 0.902;t(效能感)= 0.067,P = 0.946;t(投入)= -0.691,P = 0.492,P > 0.05〕,这表明两组被试同质,不存在显著性差异。因此,实验组与对照组在三个量表得分均不存在明显差别,如果干预后得分出现明显差异,则能够在很大程度上可以看作是干预的有效性。

(二)实验组和对照组同伴关系、学业自我效能感及学习投入的后测差异比较

表3-157 实验组和对照组同伴关系、学业自我效能感及学习投入的后测差异比较

组别	实验组 $M \pm SD$	对照组 $M \pm SD$	t	P
同伴关系	2.975 ± 0.462	2.688 ± 0.551	2.181*	0.033
学业自我效能感	3.753 ± 0.620	3.263 ± 0.571	3.177**	0.002
学习投入	3.706 ± 0.618	3.378 ± 0.563	2.149*	0.036

注:* P < 0.05,** P < 0.01。

采用t检验,对实验组和对照组的后测得分进行分析。根据表3-157可以看出,两者同伴关系、学业自我效能感及学习投入上均呈显著差异〔t(同伴)= 2.181,P = 0.033;t(效能感)= 3.177,P = 0.002;t(投入)=

2.149，$P=0.036$，$P<0.05$〕。其中差异最为显著的是我们干预变量学业自我效能感（$t=3.177$，$P=0.002$），实验组的学业自我效能感后测平均得分为 3.753，显著高于对照组的后测得分，假设一得到了有效验证。总体实验结果表明，实验组经过团体辅导的初中生，他们的同伴关系、学业自我效能感及学习投相较于对照组有了明显提升。说明团体心理辅导活动对初中生三个变量水平有显著提升效果，假设二也得到了有效验证。

（三）实验组同伴关系、学业自我效能感及学习投入的前后测差异比较

表 3-158　实验组同伴关系、学业自我效能感及学习投入的前后测差异比较

组别	前测 $M \pm SD$	后测 $M \pm SD$	t	P
同伴关系	2.787 ± 0.503	2.975 ± 0.462	-2.187*	0.037
学业自我效能感	3.309 ± 0.682	3.753 ± 0.620	-12.358***	0.000
学习投入	3.334 ± 0.704	3.706 ± 0.618	-4.176***	0.000

注：*$P<0.05$，***$P<0.001$。

为了分析考察实验组在经过团体心理辅导干预前和干预后的差异情况，对实验组前后测进行配对样本 t 检验。由表 3-158 可得，团体辅导前后初中生同伴关系（$t=-2.187$，$P=0.037$）、学业自我效能感（$t=-12.358$，$P=0.000$）及学习投入（$t=-4.176$，$P=0.000$）上均呈显著差异，经过干预的实验组后侧得分显著高于前测得分。这说明团体心理辅导活动能够有效地提高实验组总体得分，符合研究二中假设预期。

（四）对照组同伴关系、学业自我效能感及学习投入的前后测差异比较

表 3-159　对照组同伴关系、学业自我效能感及学习投入的前后测差异比较

组别	前测 $M \pm SD$	后测 $M \pm SD$	t	P
同伴关系	2.804 ± 0.541	2.688 ± 0.551	0.944	0.353
学业自我效能感	3.297 ± 0.709	3.263 ± 0.571	0.507	0.616
学习投入	3.467 ± 0.787	3.378 ± 0.563	0.791	0.435

采用 t 检验，检验对照组前后测差异，如表 3-159 所示。对照组在同伴关系、学业自我效能感及学习投入前后测均不存在显著差异〔t(同伴) = 0.944，$P=0.353$；t(效能感) = 0.507，$P=0.616$；t(投入) = 0.791，$P=$

0.435，$P>0.05$〕。说明没有进行团体心理辅导的初中生被试同伴关系、学业自我效能感及学习投入在这段时间里无显著改变。

（五）实验组追踪测试

表 3-160 实验组前侧和干预一个月后实验组在三个量表上的得分差异

组别	前侧 $M \pm SD$	追踪 $M \pm SD$	t	P
同伴关系	2.787 ± 0.503	3.054 ± 0.514	-2.751*	0.010
学业自我效能感	3.309 ± 0.682	3.719 ± 0.643	-6.371***	0.000
学习投入	3.334 ± 0.704	3.571 ± 0.594	-2.084*	0.046

注：*$P<0.05$，***$P<0.001$。

实验组在干预结束后，进行一个后的追踪研究，对实验组学生的再次进行施测。采用 t 检验，验证实验组前测与追踪后测的差异，如表 3-160 所示。结果发现一个月后实验组三个量表得分仍与前测存在显著差异（$P<0.05$）。尤其是干预变量学业自我效能感，差异极为显著（$t=-6.371$，$P=0.000$），再次论证了假设一成立。

表 3-161 干预后和干预一个月后实验组在三个量表上的得分差异

组别	后测 $M \pm SD$	追踪 $M \pm SD$	t	P
同伴关系	2.975 ± 0.462	3.054 ± 0.514	-1.193	0.242
学业自我效能感	3.753 ± 0.620	3.719 ± 0.643	1.703	0.099
学习投入	3.706 ± 0.618	3.571 ± 0.594	0.571	0.573

数据分析发现，实验组学生的追踪测试得分与干预结束后立即测量的得分无显著差异（$P>0.05$），如表 3-161 所示。由此可知，此次团体辅导的干预效果，在往后一段时间内是可以延续其效果的。研究二中的假设得到了再次论证，与预期设想相符合。

三、研究结论

第一，初中生同伴关系、学业自我效能感以及学习投入整体情况较好，处于中上等水平。

第二，在人口学变量上：

初中生同伴关系具体情况：在是否独生子方面，初中生在各个维度上得分均展现出显著性的差异；在性别与年级上，初中生仅在恐惧和自卑、总分上存有一定的差异。

初中生学业自我效能感具体情况：在年级和是否班干部方面，初中生各个维度得均分展现出显著性的差异；在性别方面，初中生仅在学习能力这一维度得分上存在一定差异。

初中生学习投入具体情况：在年级和是否班干部方面，初中生在各个维度得分均展现出显著性的差异；在不同地域方面，初中生仅在动力和态度两个维度上得分存有一定差异。

第三，从相关性上来说。初中生同伴关系、学业自我效能感与学习投入，两两间呈正相关。

第四，初中生学业自我效能感在同伴关系对学习投入的影响中起部分中介作用。

第五，在初中生中开展学业自我效能感团体辅导，能提升其学业自我效能感、同伴关系和学习投入水平。

四、教育启示

研究证实，初中生的同伴关系的好坏能够预测其学习投入度的高低，且同伴关系还能能够通过影响学业自我效能感进而对学习的投入度产生干扰。此外，通过设计、运用科学合理的团辅方案对学生进行干预，可有效提升在校生的学习投入。因此，提出如下建议：

第一，为初中生学习生活创造良好的环境，营造温馨有爱的校园氛围。学校环境作为影响学生身心发展的重要环境之一，要为学生创设舒适的学习、活动空间，营造良好的学习氛围。学校不能为了升学率和成绩而忽略了学生人际交往的需要、同伴交往的空间，在没有老师、同伴关爱的环境下，当学生受到负面的反馈，他们就会倾向于做出较低的自我评价。因此，学校需要营造良好的学习、生活环境，与此同时教师也应当正确认识学生同伴交往的重要性，可以在课堂中增加交流互动环节，传授与人交往、相处的技巧，帮助初中生都能广结良缘，找到自己志同道合的同伴。

第二，促进初中生优秀心理品质的发展，要知道疑事无功，对学生进步给予立即反馈，提高其自我效能感。处在青春期的初中生可能会更加敏感和脆弱，可能会在同伴交往或者学习过程中，将放大自己的问题不断放大，从而挫败自信心，产生自卑感。因此，教育工作者应加强对学生有关学习心理的辅导，激发其内在求学动机，增强自尊、自信。特别对学业效能感较薄弱的初中生给予更多的关注，帮助他们正确归因，在认清自身不足的同时，充分发挥优势，合理制定目标，及时肯定他们的进步与成长，增强其学业自我成效感。

第三，社会、学校要重视学生的心理发展，多角度、多形式地组织开展心理健康教育工作和活动。定期开展学生心理测评工作。及时关注学生心理行为的异常变化，对普测结果出现异常的同学进行重点关注，必要时采取积极的心理干预。同时还要将心理健康教育进行全科目渗透，在耳濡目染中帮助学生实现健康发展。无论是在日常学习还是生活上，都能保持一种乐观向上的积极心理状态。在维护学生心理健康的同时，进一步挖掘学生潜能、帮助学生全面发展，充实学生的学习、生活。

第七节 初中生羞怯心理与人际关系的相关关系及干预研究

初中阶段的青少年正处于青春期这一重要时期，在这个时期逐渐形成更加清晰准确的自我认知，他们会更加注意自己的形象是否得体，在乎自己是否能够得到别人积极的评价。如果个体总是感知到来自别人的负面评价，就会导致他们在社交活动中变得不再自信，出现紧张、焦虑、自我怀疑等负面情绪，导致他们在与人交往过程中产生羞怯心理，甚至无法正常的与人交流。

本研究试图探讨人际关系与羞怯心理之间的相关关系。与此同时，根据羞怯心理会影响初中生建立良好人际关系的假设，制定出适合初中生实际情况的团体辅导干预方案，为具有明显羞怯问题的初中生群体提供帮助，给老师和学校在预防和缓解学生羞怯问题方面提供必要的理论和实践依据，帮助初中生缓解人际关系与羞怯问题带来的困扰，使他们掌握与他人建立良好关系的能力。

研究一 初中生人际关系与羞怯心理之间的相关关系

一、研究目的、假设与内容

（一）研究目的

运用问卷调查了解青海省西宁市初中生羞怯心理与人际关系现状，并探讨两者之间的相关关系。

第三章 西部地区中学生心理健康现状研究

(二) 研究内容

通过问卷调查和数据处理分析西宁市初中生的羞怯心理与人际关系目前的总体状况，分析初中生在羞怯心理和人际关系上是否存在差异以及差异存在的原因，并证明两者之间的相关关系。

(三) 研究假设

初中生羞怯心理与人际关系两者呈显著相关。

二、研究工具及对象

(一) 研究工具

1. 人际关系综合诊断量表

本研究使用的是由郑日昌（1999）等人编制的《人际关系综合诊断量表》，该量表采用两点计分法，一共有28道题目，所得总分越高，说明受测者在人际关系方面的困扰越严重。本量表将人际关系分为人际交谈、人际交友、待人接物和异性交往四个维度，具有良好的信效度，Cronbach α 系数达到0.86，适用于对初中生人际关系状况的评定。

2. 羞怯量表

本研究使用的是由 Cheek 和 Buss 修订的《羞怯量表》，该量表共13个题目，采用5点计分，其中的3、6、9、12这四个题目是反向计分，得分越高说明受测者的羞怯程度越高。该量表具有良好的信效度，Cronbach α 系数达到0.823。

(二) 研究对象

以青海省西宁市某初级中学的初中生为研究对象，共发放问卷600余份，剔除无效问卷后得到591份有效问卷，有效率为86.9%。结果见表3-162。

表3-162 被试构成分布（$N=591$）

人口学变量	类别	人数	百分数(%)
年级	初一	208	35.2
	初二	186	31.5
	初三	197	33.3
性别	男生	310	52.5
	女生	281	47.5

续表

人口学变量	类别	人数	百分数(%)
独生子女	是	148	25
	否	443	75
生源地	城市	474	80
	农村	117	19.9
父亲文化程度	高中及以下	489	82.7
	本科	97	16.4
	研究生及以上	5	0.85
母亲文化程度	高中及以下	489	82.7
	本科	92	15.6
	研究生及以上	10	1.7

三、研究结果

(一)初中生羞怯心理和人际关系的总体状况

1. 人际关系综合诊断量表

如表 3-163 所示,初中生羞怯心理均分为 34.39,人际关系均分为 7.49,而在人际关系方面的最高得分为 27 分,最低得分为 0 分。均存在较大落差,说明初中生群体中也有部分同学在这两个方面需要辅导和帮助。

表 3-163 初中生人际关系和羞怯心理得分情况

变量	$M \pm SD$	最小值	最大值
羞怯心理	34.39 ± 8.583	13	59
人际关系	7.49 ± 5.151	0	27

对初中生人际关系总体水平进行统计分析如表 3-164 所示。根据研究数据来看,人际困扰较少的初中生占 62.3%。26.9% 的初中生在人际关系方面存在一定的困扰,还有 10.8% 的初中生人际困扰较为严重,而人际困扰很严重的初中生占比是 0。

第三章 西部地区中学生心理健康现状研究

表 3-164 初中生人际关系总体分析（$N=591$）

人际关系程度(M)	人数	比例
困扰较少(0-8分)	368	62.3%
存在一定困扰(9-14分)	159	26.9%
困扰较为严重(15-28分)	64	10.8%
困扰很严重(28分以上)	0	0%

人际关系描述性统计分析，如表 3-165 所示：初中生人际关系困扰总体上并不严重。初中生人际关系项目均分排序：人际交谈困扰(0.31 分)、人际交友困扰(0.32 分)、待人接物困扰(0.19 分)、异性交往困扰(0.25 分)。人际交友困扰和人际交谈困扰的项目均分较低，这表明初中生在这两个方面的困扰相对比较严重。

表 3-165 初中生人际关系各维度得分情况（$N=591$）

因子	$M \pm SD$	项目数	项目均分
人际交谈困扰	2.20 ± 1.721	7	0.31
人际交友困扰	2.22 ± 1.819	7	0.32
待人接物困扰	1.34 ± 1.431	7	0.19
异性交往困扰	1.73 ± 1.585	7	0.25
总分	7.49 ± 5.151	28	0.27

（二）初中生羞怯心理在人口统计学上的差异检验

1. 初中生羞怯心理的年级差异

采用 ANOVA 方差分析，来研究年级因素对初中生羞怯心理的影响，如表 3-166 所示。可以看出，初一年级、初二年级和初三年级之间的羞怯得分差异并不显著。相比之下只有细微的差异，初一年级初中生在羞怯程度方面大于初二年级和初三年级，而初三年级初中生的羞怯程度又略大于初二年级。

表 3-166 初中生羞怯心理的年级差异

变量	初一年级 $M \pm SD$	初二年级 $M \pm SD$	初三年级 $M \pm SD$	F
羞怯心理	34.96 ± 8.516	34.08 ± 8.415	34.09 ± 8.415	0.709

2. 初中生羞怯心理的性别差异

采用 t 检验，来研究性别因素对初中生羞怯心理的影响，如表 3-167 所示。可以看出，男女生的羞怯程度并无显著差异，相比之下，女生的羞怯程度略大于男生。

表 3-167　初中生羞怯心理的性别差异

变量	男生 $M \pm SD$	女生 $M \pm SD$	t
羞怯心理	34.30 ± 8.590	34.49 ± 8.590	-0.261

3. 初中生羞怯心理独生子女与否差异

采用 t 检验，来研究初中生羞怯程度与他们是否是独生子女之间的关系，如表 3-168 所示。

通过数据分析可知，初中生在独生子女与否方面的羞怯程度差异并不显著，独生子女的羞怯程度略低于非独生子女。

表 3-168　初中生独生子女与否羞怯心理的差异

变量	独生子女 $M \pm SD$	非独生子女 $M \pm SD$	t
羞怯心理	33.86 ± 8.859	34.57 ± 8.492	-0.861

4. 初中生羞怯心理的生源地差异

采用 t 检验，来研究生源地因素对初中生羞怯心理的影响，如表 3-169 所示。可以看出，无论是来自城市还是农村的初中生，他们的羞怯程度并无显著差异，相比之下，农村学生的羞怯程度略大于城市学生。

表 3-169　初中生羞怯心理的生源地差异

变量	城市 $M \pm SD$	农村 $M \pm SD$	t
羞怯心理	34.29 ± 8.653	34.79 ± 8.320	-0.556

5. 初中生羞怯心理的父母亲文化程度差异

采用 ANOVA 方差分析，来研究父亲文化程度因素对初中生羞怯心理的影响，如表 3-170 所示。可以看出，父亲文化程度对初中生羞怯心理程

第三章 西部地区中学生心理健康现状研究

度的影响并不显著。

表 3-170　初中生羞怯心理的父亲文化程度差异

变量	高中及以下 $M \pm SD$	本科 $M \pm SD$	研究生及以上 $M \pm SD$	F
羞怯心理	34.49 ± 8.692	33.98 ± 8.223	32.20 ± 3.834	0.310

采用 ANOVA 方差分析，来研究母亲文化程度因素对初中生羞怯心理的影响，如表 3-171 所示。可以看出，母亲文化程度对初中生羞怯心理程度的影响并不显著。

表 3-171　初中生羞怯心理的母亲文化程度差异

变量	高中及以下 $M \pm SD$	本科 $M \pm SD$	研究生及以上 $M \pm SD$	F
羞怯心理	34.46 ± 8.727	34.35 ± 7.875	34.40 ± 7.891	0.623

（三）初中生人际关系在人口统计学上的差异检验

1. 初中生人际关系的年级差异

采用 ANOVA 方差分析来研究年级对初中生人际关系的影响，如表 3-172 所示。

从表 3-172 可以看出，初中生的人际关系在人际交谈困扰、人际交友困扰和待人接物困扰这三个维度的年级得分差异并不显著。但在异性交往困扰维度的差异显著性达到 0.05（F=3.770），其中初一年级和初二年级的异性交往困扰显著高于初三年级，初二年级的异性交往困扰又略高于初一年级。

表 3-172　不同年级初中生人际关系各维度的差异

因子	初一年级 $M \pm SD$	初二年级 $M \pm SD$	初三年级 $M \pm SD$	F	LSD
人际交谈困扰	2.12 ± 1.671	2.35 ± 1.722	2.13 ± 1.771	1.130	
人际交友困扰	2.00 ± 1.633	2.33 ± 1.847	2.36 ± 1.960	2.438	
待人接物困扰	1.37 ± 1.418	1.47 ± 1.493	1.20 ± 1.380	1.747	
异性交往困扰	1.82 ± 1.640	1.89 ± 1.570	1.48 ± 1.517	3.770*	7>9, 8>9
总分	7.31 ± 4.969	8.05 ± 5.150	7.17 ± 5.322	1.612	

注：* $P < 0.05$。

2. 初中生人际关系的性别差异

采用 t 检验来研究性别因素对初中生人际关系及其各维度的影响，结果见表 3-173。

从表 3-173 可以看出，初中生的人际关系在人际交谈困扰、待人接物困扰和异性交往困扰这三个维度以及人际关系总分上的性别差异并不显著。但在人际交友困扰维度的男女生差异显著性为（$P<0.001$），存在非常显著的差异，其中女生在人际交友维度的困扰显著高于男生。

表 3-173 不同性别初中生人际关系各维度的差异

因子	男生 $M±SD$	女生 $M±SD$	t
人际交谈困扰	2.15±1.742	2.25±1.699	-0.687
人际交友困扰	1.91±1.736	2.57±1.849	-4.473***
待人接物困扰	1.32±1.418	1.37±1.449	-0.457
异性交往困扰	1.73±1.574	1.73±1.600	-0.031
总分	7.48±5.056	7.56±5.542	-0.164

注：***$P<0.001$。

3. 初中生人际关系独生子女与否差异

采用 t 检验来研究独生子女与否对初中生人际关系及其各维度的影响，如表 3-174 所示。

从表 3-174 可知，初中生独生子女与否在人际交谈困扰、人际交友困扰、待人接物困扰和异性交往困扰这四个维度以及人际关系总分上的差异并不显著。

表 3-174 初中生独生子女与否的人际关系各维度差异

因子	独生子女 $M±SD$	非独生子女 $M±SD$	t
人际交谈困扰	2.02±1.593	2.26±1.760	-1.452
人际交友困扰	2.12±1.776	2.26±1.834	-0.786
待人接物困扰	1.09±1.290	1.42±1.468	-2.437
异性交往困扰	1.55±1.557	1.79±1.591	-1.570
总分	6.79±4.761	7.73±5.259	-1.924

4. 初中生人际关系的生源地差异

采用 t 检验来研究生源地对初中生人际关系及其各维度的影响，结果见表 3-175。

从表 3-175 可以看出，不同生源地的初中生在人际交谈困扰、人际交友困扰、待人接物困扰和异性交往困扰这四个维度以及人际关系总分上的差异并不显著。

表 3-175　不同生源地初中生人际关系各维度的差异

因子	城市 $M \pm SD$	农村 $M \pm SD$	t
人际交谈困扰	2.18 ± 1.717	2.29 ± 1.742	-0.650
人际交友困扰	2.23 ± 1.763	2.20 ± 2.039	0.178
待人接物困扰	1.34 ± 1.408	1.36 ± 1.528	-0.145
异性交往困扰	1.73 ± 1.582	1.72 ± 1.602	0.009
总分	7.48 ± 5.056	7.56 ± 5.542	-0.164

5. 初中生人际关系的父母文化程度差异

采用 ANOVA 方差分析，以研究父亲文化程度与初中生人际关系及其各维度的关系，如表 3-176 所示。

从表 3-176 可以看出，初中生父亲文化程度在人际交谈困扰、人际交友困扰、待人接物困扰和异性交往困扰这四个维度以及人际关系总分上的差异影响并不显著。

表 3-176　初中生人际关系的父亲文化程度各维度差异

因子	初一年级 $M \pm SD$	初二年级 $M \pm SD$	初三年级 $M \pm SD$	F
人际交谈困扰	2.18 ± 1.698	2.34 ± 1.836	1.40 ± 1.673	0.901
人际交友困扰	2.22 ± 1.847	2.26 ± 1.703	1.40 ± 1.140	0.529
待人接物困扰	1.32 ± 1.430	1.43 ± 1.443	1.60 ± 1.517	0.329
异性交往困扰	1.75 ± 1.598	1.66 ± 1.527	1.40 ± 1.673	0.236
总分	7.47 ± 5.172	7.69 ± 5.077	5.80 ± 5.215	0.345

采用 ANOVA 方差分析，以研究母亲文化程度与初中生人际关系及其各维度的关系，如表 3-177 所示。

从表 3-177 可以看出，初中生母亲文化程度在人际交谈困扰、人际交友困扰、待人接物困扰和异性交往困扰这四个维度以及人际关系总分上的差异影响并不显著。

表 3-177 初中生人际关系的母亲文化程度各维度差异

因子	初一年级 $M \pm SD$	初二年级 $M \pm SD$	初三年级 $M \pm SD$	F
人际交谈困扰	2.19±1.717	2.26±1.766	2.10±1.663	0.085
人际交友困扰	2.21±1.843	2.30±1.746	1.90±1.287	0.254
待人接物困扰	1.35±1.441	1.27±1.407	1.70±1.252	0.427
异性交往困扰	1.74±1.569	1.71±1.687	1.50±1.509	0.125
总分	7.49±5.147	7.54±5.311	7.20±4.185	0.021

（四）初中生羞怯心理与人际关系二者的关系研究

1. 初中生羞怯心理与人际关系的相关

由初中生羞怯心理与人际关系的相关性分析可知，两个变量间相关显著。初中生羞怯心理与人际关系之间存在显著的正相关，见表 3-178。

表 3-178 变量相关矩阵

	羞怯心理	人际关系
羞怯心理	1	
人际关系	0.482**	1

注：**$P<0.01$。

2. 初中生羞怯心理对人际关系的回归分析

根据回归分析结果可知，回归模型具有统计学意义（$F=178.004$，$P<0.001$），R^2 值为 0.232，说明初中生羞怯心理可解释 23.2% 的变化，标准化系数为 0.482，说明标准化方程为：人际关系 = 0.482 × 羞怯心理，初中生羞怯心理可正向预测初中生的人际关系，见表 3-179。

表 3-179 初中生羞怯心理与人际关系的回归分析

因变量	预测变量	R	R^2	F	β	t
人际关系	羞怯心理	0.482	0.232	178.004***	0.482	13.342***

注：***$P<0.001$。

四、讨论

一、初中生羞怯心理和人际关系总体状况分析

1. 初中生羞怯心理总体状况分析

根据研究结果可得：初中生羞怯心理均分为 34.39，这表明初中生在羞怯方面的问题并不是特别的严重。其中，初中生羞怯得分最大值为 59 分，最小值为 13 分，表明还是有一些学生在遭受羞怯问题的困扰。初中生正处于青春期这一重要阶段，他们的身心都发生了明显的变化，特别是生理和外形让他们的自我意识变得更加强烈，更加在乎别人眼中的自己，过度在意别人的评价和看法，于是在面对他人或群体时就很容易出现羞怯心理。

2. 初中生人际关系总体状况分析

初中生人际关系总体得分状况较好，没有学生在人际关系方面感到严重的困扰，存在较为严重人际困扰的学生占比为 10.8%，人际关系方面存在一定的困扰的学生占比为 26.9%，人际关系方面存在较少困扰的学生占比 62.3%。这说明学生在人际关系方面的问题总体上并不严重，但是也存在一部分学生存在困扰并需要帮助。通过对初中生人际关系各维度的分析可知，初中生在人际交谈困扰（项目均分 2.20）、人际交友困扰（项目均分 2.22）、待人接物困扰（项目均分 1.34）和异性交往困扰（项目均分 1.73）四个维度上项目均分都低于标准分 4 分。

（二）羞怯心理人口统计学变量分析

1. 初中生羞怯心理年级差异分析

本研究数据显示，初中生的羞怯水平得分在年级上的差异并不显著。这与尹晓晓的研究结果一致，与马紫庵初一年级学生的羞怯水平显著低于初二年级的研究结果不一致。虽然初中生在总体的羞怯水平上并没有显著差异，但是不同年级学生的羞怯问题会侧重于不同的方面。

2. 初中生羞怯心理性别差异分析

初中生的羞怯得分在性别方面并没有显著差异，这一结果与尹晓晓的研究相同，但是与陈英敏男生的总体羞怯水平要显著低于女生的研究结果并不相同。本研究的结果与大家传统思想中"女孩脸皮比男孩薄"的认知并不相同，随着家长思想的进步，大家的教养方式越来越淡化男孩、女孩的区别，反而更加注重孩子个性的培养。如今无论是男孩还是女孩都能得到

家人更多的鼓励和帮助,更有利于培养孩子落落大方的处事方式。因此,羞怯问题在性别方面的差异并不显著。

3. 初中生羞怯心理独生子女与否差异

初中生的羞怯程度在独生子女与否方面的差异并不显著,这与尹晓晓的研究结果一致,但是和张明亮、杨逸群、韩磊等人的研究结果并不相同,原因可能与之前的分析类似,就算不是独生子女,如今的家庭也大多只有两个孩子,父母更能给予每个孩子应有的教育和关爱,培养孩子自信大胆与人交往的能力。所以,初中生的羞怯程度与他们是否是独生子女并没有很大的关系。

4. 初中生羞怯心理的生源地差异

初中生的羞怯程度与他们的生源地并没有很显著的相关,这和马慧霞、尹晓晓的研究结果相同。原因可能是我国如今的城乡差距大幅缩小,农村学校也同样像城市学校一样,拥有优秀的教师,完善的设备和环境。无论是农村还是城市的学生都能拥有一个更加科学健康的学习和生活环境,拥有更加开阔的视野,养成更加良好的心态。所以,初中生的羞怯程度与他们生源地之间的相关并不显著。

5. 初中生羞怯心理的父母文化程度差异

通过本研究的数据分析可知,初中生的羞怯程度与其父母的文化程度并不存在显著相关。可能由于无论父母的文化程度是高是低,他们都希望自己的孩子能够平安、幸福的成长,他们会竭尽所能地为自己的孩子提供良好的教育和舒适的环境,希望自己的孩子将来可以很好地立足社会。

(三)人际关系人口统计学变量分析

1. 初中生人际关系年级差异分析

根据本研究的数据分析可知,不同年级初中生的人际关系总体得分并不存在显著差异,本结论与朱小麟(2017)的研究结果一致。本研究中,初中生人际交往的年级差异仅存在于异性交往困扰方面,初一年级和初二年级的异性交往困扰显著高于初三年级,原因可能是进入初中阶段的个体会迎来身体和心理的快速变化,这种快速的变化促使他们的自我意识迅速觉醒,开始意识到男女生之间的差别,开始对异性产生好奇。

2. 初中生人际关系性别差异分析

本研究显示,不同性别初中生的人际关系困扰总体得分并不存在显著差异,不过在人际交友困扰维度,男生(项目均分 1.91)的得分显著低于女生(项目均分 2.57),这与刘广增(2016)的研究结果相反,原因可能是女生普遍比男生要更加早熟，她们有着更加强烈的自我意识，在与人交往的过程中也更加细腻敏感，更加在意他人的看法，更容易出现逆反现象，有时还会出现同伴之间抱团组建小团体排斥其他同学的现象。

3. 初中生人际关系独生子女与否差异

本研究结果表明，初中生人际关系困扰程度与他们是否是独生子女之间的相关性并不显著，这与朱小麟(2017)的研究结果一致，原因可能是随着社会的进步和教育的发展，无论是不是独生子女，初中生都会有很多与他人交往的机会，和老师、同学、家长及朋友，甚至是与网友之间，这就促使他们的人际交往能力得到了很好的锻炼，在出现问题时也能快速得到周围人的帮助。

(四)初中生羞怯心理与人际关系二者的关系研究

1. 初中生羞怯心理与人际关系的相关

初中生的羞怯程度和人际关系困扰程度呈正相关。羞怯程度得分越高，初中生人际关系困扰就越严重。孩子在进入初中后，自我意识觉醒，他们的人际关系的重心也逐渐偏向了同伴。改善初中生的羞怯水平将会直接影响到他们与人交往时的心态和方式，进一步影响到他们的人际关系。

2. 初中生羞怯心理对人际关系的回归分析

回归分析可知，初中生的羞怯心理可正向预测其人际关系，羞怯心理越严重，人际关系困扰越强，这也说明可以通过干预初中生的羞怯心理，来缓解初中生的羞怯心理及改善他们的人际关系。

研究二　初中生羞怯心理团体辅导干预研究

一、研究目的与内容

(一)研究目的

根据研究一得出的结论，初中生的羞怯心理与人际关系显著相关。对初中生的羞怯心理进行干预，以改善初中生的羞怯心理，改善其人际关系水平，从而促使其心理健康发展，并根据数据分析与干预结果提出相应的教育建议。

(二)研究内容

本研究通过对初中生进行的羞怯心理进行前后测的问卷调查、团体辅导干预以及数据整理和分析，来探讨团体辅导干预对初中生羞怯心理以及人际关系状况产生的影响。

二、研究方法

（一）研究对象

在研究一测查过的学生中，采取自愿原则招募问卷得分较低的60名被试进入面试，经过面试选择符合本团体要求的学生，选择最后进入实验的学生40名。对实验组的20名同学进行团体辅导干预，对照组的20名学生则不做任何干预。

（二）研究工具

研究的前后测均使用Cheek（1983）编制的《羞怯量表（Shyness Scale）》和郑日昌编制的《人际关系综合诊断量表》进行施测。

（三）研究的实验设计及开展

1. 研究设计

分别对实验组和对照组进行前测和后测。针对实验组的实际情况制订团体辅导干预方案并按时实施，对照组则不做任何的干预，并使用《羞怯量表》和《人际关系综合诊断量表》对实验组和对照组进行测量。如表3-180所示：

表3-180　实验设计

组别	前测	实验处理	后测
实验组	O_1 羞怯量表 人际关系量表	X（团体辅导）	X_1 羞怯量表 人际关系量表
对照组	O_2 羞怯量表 人际关系量表		X_2 羞怯量表 人际关系量表

2. 研究过程

实验设计：以研究一研究结果为支撑，根据实际情况设计干预方案，实验组进行羞怯心理团体辅导干预，对照组不进行干预，使用《人际关系综合诊断量表》和《羞怯量（Shyness Scale）》分别对实验组与对照组的学生进行前测和后测。

选取被试：在青海省西宁市某初中学校发放问卷600份，选取得分较低的被试60人进行面试,从中选择出适合本研究的40名学生进行实验。针对实验组的实际情况制定团体辅导干预方案并按时实施,对照组则不做任何的干预。

团体辅导活动开展:每周一次进行团体辅导活动,共进行六周。

后测:实验组和对照组分别在第六次团体辅导活动完成后当场测试。

结果分析:使用SPSS 22.0版本对所得数据进行分析,分析实验组和对照组前后测差异,验证初中生羞怯心理团体辅导干预效果以及对人际关系的影响。

三、团体方案理论基础

(一)群体动力学理论

卢因指出团体与正式组织一样,两者都是由活动、情绪和相互影响这三大要素构成。其中,活动是指个体在日常生活中所有的动作和行为;相互影响是指个体在团体中不可避免产生的相互作用;情绪则是指个体内在的、隐藏的生理与心理活动,比如看法、态度、情感等等,但是这些内在的心理活动有时也会在个体与他人的互动过程中表露出来。情绪、活动和相互影响三者是紧密联系的,他们中的任何一项产生变化时都会使其余两个要素也出现相应的改变。

(二)人际沟通理论和社会学习理论

人际沟通是指个体之间进行信息传递和情感交流的过程,人际关系就是在其基础上形成和发展起来的。人们在日常生活中通过语言、面部表情、肢体动作、通信工具等方式进行一系列有意义的信息交流过程都属于人际沟通。

(三)人际相互作用分析和合理情绪理论

本干预主要运用"认知行为疗法和社交技能锻炼"的方法,在人际相互作用分析和合理情绪理论的基础上,使团队中的每位成员都与其他成员进行频繁的交流和互动,在这个过程中及时引导成员调整和改善自己的语言表达和行为方式并学习一定的社交技能,改变成员对自己和他人的消极认知,帮助他们建立自信。认知行为疗法的应用可以帮助团体成员克服羞怯,引导团体成员学会分析和改变自己的不合理信念,培养成员自我探索和人际交往的能力。

四、团体辅导实施

团体心理辅导分六个主题活动进行，具体见表3-181：

表3-181 初中生羞怯心理团体辅导内容

单元名称	活动目标	活动内容
第一单元： 缘聚你我	1. 活跃气氛，帮助团体成员迅速地熟悉彼此，引发个人参与团体兴趣。 2. 帮助团员建立团队信任，体验互信互助。 3. 建立和谐的团体气氛，提升团队凝聚力。 4. 了解团体目的及进行形式；建立团体契约	1. 暖身活动：大小风吹。 2. 目标建立：领导者自我介绍并介绍活动内容。 3. 成员相互认识：串名字。 4. 团体契约：当场订立团体契约书。 5. 结束活动：分享心得，提出期望
第二单元： 了解羞怯心理	1. 通过频繁的互动，拉近大家之间的距离，烘托团体热闹的气氛，营造温馨的团队氛围。 2. 帮助学生了解什么是羞怯，以及羞怯产生的原因。 3. 促使成员回忆和体会自己的羞怯状态	1. 暖身活动：各位英雄请抱拳。 2. 克服羞怯小活动：兔子蹲。 3. 引导学生思考："我在什么情况下会羞怯？"，"什么是羞怯？"。 4. 学生回想自己以前最尴尬的社交情境，如：学校举办舞会，所有同学都有舞伴，只有我是一个人，我会怎么想？自己的感受如何？ 5. 引导学生思考自己羞怯的原因，并用"当…的时候我感到羞怯，因为我觉得…"造句
第三单元： 合理认知	理解合理情绪理论并学会运用和分析自己的不合理认知	1. 热身活动：兔子舞。 2. 交流活动：我是记者。 3. 由"下雨天不同感受"引入介绍ABC理论。 4. 拿出自己写的最令你羞怯的事件或内容，两人一组，运用ABC理论互相分析自己的不合理信念。 5. 带领者检查、辅导、纠正
第四单元： 直面羞怯	帮助成员分析和转变他们不合理的信念，形成积极的、合理的认知方式	1. 热身活动：你做我学。 2. 情绪温度计。 3. 头脑风暴：运用合理情绪理论对自己产生的非理性信念进行驳斥与纠正。 4. 成员分享并讨论，带领者整理总结

续表

单元名称	活动目标	活动内容
第五单元：发现闪光点	引导成员主动表达自己与正确认识自己，培养积极、理性的认知方式	1. 热身活动：击鼓传花。 2. 面对面：两人一组，相互注视5秒，表示自信及诚恳，然后肯定地抒发自己的感受。与组员交换角色并体验。 3. 建立自信：优点轰炸。 4. 积极的自我暗示——合理情绪技巧。 5. 分享感受，领导者总结
第六单元：终点也是起点	1. 营造轻松愉悦的氛围结束本次团体心理辅导活动，避免离别的悲伤。 2. 对前五次活动进行分享、总结与概括，对团体成员的表现给予肯定并表达祝语	1. 心有千千结。 2. 总结概括总体情况。 3. 对团体干预的效果进行相互讨论。 4. 成员共同回顾团体整个过程以及在团体中的进步。 5. 依据每位成员中团体中的表现以及所反映的具体状况进行讨论，希望对成员在日后的发展起到积极的作用。 6. 活动结束

五、研究结果

（一）干预组和对照组羞怯心理和人际关系得分的前测差异比较

从表3-182可以看出，干预组和对照组在羞怯心理以及人际关系得分上均不存在显著差异（$P>0.05$），这表明干预组和对照组具有同质性。

表3-182 干预组和对照组羞怯心理和人际关系得分的前测差异比较

组别	干预组 $M \pm SD$	对照组 $M \pm SD$	t	P
羞怯心理	49.73 ± 4.201	49.50 ± 4.075	0.218	0.828
人际关系	12.17 ± 5.565	11.57 ± 4.636	0.454	0.652

（二）干预组和对照组羞怯心理和人际关系得分的后测差异比较

通过对后测得分进行t检验，如表3-183可知，羞怯心理和人际关系问卷得分均呈显著差异。其中羞怯心理的差异显著性达到0.01（$t=-2.781$，$P=0.007$）。人际关系的差异显著性达到0.01（$t=-3.321$，$P=0.002$）。从平均数上来看,羞怯心理干预组($M=46.267$)小于对照组($M=49.567$),这表明参与团体辅导的被试在羞怯心理方面得到了改善。人际关系干预组($M=8.600$)小于对照组($M=11.800$),表明参与团体辅导的被试人际关系状况优于没有参加团体辅导的被试。总体来看,干预组优于对照组。

表 3-183　干预组和对照组羞怯心理和人际关系得分的后测差异比较

组别	干预组 $M \pm SD$	对照组 $M \pm SD$	t	P
羞怯心理	46.267 ± 5.0373	49.567 ± 4.1079	-2.781**	0.007
人际关系	8.600 ± 2.8357	11.800 ± 4.4520	-3.321**	0.002

注：**$P<0.01$。

(三)干预组羞怯心理和人际关系得分的前测后测差异比较

为了分析干预组被试团体心理辅导前后的差异情况,对干预组的前后测进行相关样本 t 检验。由表 3-184 可得,两者羞怯心理和人际关系问卷得分均呈显著差异。其中,羞怯心理的差异显著性达到 0.001 ($t=7.314$, $P=0.000$)。人际关系的差异显著性也达到 0.001 ($t=5.628$, $P=0.000$)。从平均数来看,羞怯心理前测($M=49.733$)大于后测($M=46.267$),表明通过参加团体辅导,被试的羞怯心理得到了改善。人际关系前测($M=12.17$)大于后测($M=8.60$),表明羞怯心理团体辅导有助于缓解人际关系困扰。总体看来,团体辅导干预能够改善被试的羞怯心理和人际关系困扰。

表 3-184　干预组前后测比较配对

组别	前测 $M \pm SD$	后测 $M \pm SD$	t	P
羞怯心理	49.733 ± 4.2013	46.267 ± 5.0373	7.314***	0.000
人际关系	12.17 ± 5.565	8.60 ± 2.836	5.628***	0.000

注：***$P<0.001$。

(四)对照组羞怯心理和人际关系得分的前测后测差异比较

采用 t 检验,检验对照组前后测差异。对照组的羞怯心理前后测得分没有显著差异($P>0.05$),而且对照组在人际关系前后测得分上差异也不显著($P>0.05$),表明没有参加团体辅导的学生,羞怯心理和人际关系前后测一致，没有得到提升。

表 3-185 对照组前后测比较配对

组别	前测 $M \pm SD$	后测 $M \pm SD$	T	P
羞怯心理	49.50 ± 4.075	49.567 ± 4.1079	-0.528	0.601
人际关系	11.567 ± 4.6363	11.80 ± 4.452	-1.191	0.243

六、讨论

此次团体辅导针对初中生羞怯心理方面的问题进行干预，在团体氛围下，引导学生了解羞怯，克服自己的消极情绪，改变不合理认知，通过团体辅导活动帮助学生改善自己的羞怯心理，建立自信，敢于参与社交活动，掌握与人交往的技术，进而改善自己的人际关系。经过六次团体辅导，学生的羞怯问题已经得到缓解，能够落落大方的与人相处，效果令人欣慰。团体成员积极参与活动，思维活跃，敢于交流，能够开放自我，敞开心扉与其他同伴合作、互动与交流。总体来说，本次团体辅导效果显著，能够有效地帮助学生改善羞怯问题，进而缓解他们的人际关系困扰。

（一）干预组羞怯心理前后测差异分析

由研究结果可得，干预组羞怯心理的前后测差异显著，团体辅导帮助改善初中生的羞怯心理。在团体辅导过程中了解到初中生除了过分在意他人的眼光外，还非常容易产生自卑、胆怯等消极情绪，这些都会使学生在与人交往时出现羞怯状态。

（二）干预组人际关系前后测差异分析

由研究结果可得，干预组人际关系前后测差异显著，干预后学生的人际关系困扰得分与干预前相比有明显下降，表明学生的人际关系状态有很大提升。研究一也表明羞怯心理与人际关系显著相关，说明，通过对初中生进行羞怯心理团体辅导有助于改善学生的人际关系。由此可见学生的人际关系与羞怯程度密切相关，初中生掌握羞怯心理的调节方法，能够帮助他们建立良好的人际关系。

（三）干预组、对照组羞怯心理和人际关系前后测差异分析

由研究结果可得，干预组羞怯心理和人际关系前后测差异显著，对照组羞怯心理和人际关系前后测差异不显著，说明团体辅导干预对学生羞怯心理和人际关系有效，而没有经过团体辅导干预的学生羞怯心理和人际关系没有显著变化，仍处在一个较低的水平。由此可见，对初中生进行团体辅导是有效而且必要的。

七、研究结论

第一，初中生羞怯心理和人际关系总体状况良好，处于中上等水平。

第二，在人口学变量方面，初中生的羞怯程度在年级高低、性别、是否是独生子女、生源地以及父母文化程度上的总体差异并不显著。

初中生人际关系在年级、性别、独生子女与否、生源地和父母文化程度上的总体差异并不显著。但不同性别在人际交友困扰维度的差异非常显著，其中女生在人际交友维度的困扰显著大于男生。不同年级的学生在异性交往困扰方面也存在显著差异，初一年级和初二年级的异性交往困扰显著高于初三年级，初二年级的异性交往困扰又略高于初一年级。

第三，在相关性方面，初中生羞怯心理程度与人际关系困扰程度呈正相关，且初中生羞怯心理可正向预测初中生的人际关系。

第四，初中生团体辅导能改善学生的羞怯心理和人际关系。

八、教育启示

（一）家庭教育方面

家长首先要做的就是要尊重孩子，平等地与孩子交流，积极地鼓励孩子勇敢地表达自己并及时给予肯定，给孩子营造一个轻松、平等的家庭环境，帮助孩子建立自信。此外，家长还要鼓励孩子积极参加社会交往活动、积极与他人接触、多交朋友，帮助他们克服焦虑、恐惧等消极情绪，勇敢的向他人展示真实的自己并相信可以被他人接纳。家长还应帮助孩子发现自己身上的闪光点，可以是某些特长或是某些能力，这样有利于孩子建立自信，在与人交往时就能更加坦然面对，克服自卑感，进一步克服自身的羞怯，建立与他人良好的人际关系。

（二）学校教育方面

学校应开设相应的心理健康活动课程，教给学生有关羞怯以及人际关系问题的相关知识，促使学生积极地与周围的同学、老师交往交流；同时也应组织相关的演讲比赛、辩论比赛以及社会实践等活动，为学生提供更多表现自我、锻炼能力的机会；还要鼓励学生与更多不同的人交流，帮助他们克服羞怯，锻炼他们与人交往的能力。

（三）学生个人方面

首先要做的就是要对自己有一个全面、正确的认知，敢于面对和展现真实的自己，不要过度担心他人对自己的看法，顺其自然地表现自己。其次就是要努力放松自己紧张、焦虑的情绪，敢于与他人交往。尤其是在面对陌生人时，更要给自己一些积极的心理暗示，把自己从不信任、不真诚的假定环境中脱离出来，多看到他人对自己友好、积极的一面，减轻自己的心理负担。最后学生还可以学习一些与人交往的技巧，比如谈话时要注视对方的眼睛、紧张时通过深呼吸放松心情等。

第八节 高中生人际关系对学业投入的影响：学业情绪的中介作用及干预研究

根据马斯洛需求层次理论，个人的基本需求只有通过与他人的人际互动才能获得真正地满足。人际交往是高中生日常生活的重要组成部分，是一种与他人交往的基本方式，人际观念一旦在这些交往中建立起来，就会对高中生的心理健康和行为产生影响。此外，高中是学生发展的一个重要阶段，他们的生理和心理都在经历着变化。伴随着同伴及其他关系的发展，会影响其思维模式和情绪调节能力，这可能导致他们更加关注人际关系的建立。在人际交往中，他们担心周围人对自己的看法和评价，并可能对他人的一些言行产生负面情绪。对人际关系问题处理不当会导致心理障碍，如自卑、紧张、恐慌等。如果高中生拥有和谐融洽的人际关系，他们就会心情舒畅，情绪稳定；如果长期生活在冷漠的人际关系环境中，就有可能变得情绪低落、内向，或者形成暴躁和多疑等不良性格，进而对身心发展形成负面影响。

高中生不仅面临高考的压力，还面临着高中整体知识多样化、系统化、综合化、扩大化的压力，在这个过程中，学业情绪又在其中发挥着至关重要的作用。保持良好的学业情绪，对于学生的学习活动及学习成绩有积极的影响。除了学生个人因素外，人际关系等外界环境因素也会影响学业情绪。拥有良好人际关系的学生有更多的朋友，当他们在学习上遇到困难时，会得到朋友更多的帮助和关心。同样，朋友之间产生的积极情绪可以延续到学习中。而消极的学业情绪则会导致消极的后果，如成绩下降、发展为抑郁症，甚至自杀。

青少年是身心发展的重要时期，也是培养学习兴趣和学习习惯的重要时期，对青少年的学习投入情况进行研究可以帮助他们养成良好的学习习惯以此提高他们的学习能力，从而更好地适应学校生活。学习投入水平高的个体会更自主的学习，这对于完成学习目标是有利的。理想状态下的学习活动离不开良好人际关系的支撑，更离不开积极学业情绪的作用。

综上，提高积极学业情绪有利于高效的学习投入。本研究欲探讨高中生人际关系、学业情绪和学习投入的现状及关系，并假设学业情绪在高中生人际关系对学习投入的影响中起中介作用，并设计团体辅导方案对高中生学业情绪进行干预，通过干预来促进高中生的积极学业情绪和学习投入的提高。

研究一 高中生的人际关系对学习投入的影响：学业情绪的中介作用

一、研究对象

采用分层抽样法，选取青海省某所中学的 1 272 名高一至高三学生作为调查对象，收回有效问卷 1 147 份，其中高一年级（共 336 人，男 141、女 195）、高二年级（共 432 人，男 175、女 257）、高三年级（共 379 人，男 163、女 216）。问卷有效率为 90.17%。

二、研究工具

（一）人际关系综合诊断量表

该量表由郑日昌教授于1999年主编，包括四个部分（交谈、交际、待人接物及异性交往）。量表共有 28 题，采用"是否"作答，是计 1 分，否不计分。总分为 15~28 分，代表人际系水平较差，可能存在严重的人际困扰；为 9~14 分，代表人际关系水平一般，可能存在轻微人际困扰；为 0~8 分，代表人际关系水平良好，可能存在人际困扰较少或者不存在困扰。该问卷克隆巴赫系数为 0.849，表明该量表的信度较高，能够有效反映出中学生的人际交往状况。

（二）青少年学业情绪量表

该量表由俞国良和董妍于2007年编制，共有 72 道题目，该量表包含积极高唤醒学业情绪(16题)、积极低唤醒学业情绪(14题)、消极高唤醒学业情绪(17题)以及消极低唤醒学业情绪(25题)四个维度。问卷采用1~5分的5级记分制。该量表在研究结果显示各个维度的克隆巴赫值为0.837、0.851、0.842、0.923,表明本问卷信度良好。非常适用于我国青少年学业情绪的测量。

(三)学习投入量表

本研究使用方来坛(2008)等人修订的《学习投入量表(UWES-S)》,共17个问题。采用7级评定法。1表示从来没有,2表示几乎没有,3表示经常没有,4表示不确定,5表示偶尔,6表示经常,7表示总是;各维度题目得分愈高,说明被试的学习投入水平愈高。量表一共有活力、奉献、专注三个维度,且该量表的克隆巴赫值为0.945。

三、研究结果

(一)描述统计结果

1. 人际关系状况

由表3-186可知,无人际关系困扰的共有600人,占比为52.31%;存在轻度困扰的有380人,占比为33.13%;存在重度困扰的有167人,占比为14.56%,说明高中生人际关系处于中等水平。

表3-186 高中生人际关系总体状况($N=1147$)

	人数	百分比(%)
无人际关系困扰	600	52.31
轻度困扰	380	33.13
重度困扰	167	14.56

由表3-187可知,根据变量得分由低至高分别是,待人接物(1.09)、异性交往(1.53)、与人交谈(2.64)、交际交友(3.43)。人际关系总得分的均值为8.70。

表3-187 高中生人际关系描述性统计($N=1147$)

变量	Min	Max	M	SD
与人交谈	0	7	2.64	1.78
交际交友	0	7	3.43	1.98

续表

变量	Min	Max	M	SD
待人接物	0	7	1.09	1.30
异性交往	0	6	1.53	1.49
人际关系总分	0	25	8.70	5.192

2. 学业情绪状况

由表 3-188 可知，从高到低的平均分进行排序，从低到高依次是积极低唤醒（44.02）、消极高唤醒（60.20）、积极高唤醒（60.40）、消极低唤醒（69.70）。积极学业情绪低于消极学业情绪，说明高中生体验到的消极学业情绪多于积极学业情绪。

表 3-188　高中生学业情绪总体情况（$N=1147$）

变量	Min	Max	M	SD
积极高唤醒	16	79	60.40	8.385
积极低唤醒	18	70	44.02	7.832
消极高唤醒	17	85	60.20	10.020
消极低唤醒	25	123	69.70	16.042

3. 学习投入状况

由表 3-189 可知，高中生学习投入总体及各维度得分均高于理论中值，说明高中生学习投入总体状况中等偏上。其中专注维度的均分最高，奉献维度均分最低。

表 3-189　高中生学习投入得分情况（$N=1147$）

变量	Min	Max	M	SD
活力	6	42	27.54	5.923
奉献	5	35	24.86	5.531
专注	6	42	28.72	6.358
学习投入总分	17	119	81.12	16.343

(二)人口学特征的差异分析

1. 性别差异分析

表3-190 人际关系、学业情绪和学业投入的性别差异($M \pm SD$)

维度	男生 ($n=479$)	女生 ($n=668$)	t	P
与人交谈	2.49 ± 1.81	2.74 ± 1.76	-2.357	0.019
交际交友	2.89 ± 1.95	3.82 ± 1.90	-8.100	0.000
待人接物	1.08 ± 1.25	1.10 ± 1.33	-0.235	0.814
异性交往	1.69 ± 1.54	1.42 ± 1.44	2.956	0.003
人际关系总分	8.15 ± 5.22	9.09 ± 5.14	-3.026	0.003
积极高唤醒	59.39 ± 9.01	61.13 ± 7.83	-3.417	0.001
积极低唤醒	44.10 ± 7.57	43.97 ± 8.02	0.265	0.791
消极高唤醒	58.50 ± 9.74	61.41 ± 10.05	-4.899	0.000
消极低唤醒	69.80 ± 15.74	69.63 ± 16.27	0.182	0.856
活力	26.71 ± 6.12	28.13 ± 5.71	-4.032	0.000
奉献	24.21 ± 5.70	25.33 ± 5.37	-3.415	0.001
专注	27.84 ± 6.57	29.34 ± 6.13	-3.964	0.000
学习投入总分	78.76 ± 16.88	82.81 ± 15.74	-4.164	0.000

由表3-190可知,高中生在与人交谈、交际交友、异性交往维度以及人际关系总分均存在显著差异($P<0.05$)。在与人交谈维度、交际交友维度及人际关系总分中,女生均值高于男生。但是在异性交往维度中,男生均值高于女生;在积极高唤醒和消极高唤醒维度上,男生与女生差异显著($P<0.05$),且女生均值高于男生;不同性别的学生在学习投入总分及各维度上均有显著差异($P<0.01$),且女生的学习投入均值更高。

2. 生源地差异分析

表3-191 人际关系、学业情绪和学业投入生源地的差异分析($M \pm SD$)

维度	城镇 ($n=212$)	农村 ($n=935$)	t	P
与人交谈	2.54 ± 1.77	2.66 ± 1.79	-0.916	0.360
交际交友	3.17 ± 2.06	3.49 ± 1.96	-2.092	0.037

续表

维度	城镇 ($n=212$)	农村 ($n=935$)	t	P
待人接物	1.32 ± 1.44	1.04 ± 1.26	2.540	0.012
异性交往	1.44 ± 1.47	1.56 ± 1.49	-0.987	0.324
人际关系总分	8.47 ± 5.50	8.75 ± 5.12	-0.673	0.502
积极高唤醒	62.10 ± 8.85	60.02 ± 8.23	3.275	0.001
积极低唤醒	44.86 ± 8.79	43.83 ± 7.59	1.569	0.118
消极高唤醒	58.88 ± 11.09	60.50 ± 9.74	-1.963	0.051
消极低唤醒	67.03 ± 18.16	70.31 ± 15.47	-2.435	0.015
活力	28.56 ± 6.45	27.30 ± 5.78	2.797	0.005
奉献	25.00 ± 6.29	24.83 ± 5.35	0.350	0.727
专注	29.57 ± 6.60	28.52 ± 6.29	2.158	0.031
学习投入总分	83.12 ± 18.06	80.66 ± 15.90	1.830	0.068

由表3-191可知，城镇学生与农村学生在交际交友维度和待人接物维度上的得分差异显著（$P<0.05$）。其中在交际交友维度上，来自农村的高中生均值高于来自城镇的高学生，说明在交际交友维度中农村学生人际关系困扰程度高于城镇学生；在待人接物维度上，来自城镇的高中生人际关系均值更高；生源地为城镇的学生与生源地为农村的学生在积极高唤醒维度和消极低唤醒维度的得分差异显著（$P<0.05$），其中在积极高唤醒维度中，生源地为城镇的学生均值高于生源地为农村的学生；在消极低唤醒维度中，生源地为农村的学生均值高于生源地为城镇的学生；只有活力和专注维度得分差异显著（$P<0.05$），且在这两个维度中来源于城镇的学生的均值高于来源于农村的学生。

3. 年级差异分析

表3-192 人际关系、学业情绪和学业投入年级的差异分析（$M±SD$）

维度	高一 ($n=336$)	高二 ($n=432$)	高三 ($n=379$)	F	P	LSD
与人交谈	2.33 ± 1.72	2.73 ± 1.79	2.81 ± 1.80	7.530	0.001	1<2, 1<3
交际交友	3.31 ± 2.01	3.51 ± 1.93	3.45 ± 1.20	1.039	0.354	
待人接物	0.90 ± 1.15	1.15 ± 1.35	1.20 ± 1.35	5.565	0.004	1<2, 1<3

续表

维度	高一 ($n=336$)	高二 ($n=432$)	高三 ($n=379$)	F	P	LSD
异性交往	1.38±1.42	1.64±1.46	1.55±1.56	2.852	0.058	1<2
总分	7.91±5.05	9.03±5.11	9.01±5.35	5.471	0.004	1<2,1<3
积极高唤醒	61.83±8.27	59.58±8.54	60.08±8.17	7.279	0.001	1>2,1>3
积极低唤醒	45.58±7.92	43.84±7.55	42.85±7.86	11.207	0.000	1>2,1>3
消极高唤醒	60.2±10.01	60.60±9.81	59.65±10.26	0.920	0.399	
消极低唤醒	64.7±16.58	71.62±14.93	71.92±15.86	23.754	0.000	1<2,1<3
活力	29.29±5.56	26.92±5.82	26.69±6.04	21.694	0.000	1>2,1>3
奉献	25.99±5.35	24.75±5.40	23.99±5.68	11.979	0.000	1>2,1>3
专注	30.29±5.97	28.52±6.49	27.55±6.28	17.256	0.000	1>2,1>3,2>3
总分	85.5±15.66	80.18±16.08	78.23±16.45	19.667	0.000	1>2,1>3

由表3-192可知，高中生人际关系在不同年级上具有差异性。对于不同年级而言，其在与人交谈、待人接物与人际关系总分均有显著差异（$P<0.05$）。高三年级在与人交谈和待人接物的维度上有更多的困扰；而高二年级在人际关系总分中表现出较严重的人际关系问题；高一年级在总分上得分最低，表现出较少的人际关系困扰。

进一步检验可知，在与人交谈维度、待人接物维度和人际关系总分中，高一年级得分显著低于高二和高三年级（$P<0.01$）。在异性交往维度中，高一年级得分显著低于高二年级（$P<0.05$）。

在学业情绪，除了消极高唤醒维度，其他维度在年级中均差异显著（$P<0.05$），在积极学业情绪中，高一年级均值最高。但是在消极低唤醒维度中，高三年级均值高于其他两个年级。

根据事后检验结果可知，高一年级在积极高唤醒维度和积极低唤醒维度中的均值显著高于高二年级和高三年级（$P<0.01$）。高一年级在消极低唤醒维度中的均值显著低于高二和高三年级（$P<0.01$）。

在学习投入，高一至高三年级在学习投入总分及各维度的得分均差异显著（$P<0.05$）。其中高一年级均值最高，其次是高二年级，最后是高一年级。

根据事后检验结果可知，高一年级在学习投入总分及各维度中的均值均高于高二年级和高三年级（$P<0.01$）。其中在专注维度上，高二年级均

值显著高于高三年级（$P<0.05$）。

（三）高中生人际关系、学业情绪和学业投入的相关分析

1. 高中生人际关系与学业情绪的关系研究

由表3-193可知，除积极高唤醒维度与人际关系的待人接物维度不显著相关以外，高中生人际关系与积极学业情绪呈显著负相关；与消极学业情绪呈显著正相关。

表3-193　高中生人际关系与学业情绪的相关

	与人交谈	交际与交友	待人接物	异性交往	总分
积极高唤醒	-0.123**	-0.068*	-0.015	-0.059*	-0.089**
积极低唤醒	-0.331**	-0.317**	-0.230**	-0.238**	-0.360**
消极高唤醒	0.418**	0.428**	0.277**	0.305**	0.463**
消极低唤醒	0.488*	0.430**	0.375**	0.324**	0.518**

注：$*P<0.05$，$**P<0.01$。

2. 高中生学业情绪与学习投入的关系研究

由表3-194可知，除了专注维度与消极高唤醒维度不显著相关外，积极学业情绪与学习投入呈显著正相关，与消极学业情绪呈显著负相关。

表3-194　高中生学业情绪与学习投入的相关

	积极高唤醒	积极低唤醒	消极高唤醒	消极低唤醒
活力	0.411**	0.576**	-0.128**	-0.537**
奉献	0.529**	0.609**	-0.115**	-0.559**
专注	0.462**	0.529**	-0.045	-0.477**
总分	0.508*	0.620**	-0.103**	-0.569**

注：$*P<0.05$，$**P<0.01$。

3. 高中生人际关系与学习投入的关系研究

由表3-195可知，高中生的人际关系总分、各维度分与学习投入总分、各维度分均呈显著的负相关。

第三章 西部地区中学生心理健康现状研究

表 3-195 高中生人际关系与学习投入的相关

	与人交谈	交际与交友	待人接物	与异性交往	总分
活力	-0.313**	-0.261**	-0.249**	-0.246**	-0.340**
奉献	-0.330**	-0.237**	-0.257**	-0.246**	-0.338**
专注	-0.248**	-0.165**	-0.211**	-0.190**	-0.255**
总分	-0.322**	-0.239**	-0.259**	-0.247**	-0.337**

注：**$P<0.01$。

（四）学业情绪的中介效应

1. 高中生学习投入对人际关系的回归分析

为进一步研究高中生人际关系与学习投入之间的关系，将人际关系作为预测变量，学习投入作为因变量进行回归分析。研究结果表明人际关系能显著负向预测学习投入。具体信息见表 3-196。

表 3-196 高中生学习投入对人际关系的回归分析

因变量	预测变量	B	SE	Beta	t	R^2
学习投入	人际关系	-1.060	0.088	-0.337	-12.106***	0.113

注：***$P<0.001$。

2. 高中生学业情绪对人际关系的回归分析

将人际关系作为预测变量，积极学业情绪和消极学业情绪分别作为因变量进行回归分析。研究发现人际关系能显著负向预测积极学业情绪；人际关系能显著正向预测消极学业情绪。结果见表 3-197。

表 3-197 高中生学业情绪对人际关系的回归分析

因变量	预测变量	B	SE	Beta	t	R^2
积极学业情绪	人际关系	-0.687	0.078	-0.253	-8.850***	0.063
消极学业情绪	人际关系	2.495	0.112	0.551	22.326***	0.303

注：***$P<0.001$。

3. 学业情绪在人际关系和学习投入之间的中介作用

以上相关分析表明两两变量间相关显著，人际关系和学业情绪可以显著预测学习投入，积极学业情绪和消极学业情绪分别在人际关系和学习投入中起部分中介作用，结果见表 3-198 和 3-199。

表 3-198　积极学业情绪的中介作用

因变量	预测变量	B	SE	Beta	t	R^2
学习投入	人际关系	-0.582	0.071	-0.185	-8.168***	0.450
	积极学业情绪	0.696	0.026	0.600	26.495***	

注：***$P<0.001$。

表 3-199　消极学业情绪的中介作用

因变量	预测变量	B	SE	Beta	t	R^2
学习投入	人际关系	-0.446	0.100	-0.142	-4.478***	0.199
	消极学业情绪	-0.246	0.022	-0.354	-11.186***	

注：***$P<0.001$。

如图 3-4 所示，积极学业情绪在人际关系和学习投入的关系中部分中介效应显著。当引入积极学业情绪作为中介变量时。人际关系对中介变量积极学业情绪影响的路径系数 a 为 -0.253（$P<0.001$），中介变量积极学业情绪对学习投入影响的路径系数 b 为 0.600（$P<0.001$），人际关系对学习投入影响的路径系数 c，为 -0.185（$P<0.001$），由于 c，在 0.001 水平上显著，因此自变量人际关系部分通过中介变量积极学业情绪的中介来达到影响因变量学习投入的效果。其中介效应值为系数 a 与 b 的乘积即 -0.152，总效应为 -0.337（$a*b+c$，），因此中介效应占总效应的比值为 0.451（45.1%）。

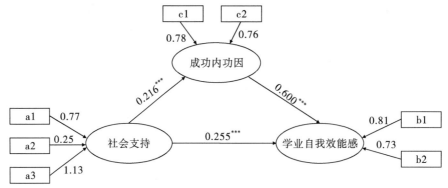

图 3-4　积极学业情绪的中介作用路径图

注：***$P<0.001$。

如图 3-5 所示，消极学业情绪在人际关系和学习投入的关系中部分中介效应显著。当引入消极学业情绪作为中介变量时。人际关系对中介变量消极学业情绪影响的路径系数 a 为 $0.551(P<0.001)$，中介变量消极学业情绪对学习投入影响的路径系数 b 为 $-0.354(P<0.001)$，人际关系对学习投入影响的路径系数 c，为 $-0.142(P<0.001)$，由于 c，在 0.001 水平上显著，因此自变量人际关系部分通过中介变量消极学业情绪的中介来达到影响因变量学习投入的效果。其中介效应值为系数 a 与 b 的乘积即 -0.195，总效应为 $-0.337(a*b+c,)$，因此中介效应占总效应的比值为 $0.579(57.9\%)$。

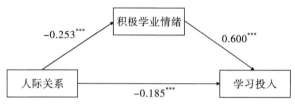

图 3-5 消极学业情绪的中介作用路径图

注：$***P<0.001$。

四、讨论

（一）高中生人际关系的现状分析

1. 总体状况

研究结果发现，无人际关系困扰的占 52.31%，存在轻度困扰和重度困扰的占 47.69%，说明高中生人际关系处于中等水平。按照平均分排列，依次是交际交友（3.43）、与人交谈（2.64）、异性交往（1.53）、待人接物（1.09）。由此可见，高中生人际关系主要的困扰问题在于交际交友和与人交谈方面，而在待人接物和异性交往方面的困扰问题不大，这与李美曦（2018）的研究结果一致。

高中生在交际交友以及与人交谈方面存在困扰问题的原因在于：首先，高中生的自我意识随着年龄的增长而不断增强，非常渴望得到他人的尊重和认可，且容易以自我为中心去理解和要求他人；其次，有些同学内心十分敏感和自卑，在与人交往的过程中比较被动和胆小，和同学之间发生矛盾时，不懂得如何去主动沟通和交流，致使人际关系困扰在一段时间甚至长期存在；最后，以建立良好的人际关系为出发点，但随着时间的推移人际关系的发展会逐渐失去平衡性，牢固的情感纽带也很难建立起来。

也就是说，在刚开始交往过程中，学生以平等身份相处，当他们逐渐熟悉了对方的兴趣、人格特点和家庭背景等情况后，可能会感到不平等，逐渐减少联系的频率。

待人接物方面，随着高中生心智的成熟，他们逐渐意识到礼仪的重要性，所以他们在待人接物方面困扰较少。这反映了高中阶段对互动的需求，如果他们与人交往过程中带着温暖和真诚，并希望给别人留下一个好印象，这将促进未来的沟通与交流，使学生之间以及学生与教师之间更容易建立良好的关系。

2. 性别

研究结果发现，除了待人接物维度，在人际关系总分及其他维度得分在性别上差异显著。女生在与人交谈维度、交际交友维度和人际关系总分的得分均高于男生，说明女生在人际关系上存在更大的困扰。而男生在与异性交往维度的得分高于女生，这与张伟（2016）、岳海燕（2020）的研究结果一致。原因可能是女生相比较男生而言在人际关系和情绪上更加敏感，与人交往时会比较在意别人的看法，且会放大一些交际的小矛盾，而男生在与人交流时比较豪爽和直接，与人发生矛盾时及时化解并不会放在心上，所以女生在与人交流等方面的困扰程度高于男生。而与异性交往时，男生生理发育期稍晚，因为性格大多直来直去，所以经常面临不知道如何与异性打交道的问题。女生思维感性成分比较多，加上家长在与异性交往中管教较严格，所以与异性交往对她们的影响较小。

3. 生源地

研究结果发现，来源于城镇学生和来源于农村的学生在交际交友与待人接物维度的得分差异显著。在交际交友的维度中，来源于农村的学生人际关系困扰更严重，这与程笑珍（2014）研究结果一致；而在待人接物维度中，来源于城镇的学生人际关系困扰高于来源于农村的学生。农村出生的学生在生活习惯和思维方式上比较保守，而城镇出生的学生思想比较前卫，且比农村学生更会打扮，重视仪态和保养，所以在现实生活当中，城镇同学从心理上很难把农村同学划归为同类，致使农村同学与城镇同学交流时会产生自卑。因此在交际交友的维度中，农村同学的人际关系更为敏感。

在待人接物上，农村同学大部分性格朴实温和，能吃苦，不娇气且生活能力、动手能力都比较强，所以在待人接物上的人际困扰比城镇同学少。

4. 年级

研究结果发现，不同年级在与人交谈维度、待人接物维度及人际关系总分上的得分差异显著，且高三年级在与人交谈维度和待人接物维度的得分上要显著高于高一、高二年级。高二年级在人际关系总分中得分最高。

这可能是因为高三年级面临着越来越繁重的学业压力，更多时间忽略了与朋友的交往，且积累的焦躁、无助、沮丧等消极情绪会无意识中影响到同学与教师之间的交流，这导致高三学生在与人交谈和待人接物上更加困扰。

高二年级人际关系总分最高，可能是因为高一年级刚入学需要适应新的环境，在人际关系方面，还处在一个不太熟且相互了解的阶段；但随着高二年级的学习竞争逐渐增强，人际关系的冲突与矛盾越来越多；在高三年级，人际关系问题已慢慢转移到了升学或就业方面。所以在人际关系总分中，高二年级得分最高，说明人际关系总体水平相比较于其他两个年级更困扰。

(二)高中生学业情绪的现状分析

1. 总体状况分析

研究结果发现，高中生积极学业情绪得分高于消极学业情绪，说明高中生体验到的消极学业情绪更多，这与焦铭(2014)、谭玉花(2021)的研究结果一致。高中生学习任务繁重、面临着巨大的高考压力，同时他们的情绪还带有内隐的特点，导致他们的内心体验与外部表情出现不一致的现象，这种不一致使他们的消极学业情绪无法得到有效且及时的宣泄，致使他们的消极学业情绪呈逐渐上升的趋势。

2. 性别

研究结果发现，高中生在积极高唤醒、消极高唤醒两个维度上存在显著的性别差异，且女生得分高于男生。这与劳长合(2013)的研究结果一致。这可能是因为处于高中阶段的女生在身心发展上普遍要成熟于男生，她们的情感体验更加敏感与细腻，会把别人没有恶意的话记在自己的心中，因此体验到的消极情绪会更多，反之男生会更加大大咧咧，比较喜欢打篮球等运动竞赛，使自己的情绪更加放松和平静。

3. 生源地

研究结果发现，积极高唤醒和消极低唤醒在生源地上的得分差异显著。城镇学生有更多的积极高唤醒；农村学生有更多的消极低唤醒。这与张平(2016)研究结果相似。首先，城镇学生比农村学生的课外生活更加丰富多彩，比如兴趣班、活动课和旅游等；其次，城镇学生经济负担和劳务分担相比较于农村学生较轻；最后，城镇学生接受信息的来源相比较农村学生更加广泛，在学业上碰到困难时也能及时得到来自家人的心理支持。所以，城镇学生能感受到更多的比如高兴、希望和满足等积极学业情绪。

4. 年级

研究结果发现，积极学业情绪中得分最高的是高一年级，高三年级在消极低唤醒得分更高。这是因为高三年级的学生相比较于高一和高二年级的学生，在日常生活及学习过程中，体验到更多的感受，如悲伤、无助等消极学业情绪；体验到比较少的感受，如放松、愉快等积极学业情绪，与罗乐（2012）的研究结果一致。此外，高三年级的学生即将面对高考，压力自然不言而喻，因此更容易产生消极的学业情绪。而高一学生逐渐适应了高中生活，保持着对周围事物的新鲜感，且相比于高一和高三年级的学习压力较小，因此体验到更多的放松等的积极学业情绪，与孙妍（2013）结果一致。

（三）高中生学业投入的现状分析

1. 总体状况分析

研究结果发现，高中生学习投入总分及三个维度均高于理论中值，说明高中生学习投入中等偏上，现状总体是积极的。这与李明珠（2022）、张广鹏（2020）等人的研究结果相同，其中专注得分最高，活力得分次之，而奉献得分最低。

该校学生学习投入水平较高，说明近些年来，人们对学生关于教育方面给予越来越多的关注和投入，社会各界也越来越关注学生在学习过程中的参与程度。其中专注因子得分最高，奉献因子得分最低。这与李丹阳（2015）的研究结果一致，学生学习不仅是出于兴趣，而且在一定程度上是因为较好的学习成绩会带来良好的评价，这促使他们对学习产生信心和热情。而且高中生要面临高考，来自家长、教师等方面的压力较大，希望能考上自己心仪的大学，所以在学习过程中专注度较高。从总体上来说，学生在学习过程中的学习投入程度越深，他们的学习态度就越积极，在学习时能很好地集中注意力，并对在学习中投入自己的精力和活力。他们对自己的学习充满信心，勇于应对挫折，并以积极向上的情绪状态和学习状态去应对生活和学习过程中的困难。

2. 性别

研究结果发现，性别在学习投入总分及各因子得分差异显著，男生得分低于女生。即女生在学习过程中所获的愉快感和有意义感高于男生。这与庞飞（2021）的研究结果不一致。进入高中阶段，大部分女生在心智方面可能比男生更成熟，对学习方面的思考也更深入，这可以帮助她们理解学习的意义和目的，并在学习过程中对学习产生更多的兴趣。在心理年龄上，女生的发育要优于男生，她们对学习的态度更积极，能做出更多的努力，而且在学习过程中，能集中注意力并使自己沉浸到学习中去。

3. 生源地

研究结果发现，来源于城镇的学生和来源于农村的学生在活力和专注的因子得分差异显著，且城镇学生得分高于农村学生。与杨惠娟（2021）的研究结合一致。这可能是因为城镇学生的家长对自己孩子学习的参与度比较高，且对孩子的教育上投入了更多的金钱、时间和资源，孩子充足的学习资源对自身的学习投入是有积极影响的，激励其更好地投入学习中去，所以来自家庭的支持有利于学习的投入。

4. 年级

研究结果发现，高中三个年级在学习投入总分及三个维度的得分均差异极其显著。高一年级得分最高，其次是高二年级，高三年级得分最低。黄沛雯（2020）、王萍（2018）的研究表明高三年级学习投入水平在总分及各维度都大于高二年级和高一年级，与该研究结论不一致。

高一年级学生刚步入高中阶段，所以对周围事物、学校环境与学习生活充满好奇与向往，希望在新环境中表现自己，因而在学习时感到精力充沛、充满活力；高二年级的学习内容加大，更容易产生疲劳和焦虑；处于高三阶段的学生，需要一遍又一遍的复习知识点，这可能比较乏味和枯燥，使他们很难在学习过程中一直保持高度专注的状态。另外，在高中阶段的最后一年，学生将花更多的时间反思他们学习的意义和目的，因为他们要努力应对各种考试和对未来的选择。

（四）高中生人际关系、学业情绪与学习投入的相关分析

1. 高中生人际关系与学业情绪的相关分析

研究结果表明，除人际关系中的待人接物因子与学业情绪中积极高唤醒维度不显著相关外，人际关系总分与积极学业情绪呈显著负相关，与消极学业情绪呈显著正相关。说明高中生的人际关系问题越严重，困扰程度越严重，体验到的积极学业情绪就会越少；相反，体验到的消极学业情绪就越多。这可能是由于高中生在与他人相处的过程中，由于缺乏交谈和交际等关于人际沟通的技巧，会出现交往不畅、社交回避等问题，也难以融入到群体当中，这不仅导致高中生在日常学习生活中很少得到朋友的关心和帮助，而且还会出现一些消极的情绪体验，如沮丧、焦虑、无助等，导致人际关系出现问题。同时，人际关系总分及交谈方面、交际方面、待人待物及异性交往方面与高中生的积极低唤醒呈显著负相关，这说明当学生处于一个良好的人际关系的环境中时，会在学习与平时生活当中体验到更多的如放松、平静、满足的情绪体验。

2. 高中生学业情绪与学习投入的相关分析

研究结果表明，除学习投入中的专注维度与学业情绪的消极高唤醒维度不显著外，高中生的学习投入随着积极学业情绪水平的升高而升高。这与李丹阳（2016）研究结果一致。另外，Rui 等人（2017）发现积极的学业情绪会促进中国青少年对学习的参与，反之则起遏制作用。换句话说，高中生在日常生活和学校中体验到的积极高唤醒与积极低唤醒的学业情绪越多，就越能够积极主动地投入有关学习活动中去，并在学习过程中产生积极的情感体验；且如果高中生体验到的消极高唤醒（如焦虑、羞愧等）和消极低唤醒（如无助、厌倦等）的学业情绪越少，也更加容易积极主动投入到学习活动中去，并在学习过程中会体验到更多的学习的乐趣，这将构成一个良性循环，也为接下来的团体辅导奠定了基础。

3. 高中生人际关系与学习投入的相关分析

研究结果表明，高中生人际关系总体水平与学习投入总体水平呈显著负相关。这说明了高中生人际关系困扰程度较高时，会影响到自身的学习效率和学习投入。从初中进入到高中阶段，很多学生处于一个新的环境中，需要结交新的朋友，而在实际的交往中跟初中朋友相比，高中同学没有小学初中那样单纯直爽。而且每个人的个性及性格都不尽相同且受到多种因素的影响，导致学生在人际交往过程中会出现一些矛盾和问题，同学关系难以融洽。处于青春期的学生与异性交往时不够自然，导致异性关系紧张。以上情况说明人际关系与学习投入呈显著相关。

（五）学业情绪的中介效应分析

本研究进一步引入了学业情绪这一变量。通过相关关系分析发现：人际关系、学业情绪和学习投入三个变量之间两两变量相关显著。通过中介效应分析发现：高中生的积极学业情绪和消极学业情绪均在人际关系与学习投入间存在部分中介作用，说明一方面高中生的人际关系直接影响到自身的学习投入，换句话说，就是人际关系越困扰，自身学习投入状况越差；另一方面也可以通过积极学业情绪间接影响学习投入状况。积极学业情绪水平高的个体有助于提升个人的学习投入水平。因此本研究对学业情绪进行干预，让高中生善于学会识别学业情绪，接纳情绪，学习提升积极学业情绪的方法和技巧，形成和谐的人际关系，提高自己的学习投入状况。

研究二 高中生学业情绪干预研究

一、研究对象

在青海省某一所高中采取自愿原则。在高一年级和高二年级中选择积极学业情绪及学习投入得分低的40名学生，随机分入实验组（共20名，男7人，女13人）和对照组（共20名，男9人，女11人）。

二、研究设计

采用前后测的设计，先对被试的学业情绪与学习投入进行前测，在对实验组进行为期两个月的干预中对照组不进行任何干预，干预结束后对被试进行后测，对比差异。

实验组与对照组的前测与后测的问卷分别为《青少年学业情绪问卷》和《学习投入量表》、活动契约书、心理辅导记录表以及团体心理辅导反馈表。如表3-200所示：

表3-200 实验设计

组别	前测	实验处理	后测
实验组	O_1	X（团体辅导）	O_2
对照组	O_3		O_4

三、干预方案设计

基于提升高中生的学业情绪为目的，根据艾利斯合理情绪疗法、韦纳的归因理论、人际交往需求理论和勒温的团体动力学理论设计团体心理辅导如下。活动分别为：快乐你我他、把心留住、倾听之旅、察言观色、培养积极学业情绪、我能来表达、我的学习锦囊和成长的快乐。第一阶段为初始阶段，主要是介绍自己，帮助成员了解彼此。第二阶段为成长阶段，本阶段主要提高人际沟通技巧和提升积极学业情绪，包括"把心留住""倾听之旅""察言观色""培养积极学业情绪""我能来表达""我的学习锦囊"，主要目的是帮助团体成员识别学业情绪，学会人际沟通与倾听技巧，正确归因并提升学生的积极学业情绪，掌握调节消极学业情绪的策略，并形成有效的学习目标和学习方法。第三阶段为结束阶段，主要目的是成员互送祝福，带着期望踏上新征程。具体方案设计见表3-201。

表3-201 团辅方案设计（示例）

主题	目标	内容
第二单元：把心留住	1. 增加成员的交流，学会表达自己的建议及情感。 2. 帮助成员换位思考问题及接纳他人。 3. 了解人际沟通的技巧，认识到沟通的意义	1. 雨点变奏曲：活跃氛围。 2. 心情气象台：小组成员在过去一周的心情变化以天气预报的形式记录下来并继续讨论。 3. 优点大轰炸：小组成员进行轮流夸赞，谈感想。 4. 头脑体操：小组成员通过言语表达进行图片描述，不能用手比画，时间一到立即停止。 5. 领导者总结：分享彼此关于人际沟通的心得，并填写反馈表
第三单元：倾听之旅	1. 彼此进行进一步交流、逐步学会倾听。 2. 播放关于倾听的电影，学习倾听技巧。 3. 让成员意识到倾听的重要性	1. 听花雨：认真倾听音乐，当听到"花朵"时拍一下桌子，听到"雨声"时拍两下桌子。 2. 分享电影感受：观看关于倾听的电影，并记录下自己的感受和从中学到的技巧。 3. 倾听练习：复述从电脑听到的故事，并进行总结。 4. 结束活动：课下和同学进行倾听联系并填写反馈表

四、研究结果

（一）对实验组和对照组在学业情绪和学习投入进行前测检验

结果显示两组被试在学业情绪得分和学习投入得分的前测差异均不显著，说明二组同质。

（二）实验组对照组学业情绪、学习投入后测差异检验

由表3-202可知，在学业情绪上，实验组与对照组的消极学业情绪后测得分差异显著；在学习投入上，实验组与对照组高中生在活力维度和专注维度的后测得分差异虽然不显著，但这两个维度的实验组得分明显高于对照组，而奉献维度及学习投入总体后测得分差异显著。

表 3-202 后测差异检验

	实验组($n=20$) ($M \pm SD$)	对照组($n=20$) ($M \pm SD$)	t
积极高唤醒	61.35±5.85	61.00±7.12	0.17
积极低唤醒	43.65±8.28	40.30±8.79	1.24
消极高唤醒	57.20±7.30	63.90±7.41	-2.88**
消极低唤醒	64.15±15.62	75.65±13.02	-2.53*
活力	25.05±7.77	24.55±5.42	0.24
奉献	32.05±3.72	23.20±5.89	5.68***
专注	27.35±7.50	26.05±6.72	0.58
学习投入总分	84.45±17.05	73.80±16.21	2.03*

注：*$P<0.05$，**$P<0.01$，***$P<0.001$。

（三）实验组和对照组前后测差异检验

由表 3-203 可知，高中生的学业情绪得分和学习投入得分在团体心理辅导干预前后差异均显著。与前测相比，积极学业情绪、学习投入总体及三个因子中后测得分更高，且差异显著；而消极学业情绪中后测得分更低，且差异显著。而对照组的学业情绪得分和学习投入得分前后测差异不显著。

表 3-203 实验组前后测差异检验

	前测 ($M \pm SD$)	后测 ($M \pm SD$)	t
积极高唤醒	57.95±6.49	61.35±5.85	-9.90***
积极低唤醒	42.85±7.78	43.65±8.28	-2.79*
消极高唤醒	59.85±7.21	57.20±7.30	7.13***
消极低唤醒	72.75±17.85	64.15±15.62	9.06**
活力	24.40±7.92	25.05±7.77	-3.12**
奉献	23.20±6.93	32.05±3.72	-8.94***
专注	26.10±7.17	27.35±7.50	-4.47***
学习投入总分	73.70±20.10	84.45±17.05	-9.89***

注：*$P<0.05$，**$P<0.01$，***$P<0.001$。

五、团体活动反馈

根据团体心理辅导反馈表，团体成员的满意度较高，认为通过团辅活动掌握可以提高自己沟通及倾听技巧和积极学业情绪的方法，以及如何调节自己的消极学业情绪。并且在小组之间进行分享和讨论的同时，找到适合自己的学习方法，以更加积极的心态去面对生活和学习中的困难。

六、研究结论

根据研究一、研究二数据结果可得出如下结论：

第一，高中生人际关系总体状况处于中等水平；消极学业情绪得分高于积极学业情绪得分，说明高中生学业情绪状况处于中等偏下水平；学习投入总分及各因子得分都高于理论中值，说明高中生学习投入总体状况是中等偏上且积极的。

第二，在人口统计学变量上，高中生人际关系总体水平在性别、年级上差异显著；积极高唤醒在性别、生源地、上差异显著；消极学业情绪在性别、生源地及年级上差异显著；学习投入总体水平在性别、年级上差异显著。

第三，在相关性上，积极学业情绪与人际关系呈显著负相关，与学习投入呈显著正相关；消极学业情绪与人际关系呈显著正相关，与学习投入呈显著负相关；高中生人际关系越困扰，学习投入得分越低，学习投入状况就越差，两者间呈显著负相关。

第四，在中介效应分析上，积极学业情绪和消极学业情绪均在人际关系与学习投入间存在着部分中介作用。

第五，以提高积极学业情绪为主题的团体心理辅导对于提升高中生的学业情绪有积极影响，对学习投入的提升效果一般。

七、教育启示

学生的学习态度和行为会受到同学和老师相处方式的影响。人际关系中产生的愉快等积极情绪会转移到学习中，当学生积极投入学习当中时，他们会产生更多积极的情感体验，从而学生对学习更有信心，促进更好的学习效果。为学生营造和谐的学习环境，促进学生的心理健康，提出以下几个方面的建议：

（一）学校方面

高中生的大部分时间都在学校度过，学校环境和氛围对学生有潜移默化的影响。学校不能只片面追求学业绩效,也应关注学生的心理健康。因此,学校要做好关于高中生心理健康的工作。

第一,学校方面应该更加重视心理活动课。心理活动课是对中学生进行心理健康教育的重要方式,教师可以通过充分发挥课堂教学的优势去培养学生的积极学业情绪。如帮助学生掌握舒缓考试压力的有效策略,在情景模拟中学会如何面对生活中的挫折。

第二,配备专门的心理咨询老师和咨询设施。如果学生在心理方面出现问题或困扰,可及时寻求心理咨询老师的帮助,进行恰当的心理疏导,不仅可以守护学生的身心健康,更进一步避免了校园心理卫生事件的发生。

(二)教师方面

教师的处事方式及人格特点对学生有很大的影响,很多学生把自己的老师视为自己的榜样,所以教师积极向上态度及行为有利于学生的身心健康发展。

第一,关注学生的学业情绪。无论课堂内外,教师都应关注学生的学业情绪状态,识别出学生的积极或消极的学业情绪,引导学生在学习过程中提升自己的积极学业情绪,并利用愉快、希望等的积极学业情绪投入到学习当中,尊重学生的认知和个性发展,通过创新的教学形式和生动的教学内容去提升学生在课堂中的活跃性。

第二,引导学生制订清晰、合理的目标。在教学中,制订明确合理的目标,有助于学生的自主学习。

(三)家长方面

父母是孩子的第一任老师,也是孩子的启蒙教育者。在日常生活应该与孩子有更多的言语交流和情感支持,增加与孩子之间的互动,营造良好的家庭氛围。

第一,疏导不良情绪。当孩子遇到生活或者学习当中的困难时,不能坐视不管或冷漠对待,而应及时给予帮助并疏导其不良情绪。

第二,关注子女心理健康。父母应该更加关注孩子的心理发展。父母应该发挥积极作用,关注孩子的情绪变化,并在调节情绪方面给予他们指导和支持。

(四)个人方面

第一,正确悦纳自己。根据埃里克森的八个阶段,高中生正处于青春期,这个时期的他们在自我认同和角色混淆的冲突中挣扎。他们渴望得到别人的认同,并很重视别人对他们的看法。因此,与同龄人、老师、长辈交流时，高中生要理性地看待人际关系，并学会倾听意见，做出合理的自我评价。学会探索和发现自己的长处以提高自信心，从而正确接纳自己。

第二，学习人际沟通技巧。比如在团体心理辅导课中学到的关于人际沟通技巧运用到实际生活中。其次，高中生需要在现实生活中多和同龄人或者老师进行交流，以增强他们的自信。此外，多在实际生活或实践活动中锻炼自己的人际交往能力。例如可通过参加班级组织的活动获得正向积极的体验，在班级中找到归属感。最后，如果不能解决关于人际关系或者适应等问题，应向父母或学校心理老师寻求帮助，并进行个人心理咨询，进而解决人际交往问题，缓解其中的困扰，帮助自己建立良好的心态去面对学习和生活上的事情。

第九节　高中生亲子性话题沟通、亲子依恋和性心理健康的关系和干预研究

高中正处在青春期发展的中间阶段。青春期的迅速生长，脑部发育所导致的荷尔蒙分泌增加，触发了青春期的性欲，从而让青春期的孩子们对"性"有了强烈的兴趣。但是他们缺少充分的认识和心理上的准备，这很可能会导致青少年产生尴尬、焦虑、恐惧、不知所措等消极的情感，这些都会对青少年的性、精神状况造成很大的不利影响。

在影响性心理健康的因素中，亲子依恋和亲子性话题沟通是其中重要的影响因素。研究者将对高中生的亲子性话题沟通、亲子依恋以及性心理健康的关系进行研究，探索亲子依恋在亲子性话题沟通对性心理健康的中介作用。本研究希望设计高中生亲子依恋团体干预方案，提高高中生的亲子依恋水平，促进亲子性话题沟通的开放和谐，促进高中生性心理健康的发展。

研究一　高中生亲子性话题沟通、亲自依恋与性心理健康的关系研究

一、研究对象

以青海省西宁市部分高中生为研究对象，对研究对象说明问卷调查目的及保密原则，拟发放问卷700份，回收有效问卷685份，回收有效率97.8%。其中高一年级234份（男生119份，女生115份），高二年级237

份(男生118份,女生119份),高三年级214份(男生106份,女生108)。具体被试情况见表3-204。

表3-204 被试基本情况($N=685$)

变量	类别	频率	百分比(%)
年级	高一	241	31.20
	高二	234	34.20
	高三	237	34.60
性别	男	343	50.10
	女	342	49.90
是否独生子女	非独生	382	55.80
	独生	303	44.20
生源地	城市	327	47.70
	农村	358	52.30
是否留守儿童	留守	22	3.20
	非留守	663	96.80
家庭状况	非单亲	619	90.40
	单亲	66	9.60
父亲文化程度	高中及以下	618	90.20
	本科	63	9.20
	硕士研究生	2	0.30
	博士研究生	2	0.30
母亲文化程度	高中及以下	617	90.10
	本科	65	9.50
	硕士研究生	3	0.40
	博士研究生	0	—

二、研究工具

本研究采用问卷调查的方法,总共包含四个问卷。

第一部分为自编学生基本情况调查表,共八个问题,主要包括性别、年级、生源地、是否独生、是否为单亲、父母学历水平、是否为留守儿童。

第二部分为山东师范大学心理学院王小荣(2017)修订的《亲子性话题沟通问卷》,包含父子、母子性话题沟通两个维度,性话题沟通总分Cronbach α系数为0.793,信度良好。每个维度有11个题,采用李克特5点记分,1"非常不同意",5"非常同意"。

第三部分为 Pace CS 等编制的《父母与同伴依恋问卷》(IPPA)中父子、母子依恋分量表,本研究测得父子依恋维度 Cronbach α 系数为 0.763,母子依恋维度 Cronbach α 系数为 0.749,亲子依恋总分 Cronbach α 系数为 0.796,信度良好。每个分量表 25 个项目,分为信任(7 题)、沟通(8 题)和疏离(10 题)三个维度,Cronbach α 系数分别为采用 Likert 五点记分。

第四部分为西南大学郑涌、骆一(2005)编制的《青春期性心理健康量表》,该量表共有 46 个题项,3 个维度:性认知维度(9 题),性价值观维度(9 题);性适应维度(15 题),另外包含测谎题 8 项,量表采用李克特 5 级评分。本研究中三个分量表 Cronbach α 系数为 0.713、0.726、0.796,性心理健康总分 Cronbach α 系数为 0.715,信度良好。

三、研究结果

(一)亲子性话题沟通、亲子依恋和性心理健康的总体情况

对所得数据进行单样本 t 检验,结果如表 3-205 所示:与理论中值相比,母子性话题沟通和父子性话题沟通、性话题沟通总分以及行心理健康总分均高于理论中值;父子依恋和亲子依恋总分均低于理论中值。进一步分析发现,母子依恋显著高于父子依恋($t = 8.774^{***}$),这表明高中生对母亲的依恋优于对父亲的依恋。总体来看,高中生的亲子性话题沟通情况良好,性心理健康状况良好,亲子依恋状况较差,依恋总体水平较低。

表 3-205 亲子性话题沟通、亲子依恋和性心理健康总体情况

	理论中值	M	SD	t
母子性话题沟通	33	34.11	5.90	4.90***
父子性话题沟通	33	35.19	7.28	7.86***
性话题沟通总分	66	69.26	10.75	7.95***
母子依恋	50	49.86	14.34	-3.97
父子依恋	50	41.00	16.28	-8.55***
亲子依恋总分	100	90.58	23.89	-5.01***
性心理健康	138	139.07	14.09	1.98*

注:*$P<0.05$,***$P<0.001$。

(二)亲子性话题沟通、亲子依恋、性心理健康在人口学变量上的比较

本研究对高中生的亲子性话题沟通、亲子依恋、性心理健康进行了基

本的统计描述以了解其基本状况。高中生亲子性话题沟通各维度、亲子依恋各维度、性心理健康各维度在性别、年级、生源地、是否独生子女、是否为留守儿童、家庭状况、父亲文化程度、母亲文化程度上的基本特点见表3-206到3-208。

表3-206 亲子性话题沟通各维度、亲子依恋各维度与
性心理健康各维度的描述统计（M，SD）

	男生	女生	高一	高二	高三
	M(SD)	M(SD)	M(SD)	M(SD)	M(SD)
XF	36.51(8.31)	33.87(5.81)	33.7(6.33)	36.41(7.10)	35.32(8.02)
XM	33.44(6.95)	34.77(4.54)	33.13(5.57)	33.76(5.92)	35.32(5.98)
MF	41.01(15.40)	35.76(16.72)	35.48(16.25)	40.00(17.18)	39.41(15.06)
MF1	33.22(7.76)	30.75(8.40)	29.86(8.44)	33.17(8.15)	32.73(7.59)
MF2	24.90(6.26)	21.16(6.70)	22.64(6.79)	23.49(6.91)	22.95(6.55)
MF3	17.11(4.55)	16.16(4.56)	17.02(4.75)	16.66(4.83)	16.27(4.12)
MM	47.17(12.86)	46.59(15.86)	42.50(13.38)	48.91(13.96)	48.84(14.72)
MM1	35.02(6.47)	33.67(7.03)	32.10(6.51)	34.65(6.57)	36.08(6.70)
MM2	28.74(5.07)	27.72(7.44)	26.94(5.97)	29.30(6.15)	28.33(6.77)
MM3	16.58(4.25)	14.80(4.29)	16.54(4.10)	15.04(4.53)	15.57(4.29)
Y1	35.23(5.80)	33.83(5.46)	33.49(5.96)	34.46(4.93)	35.54(5.94)
Y2	31.64(6.56)	33.99(5.19)	31.94(5.25)	33.47(6.92)	32.95(5.66)
Y3	72.42(8.06)	71.02(7.22)	69.55(7.88)	73.12(7.17)	72.30(7.59)

注：XF父子性话题沟通、XM母子性话题沟通、MF父子依恋、MF1父子信任、MF2父子沟通、MF3父子疏离、MM母子依恋、MM1母子信任、MM2母子沟通、MM3母子疏离、Y1性认知维度、Y2性价值观维度、Y3性适应维度。

对不同性别和年级高中生的亲子性话题沟通各维度、亲子依恋各维度、性心理健康各维度进行差异性检验得出以下结果：

1. 年级差异

性适应维度的年级差异显著[$F(2,684)=13.65$，$P<0.001$]，经事后多重比较（LSD）表明高二、高三年级学生得分显著高于高一年级（$P<0.001$）学生得分，高二、高三年级学生得分差异不显著（$P>0.05$）。父子信任的年级差异显著[$F(2,684)=10.98$，$P<0.001$]，经事后多重比较（LSD）表明高二、高三年级学生得分显著高于高一年级（$P<0.001$）学生得

分，高二、高三年级学生得分差异不显著($P>0.05$)。母子信任的年级差异显著$[F(2,684)=20.90,P<0.001]$，经事后多重比较(LSD)表明高二、高三年级学生得分显著高于高一年级($P<0.001$)学生得分，高二、高三年级学生得分差异不显著($P>0.05$)。母子沟通的年级差异显著$[F(2,684)=7.85,P<0.001]$，经事后多重比较(LSD)表明高二年级学生得分显著高于高一年级($P<0.001$)学生得分，高三年级与高二、高一年级学生得分差异不显著($P>0.05$)。母子依恋的年级差异显著$[F(2,684)=15.15,P<0.001]$，经事后多重比较(LSD)表明高二、高三年级学生得分显著高于高一年级($P<0.001$)学生得分，高二、高三年级学生得分差异不显著($P>0.05$)。亲子依恋总分的年级差异显著$[F(2,684)=15.13,P<0.001]$，经事后多重比较(LSD)表明高二、高三年级学生得分显著高于高一年级($P<0.001$)学生得分，高二、高三年级学生得分差异不显著($P>0.05$)。母子性话题沟通的年级差异显著$[F(2,684)=8.57,P<0.001]$，经事后多重比较(LSD)表明高三年级学生得分显著高于高一年级($P<0.001$)学生得分，高一、高二年级学生得分差异不显著($P>0.05$)。父子性话题沟通的年级差异显著$[F(2,684)=7.97,P<0.001]$，经事后多重比较(LSD)表明高二年级学生得分显著高于高一年级($P<0.001$)学生得分，高三年级与高一、高二年级学生得分差异不显著($P>0.05$)。亲子性话题沟通总分的年级差异显著$[F(2,684)=8.332,P<0.001]$，经事后多重比较(LSD)表明高三年级学生得分显著高于高一年级($P<0.001$)学生得分，高二年级与高一、高三年级学生得分差异不显著($P>0.05$)。

2. 性别差异

性价值观维度的性别差异显著$[F(1,684)=26.96,P<0.001]$，主要表现为女生得分高于男生。父子信任维度的性别差异显著$[F(1,684)=15.88,P<0.001]$，主要表现为男生得分高于女生。父子沟通维度的性别差异显著$[F(1,684)=57.02,P<0.001]$，主要表现为男生得分高于女生。父子依恋总分的性别差异显著$[F(1,684)=18.28,P<0.001]$，主要表现为男生得分高于女生。母子疏离维度的性别差异显著$[F(1,684)=29.97,P<0.001]$，主要表现为男生得分高于女生。父子性话题沟通维度的性别差异显著$[F(1,684)=23.30,P<0.001]$，主要表现为女生得分高于男生。

第三章
西部地区中学生心理健康现状研究

表 3-207 亲子性话题沟通各维度、亲子依恋各维度与
性心理健康各维度的描述统计（M，SD）

	生源地		是否独生		是否留守儿童	
	城市	农村	非独生	独生	是	不是
	M(SD)	M(SD)	M(SD)	M(SD)	M(SD)	M(SD)
XF	35.11(6.70)	35.26(7.78)	35.76(7.92)	34.47(6.32)	29.45(5.84)	35.38(7.25)
XM	33.77(5.58)	34.41(6.17)	33.59(6.30)	34.76(5.29)	30.68(2.99)	34.22(5.94)
MF	40.62(15.50)	36.35(16.72)	36.48(17.58)	40.80(14.13)	32.91(11.13)	38.57(16.39)
MF1	32.89(8.18)	31.16(8.08)	31.15(8.47)	33.04(7.67)	28.23(5.49)	32.11(8.22)
MF2	24.22(6.51)	23.96(6.79)	21.74(6.94)	24.67(6.12)	21.68(5.18)	23.08(6.79)
MF3	16.49(4.31)	16.77(4.81)	16.42(4.70)	16.91(4.40)	17.00(4.25)	16.62(4.59)
MM	44.21(14.72)	49.32(13.54)	47.55(15.12)	46.04(13.25)	45.55(17.19)	46.93(14.25)
MM1	33.45(7.28)	35.17(6.20)	34.32(6.76)	34.38(6.83)	32.18(7.46)	34.42(6.76)
MM2	27.59(6.51)	28.81(6.22)	27.99(7.00)	28.53(5.51)	27.41(8.15)	28.25(6.32)
MM3	16.83(4.53)	14.65(3.92)	15.76(4.13)	15.86(4.36)	14.05(4.01)	15.75(4.36)
Y1	35.25(5.47)	33.87(5.78)	33.71(5.44)	35.56(5.81)	34.41(5.52)	34.53(5.68)
Y2	32.15(6.81)	33.42(5.14)	33.94(4.89)	31.39(6.96)	31.95(7.02)	32.84(5.99)
Y3	72.76(7.76)	70.77(7.49)	70.71(7.18)	73.00(8.10)	66.09(6.39)	71.91(7.65)

不同生源地、是否为独生子女、是否为留儿童在亲子性话题沟通各维度、亲子依恋各维度、性心理健康各维度进行差异性检验得出以下结果：

3. 生源地差异

母子依恋总分的生源地差异显著[$F(1,684) = 22.41$，$P < 0.001$]，主要表现为农村得分高于城市。

4. 是否为独生子女差异

性认知维度的是否为独生子女差异显著[$F(1,684) = 18.29$，$P < 0.001$]，主要表现为独生子女得分高于非独生。性价值观维度的是否为独生子女差异显著[$F(1,684) = 31.53$，$P < 0.001$]，主要表现为非独生子女得分高于独生子女。性适应维度的是否为独生子女差异显著[$F(1,684) = 15.44$，$P < 0.001$]，主要表现为独生子女得分高于非独生。父子沟通维度的是否为独生子女差异显著[$F(1,684) = 33.28$，$P < 0.001$]，主要表现为独生子女得分高于非独生。

5. 是否为留守儿童差异

性适应维度的是否为留守儿童差异显著〔$F(1,684) = 12.43, P < 0.001$〕,主要表现为非留守得分高于留守儿童。父子性话题沟通的是否为留守儿童差异显著〔$F(1,684) = 14.355, P < 0.001$〕,主要表现为非留守得分高于留守儿童。

表 3-208 亲子性话题沟通各维度、亲子依恋各维度与
性心理健康各维度的描述统计(M,SD)

	家庭状况		母亲文化程度		
	非单亲	单亲	高中及以下	本科	硕士研究生
	M(SD)	M(SD)	M(SD)	M(SD)	M(SD)
XF	35.45(7.33)	32.73(6.40)	35.02(7.23)	36.80(7.77)	35.00(5.20)
XM	34.40(5.96)	31.33(4.44)	34.09(5.81)	24.12(6.87)	36.33(0.58)
MF	38.64(16.40)	36.03(14.98)	37.49(16.13)	47.17(15.24)	31.67(15.01)
MF1	32.25(8.19)	29.52(7.62)	31.57(8.18)	36.06(7.00)	28.67(4.62)
MF2	22.96(6.73)	23.74(6.95)	22.75(6.71)	25.77(6.45)	21.67(9.82)
MF3	16.57(4.68)	17.23(3.36)	16.83(4.59)	14.66(4.05)	18.76(0.58)
MM	47.65(14.52)	39.67(10.01)	47.22(14.39)	44.11(13.81)	38.33(4.04)
MM1	34.76(6.69)	30.47(6.46)	34.39(6.82)	34.03(6.64)	32.00(1.73)
MM2	28.45(6.44)	26.12(5.37)	28.38(6.42)	27.14(5.86)	21.33(5.77)
MM3	15.56(4.33)	16.92(4.45)	15.55(4.39)	17.06(3.90)	15.00(3.46)
Y1	34.56(5.75)	34.26(4.94)	34.32(5.73)	36.48(4.64)	34.67(7.51)
Y2	32.96(6.06)	31.45(5.52)	32.74(5.98)	33.45(6.51)	34.67(5.77)
Y3	71.98(7.65)	69.29(7.54)	71.46(7.54)	74.57(8.36)	64.00(6.93)

家庭状况和母亲文化程度、父亲文化程度在亲子性话题沟通各维度、亲子依恋各维度、性心理健康各维度进行差异性检验得出以下结果:

6. 家庭状况差异

母子信任维度的家庭状况存在显著差异〔$F(1,684) = 24.68, P < 0.001$〕,主要表现为非单亲得分高于单亲家庭。母子依恋的家庭状况存在显著差异〔$F(1,684) = 18.99, P < 0.001$〕,主要表现为非单亲得分高于单亲家庭。母子性话题沟通维度的家庭状况存在显著差异〔$F(1,684) = 16.49, P < 0.001$〕,主要表现为非单亲得分高于单亲家庭。性话题沟通总分的家庭状况存在显著差异〔$F(1,684) = 16.49, P < 0.001$〕,主要表现

为非单亲得分高于单亲家庭。

7. 母亲文化程度差异

父子依恋维度的家庭状况存在显著差异〔$F(2, 684) = 10.96$, $P < 0.001$〕，经事后多重比较(LSD)表明高中及以下文化与本科文化得分之间存在显著差异，本科文化水平得分显著高于高中以及下文化水平得分。父子信任维度的家庭状况存在显著差异〔$F(2, 684) = 9.34$, $P < 0.001$〕，经事后多重比较(LSD)表明高中及以下文化与本科文化得分之间存在显著差异，本科文化水平得分显著高于高中以及下文化水平得分。

8. 父亲文化程度差异

经差异性检验得出，父亲文化程度在上述亲子性话题沟通、亲子依恋、性心理健康各维度上不存在显著差异，因此未呈现在表格中。

(三) 亲子性话题沟通、亲子依恋、性心理健康的相关性分析

1. 亲子性话题沟通、亲子依恋、性心理健康总分的相关性

表 3-209　亲子性话题沟通、亲子依恋、性心理健康总分的相关分析

	亲子性话题沟通	亲子依恋	性心理健康
亲子性话题沟通	1		
亲子依恋	0.60**	1	
性心理健康	0.47**	0.47**	1

注：**$P < 0.01$。

皮尔逊积差相关分析结果显示，亲子性话题沟通、亲子依恋、性心理健康总分之间均存在显著正相关($P < 0.01$)，见表 3-209。

2. 亲子性话题沟通、亲子依恋、性心理健康各维度的相关性

表 3-210　亲子性话题沟通各维度、亲子依恋各维度、性心理健康各维度的相关分析

	XF	XM	MF	MF1	MF2	MF3	MM	MM1	MM2	MM3	Y1	Y2	Y3
XF	1												
XM	0.51**	1											
MF	0.42**	0.47**	1										
MF1	0.37**	0.43**	0.94**	1									
MF2	0.35**	0.41**	0.91**	0.80**	1								
MF3	-0.39**	-0.38**	-0.75**	-0.60**	-0.52**	1							

续表

	XF	XM	MF	MF1	MF2	MF3	MM	MM1	MM2	MM3	Y1	Y2	Y3
MM	0.51**	0.46**	0.58**	0.54**	0.48**	-0.51**	1						
MM1	0.46**	0.42**	0.54**	0.52**	0.44**	-0.45**	0.94**	1					
MM2	0.46**	0.41**	0.57**	0.52**	0.54**	-0.42**	0.92**	0.80**	1				
MM3	-0.44**	-0.39**	-0.40**	-0.35**	-0.26**	0.53**	-0.80**	-0.66**	-0.60**	1			
Y1	0.32**	0.30**	0.30**	0.31**	0.23**	-0.25**	0.25**	0.26**	0.21**	-0.18**	1		
Y2	0.28**	0.20**	0.18**	0.18**	0.17**	-0.26**	0.26**	0.20**	0.19**	-0.38**	0.25**	1	
Y3	0.37**	0.40**	0.44**	0.45**	0.37**	-0.31**	0.40**	0.37**	0.34**	-0.32**	0.59**	0.38**	1

注：**$P<0.01$。

皮尔逊积差相关分析结果显示，父子性话题沟通与母子性话题沟通与父子、母子依恋的沟通、信任维度之间存在显著正相关（$P<0.01$）；父子性话题沟通与母子性话题沟通与父子、母子依恋的疏离维度之间存在显著负相关（$P<0.01$）。

父子依恋及父子沟通、父子信任分维度得分与性认知、性价值观和性适应之间均存在显著正相关（$P<0.01$）；母子依恋及母子沟通、母子信任分维度得分与性认知、性价值观和性适应之间均存在显著正相关（$P<0.01$）；父子疏离、母子疏离与性认知、性价值观和性适应之间均存在显著负相关（$P<0.01$）。

父子性话题沟通、母子性话题沟通与性认知、性价值观和性适应之间均存在显著正相关（$P<0.01$）。

（四）亲子性话题沟通、亲子依恋和性心理健康的回归分析

通过对高中生亲子性话题沟通、亲子依恋和性心理健康的关系研究发现，三个变量之间存在两两相关显著，进一步对三者进行线性回归分析，分别进行自变量对因变量、自变量通过中介变量对因变量以及中介变量对自变量的回归分析。

1. 亲子性话题沟通对性心理健康的回归分析

以亲子依恋为预测变量，亲子性话题沟通为因变量进行线性回归，探究亲子依恋对亲子性话题沟通的预测作用。结果表明，亲子依恋对亲子性话题沟通的回归显著，解释率分别为22%，说明亲子性话题沟通对性心理健康有显著的正向预测作用，见表3-211。

表3-211　亲子依恋对亲子性话题沟通的回归分析

因变量	预测变量	R	R^2	F	标准化系数β	t
亲子性话题沟通	亲子依恋	0.47	0.22	99.83***	0.47	9.99***

注：***$P<0.001$。

2. 亲子性话题沟通-亲子依恋对性心理健康的回归分析

以亲子性话题沟通和亲子依恋为自变量，性心理健康为因变量，探究亲子性话题沟通和亲子依恋对性心理健康的预测作用。结果表明，亲子性话题沟通-亲子依恋对性心理健康的回归显著，解释率分别为22%和26%，说明亲子性话题沟通通过亲子依恋对性心理健康有显著的正向预测作用，见表3-212。

表3-212　亲子性话题沟通、亲子依恋对性心理健康的回归分析

因变量	预测变量	R	R^2	F	标准化系数β	t
性心理健康	亲子性话题沟通	0.47	0.22	99.83***	0.31	5.43***
	亲子依恋	0.52	0.26	63.75***	0.27	4.66***

注：***$P<0.001$。

3. 亲子依恋对亲子性话题沟通的回归分析

以亲子依恋为自变量，亲子性话题沟通为因变量，探究亲子依恋对亲子性话题沟通的预测作用。结果表明，亲子依恋对亲子性话题沟通的回归显著，解释率分别为36%，说明亲子依恋对亲子性话题沟通有显著的正向预测作用，见表3-213。

表3-213　亲子依恋对亲子性话题沟通的回归分析

因变量	预测变量	R	R^2	F	标准化系数β	t
亲子性话题沟通	亲子依恋	0.60	0.36	195.24***	0.60	13.97***

注：***$P<0.001$。

（五）亲子依恋在亲子性话题沟通对性心理健康的中介效应检验

相关分析结果表明亲子性话题沟通、亲子依恋、性心理健康总分之间均存在显著正相关，回归分析表明亲子性话题沟通-亲子依恋对性心理健康有显著的正向预测作用。因此本研究将进一步分析亲子依恋在其中的中介作用，本研究使用Process插件以亲子依恋总分为中介变量，亲子性话题

沟通总分为自变量，高中生性心理健康总分为因变量进行中介效应检验，见表3-214。

表3-214 亲子依恋的中介效应检验

中介变量	效应类型	效应值	95%置信区间
亲子依恋	总效应	0.56	[0.453, 0.675]
	直接效应	0.37	[0.237, 0.507]
	间接效应	0.19	[0.101, 0.289]

中介效应检验结果表明，中介效应的95%置信区间为[0.101, 0.289]，不包含0，说明亲子依恋在亲自性话题沟通与性心理健康之间的中介效应显著。进一步分析结果如下表3-215：

表3-215 亲子依恋的中介效应分析

	路径系数	SE	t
亲子性话题沟通→亲子依恋	0.60	0.11	13.97***
亲子依恋→性心理健康	0.27	0.26	4.66***
亲子性话题沟通→性心理健康	0.47	0.56	9.99***

注：***$P<0.001$。

根据分析结果，当引入亲子依恋为中介变量时，亲子性话题沟通对中介变量影响的路径系数a为0.60($P<0.001$)，中介变量对性心理健康影响的路径系数b为0.27($P<0.001$)，亲子性话题沟通对性心理健康影响的路径系数c'为0.47($P<0.001$)。因此亲子依恋在亲子性话题沟通对性心理健康的影响中起到部分中介作用显著，中介效应占比34%。得到模型图如下图3-6：

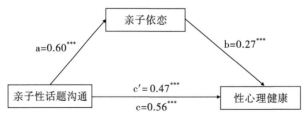

图3-6 亲子依恋在亲子性话题沟通和性心理健康之间的中介效应模型图

注：***$P<0.001$。

四、分析与讨论

(一)亲子性话题沟通的基本特点

总体来看,亲子性话题沟通得分高于理论中值,这说明总体上高中生与父母进行性话题沟通的状况较好,其中父子性话题沟通与母子性话题沟通的状况不存在显著差异。王争艳的研究认为由于受生育政策的影响,出现更多一孩家庭,这这就导致了家长和子女之间,尤其是在性别身份上,对于性问题交流的开放性,也就几乎不存在了。这与本研究结果一致,随着中国家庭对男孩、女孩的教育支持上的无差异,对性别的刻板印象越来越小,与子女进行性话题的交流也不存在什么差异了。

在人口学变量上,父子性话题沟通和母子性话题沟通在年级上存在显著差异,具体表现为父子性话题沟通高二年级显著高于高一年级;母子性话题沟通高三年级显著高于高一年级。这可能是因为调查对象所在学校的高二、高三年级学生接受过一定的性心理健康或者性教育课程,与父母之间能更理性平等地进行性话题的沟通。父子性话题沟通存在显著性别差异,主要表现为女生得分高于男生。这可能是由于父亲作为男性,对女生的性安全更为重视。父子性话题沟通、母子性话题沟通在生源地上不存在显著差异。这可能是由于城市或者农村户口,由于互联网的飞速发展和城市化进程的发展,二者之间的差异越来越不存在。父子性话题沟通、母子性话题沟通在是否为独生子女上不存在显著差异。这可能是因为父母与子女的沟通教育不会因为独生或非独生而产生较大差异。父子性话题沟通在是否为留守儿童上存在显著差异,这可能是因为比起母亲,留守儿童与父亲之间更少通过电话、网络视频等方式进行沟通和交流,因此不能及时了解高中生子女身体和心理的发展变化。母子性话题沟通维度在家庭情况上存在显著差异,这可能是因为单亲家庭成长的子女不能与父母双方进行有选择的性话题沟通,比如女生可能倾向于选择母亲,也可能是父亲在家庭中与子女进行性话题沟通比母亲少。

(二)亲子依恋的基本特点

总体来看,高中生父子依恋、母子依恋以及亲子依恋的均分都低于理论中值,这表明高中生亲子依恋状况不理想。其中母子依恋高于父子依恋差异显著,这与林安琦对高中生亲子依恋的调查结果较一致。推测原因如下:第一,随着年龄的增长,高中生对父母的依恋逐渐减少,与父母之间的依恋关系逐渐转向同伴依恋。第二，高中生的学业压力较大，个体的独立意识增强，此阶段与父母相处也容易产生矛盾，因此和父母的依恋水平普遍较低。

亲子依恋从人口学变量的差异性分析来看，父子信任、母子信任的年级差异显著，高二、高三年级得分高于高一年级，这可能是因为随年级增长，高中生的逆反心理发生转变，逐渐增加的学业压力也让高年级学生增加对父母的依赖和信任，减少疏离感。母子沟通的高二年级显著高于高一年级，这可能是因为高二年级是叛逆心理的转变期，高二年级学生已经走出了初升高中的陌生状态，逐渐习惯高中的学习氛围，增加了与母亲的沟通。母子依恋总分、亲子依恋总分同样存在高二、高三年级显著高于高一年级的差异，这就说明了整体角度和分维度角度，高二年级可能是亲子依恋的一个转变期，高二年级学生通过熟悉高中生活，独立意识增强的同时，选择维护与父母的依恋关系，不再处于绝对叛逆的阶段。父子信任、父子沟通及父子依恋总分均存在男生高于女生的差异，这可能是由于在高中时期，男生随着第二性征的成熟，对同性别的父亲有更多的认同感，兴趣爱好的发展也相对成熟，因此会有更多的话题可以与父亲沟通。母子疏离维度男生高于女生差异显著，这可能是因为男生在高中阶段与母亲的冲突增加导致的，更反感母亲的约束与管教，因此以疏离的表现来应对母亲。在生源地差异方面，母子依恋得分农村高于城市，这可能是因为城市子女有更多的独处空间和时间，母亲一般也有各自的工作需要处理，有更少的时间与子女相处。在是否为独生子女方面，父子沟通上独生子女得分高于非独生，这可能是因为非独生子女在日常生活中有兄弟姊妹陪伴，遇事也有兄弟姊妹一起分享和讨论，因此与父亲的沟通相对会减少。而独生子女生活环境单一，缺乏与兄弟姐妹的交流，因此更多地与父母进行交流，这与李俊磊的研究一致。在家庭状况方面，母子信任和母子依恋得分非单亲家庭高于单亲家庭差异显著，这可能是因为非单亲家庭的家庭结构更稳定，单亲家庭存在两种可能性，父亲缺失或母亲缺失，这两种情况都可能会造成子女对父母的信任度降低，依恋关系更难维持。在母亲文化程度上，父子信任、父子依恋上母亲本科文化水平显著高于母亲高中以及下文化水平，这可能说明，母亲的文化程度不同，可能会影响父子的依恋关系，文化水平较高的母亲，可能在教育孩子方面更加科学。

（三）性心理健康的基本特点

在人口学变量上，性认知、性价值观上不存在年级差异，这与郑钦元的研究结论部分不一致，可能是随着国家对性教育的重视程度提高，不同年级的学生在掌握性知识、树立正确性价值观上不存在很大差异。性适应维度的年级差异显著，高二、高三年级显著高于高一年级，这与郑钦元的研究结论一致，这可能是因为随年龄增长，高二高三学生对性心理的认识更加科学理性，明白如何处理日常生活中遇到的性适应上的困难，因此高年级学生有更好的性适应能力。

在性知识维度上男女不存在差异，这与王小荣的研究结论一致，她认为随着时代发展，人们对社会性别角色的刻板印象弱化，女性对于性的态度由封闭逐渐开放，因此高中男生和女生在性知识和性适应能力上不存在显著差异。在性适应维度性别差异不显著，这与潘瑞等人以及郑钦元的研究结果一致。性价值观维度的性别差异显著，主要表现为女生得分高于男生。这可能是因为女生在家庭、社会中被要求遵守更多的行为规范，因此有更加严谨的性价值观；在性心理发育角度，高中生本能的对异性感兴趣，男生相对更能释放活跃的想法，因此可能会有更加放松的性价值观。

性认知维度在是否为独生子女上存在显著差异，表现为独生子女得分高于非独生子女。这可能是因为在独生子女家庭中，父母会倾注更多的注意力在一个孩子的身心变化和发展上；另一方面，非独生子女的家庭，有些父母将部分责任分担给长子或长女，导致无法从父母那里获取生理知识和性知识。性价值观维度在是否为独生子女上存在显著差异，主要表现为非独生子女高于独生子女。这可能是因为非独生子女长期与兄弟姐妹生活在同一空间，彼此的相处经验利于非独生子女形成更完善健康的性观念和性态度。性适应维度在是否为独生子女上存在显著差异，表现为独生子女得分高于非独生。这可能是因为独生子女在成长过程中，没有兄弟姐妹可以交流分享成长中的困惑，更多时间关注自身，对自身的思考更加深入，明白什么时候该有什么表现，因此获得更完善的性适应能力。在是否为留守儿童上，性适应维度存在显著差异，表现为非留守儿童高于留守儿童。这可能是因为留守儿童对性内容的沟通对象比非留守儿童少，隔代养育或者亲戚寄养的成长经历使其更难在家庭关系中获得实践经验，因此性适应力不如非留守儿童。

（四）亲子性话题沟通和亲子依恋的相关性讨论

根据相关性分析结果，亲子性话题沟通与亲子依恋呈显著正相关，这与赵冬艳的研究结论一致。从各维度的相关性来看，父子性话题沟通、母子性话题沟通与父子依恋、母子依恋之间均存在显著正相关。这说明高中生亲子性话题沟通越好,亲子依恋的水平越高。

本研究测查的高中生亲子依恋水平并不理想,这侧面印证了高中生的叛逆性,与父母间的信任度降低,沟通减少,疏离增加。根据数据分析,亲子间进行性话题沟通总体上有不错的结果,这相比于以往的研究有很大的进步,可能是随着家长朋友对孩子性教育的重视增加,也乐于同青春期的孩子交流长大成人的道理。

(五)亲子性话题沟通和性心理健康的相关性讨论

根据相关性分析结果,亲子性话题沟通与性心理健康之间呈显著正相关。从各维度相关性来看,父子性话题沟通、母子性话题沟通与性认知、性价值观、性适应维度均存在显著正相关,这与王小荣的研究结果一致。这说明父母和子女之间进行良好的性话题沟通,的确会帮助子女建立更好的性心理健康模式,会有更好的性认知、性价值观和性适应能力。同时,性心理健康水平较高的高中生,也会和父母有更融洽的性话题沟通。

本研究测查的高中生性心理健康状况较好,这与以往的研究相比也存在很大提升。这些高中生的亲子性话题沟通水平与性心理健康水平显著正相关,推测在家庭中,与父母进行性话题沟通的学生越来越多,以合适的时机和认真的态度与父母进行性相关问题的沟通,父母对孩子也给予真诚的回答,这种良性的循环有所增长。

(六)亲子依恋和性心理健康的相关性讨论

根据相关性分析结果,亲子依恋与性心理健康之间存在显著正相关,这与李俊磊的研究结论一致。从各维度相关性来看,除父子疏离、母子疏离外,高中生亲子依恋及其各维度与性认知、性价值观和性适应维度均存在显著正相关。

在高中时期,独立的需要和对父母依恋的需要并存,这就要求家长调整以往的相处模式,学会给孩子更多的自由与空间。与此同时,对于性相关的问题,以往研究也表明,父母相较于同伴,是更值得信任和可靠的人。本研究中也证实了这一点,与父母的依恋关系越好,性心理健康水平越高。

(七)回归分析的讨论

本研究通过回归分析进一步探索了三个变量之间的关系,结果表明亲子性话题沟通可以正向预测性心理健康,亲子性话题沟通还可以通过亲子依恋来正向预测性心理健康;亲子依恋对亲子性话题沟通也存在显著正向预测作用。这说明,亲子性话题沟通较好、亲子依恋水平较高的高中生,有更好的性心理健康水平;亲子依恋水平较高的高中生,亲子性话题沟通方面也更好。以上结论为研究二提供了理论支持,即通过干预亲子依恋,既可以提高亲子性话题沟通的质量,又能有效地促进高中生性心理健康。

(八)亲子依恋的中介作用讨论

本研究发现,亲子性话题对性心理健康既存在直接效应,又通过亲子依恋间接作用于性心理健康。这与汪斌的研究部分一致,他认为家庭变量(如亲子依恋和亲子沟通等)影响青少年的性态度及性行为。

经过研究调查,本文认为亲子依恋在其中发挥重要的作用,亲子依恋既与亲子性话题沟通存在显著正相关,又与性心理健康存在显著正相关,因此做进一步的中介效应检验,得出了亲子依恋的中介作用模型,说明亲子依恋在亲子性话题沟通与性心理健康之间起到中介作用。因此要达成提高性心理健康水平的目的,就要提高亲子依恋的质量水平,因此接下来的研究试图对亲子依恋进行团体辅导干预,验证是否能提高性心理健康水平,这为接下来的干预研究奠定了基础。

研究二 高中生亲子依恋的干预研究

一、研究对象

根据研究一数据分析的结果,选择高一同学为研究二的研究对象。按照自愿原则筛选出亲子依恋得分、亲子性话题沟通得分以及性心理健康水平得分均低于平均值的60名学生进入面试,经过面试选择符合本团体要求的学生,选择最后进入实验的学生40名,实验组和控制组各20名。

二、研究方法

本研究主要采用准实验法。本研究的研究二主要采用实验组对照组前后测设计,先使用问卷进行前测,然后对实验组进行亲子依恋心理团体辅导干预,对照组在实验过程中不做干预,在实验结束后实施与实验组相同的依恋团体辅导干预,最后使用问卷进行后测,对比前后测差异。

表3-216　实验组控制组前后测设计

组别	前测	实验处理	后测
实验组（20人）	O_1	X（团体辅导）	O_2
控制组（20人）	O_3		O_4

三、干预方案设计

结合研究对象的实际情况，在充分把握干预实验目的的基础上，参考国内外已有的依恋团体辅导方案，结合导师指导意见，最终确定以下团体辅导方案。

具体团体辅导方案见表3-217：

表3-217　高中生依恋团体辅导活动方案

单元名称	活动目标	活动内容
（一）你好，新朋友	1. 帮助团体成员了解基本的团体规则，鼓励成员积极参与团体，帮助成员建立具体的个人目标。 2. 帮助团体成员相互了解，初步建立团体归属感。 3. 推动成员间的互动和交流，积极倾听和关注其他成员，并作出反馈。 4. 引导团体成员自己建立规则，促进成员对规则的认知和自主服从	1. 相互认识：相识接龙； 2. 澄清目标：领导者自我介绍和介绍本次活动； 3. 建立目标："许愿精灵" 4. 团体契约：引导团体成员自己建立规则并签署团体契约书； 5. 结束活动：分享心得，提出期望
（二）信任之旅	1. 建立团体成员间的归属感。 2. 增强团体凝聚力，促进相互熟识。 3. 帮助成员认识到人际关系和沟通交流的重要性。 4. 促进团体成员彼此关心、相互信任	1. 加深认识：盲人旅行； 2. 加深交流：你演我猜； 3. 分享和交流
（三）我从哪里来	1. 帮助团体成员认识基本的生理发育知识。 2. 增进自我探索的动机并启发团体成员深入了解自己。 3. 促进团体成员提升对团体的依赖	1. 视频：孕育生命； 2. 自我探索：我的自画像； 3. 自我控制：传声筒； 4. 分享和交流

续表

单元名称	活动目标	活动内容
（四）我的家庭故事	1. 通过活动增进对自己家庭的认识，并从家庭关系中认识自己。 2. 深入家庭，感受家庭的温暖。探究家庭给自己带来的感受和影响。 3. 明确家庭中的支持来源，唤醒对父母的依恋	1. 热身活动：松鼠与大树； 2. 小课堂：讨论"什么是依恋"； 3. 深入思考：我的家庭树； 4. 分享和交流
（五）我想更懂你	1. 帮助团体成员体验自己的情绪，并合理表达自己的情绪。 2. 帮助团体成员学会换位思考，理解父母，提升对父母依恋的水平。 4. 使团体成员提高与父母沟通的动机	1. 我的情绪故事：表演情绪； 2. 换位思考："空椅子"； 3. 角色扮演："过家家"； 4. 给爸爸妈妈的一封信
（六）爸爸妈妈，听我说	1. 运用人际沟通的理论，帮助团体成员认识到自己以及家庭成员的不一致沟通模式。 2. 通过讨论，引发团体成员认识到家庭中一致/不一致的沟通模式。 3. 促进团体成员与父母实践一致沟通	1. 讨论：沟通模式； 2. 分析不同的家庭沟通模式； 3. 沟通障碍赛：情景模拟对话； 4. 确立目标：沟通计划书
（七）家庭小剧场	1. 帮助团体成员探索家庭互动模式。 2. 使团体成员认识到家庭在个人成长中的意义。 3. 帮助团体成员探索良好的家庭互动方式	1. 热身活动：鸡蛋小鸡； 2. 感悟生活意义：生命中最重要的五样东西； 3. 分享与交流
（八）江湖再见	1. 帮助团体成员回顾、总结自己的活动历程，对所学进行强化。 2. 对本次团体辅导的成果进行检验，收集后测问卷。 3. 进行团体分离，引导团体成员回归日常生活，并将团体辅导中的感悟在日常生活中实践	1. 回忆旅程：用彩笔绘画出自己的心路历程； 2. 分享环节：团体成员分享自己的航行历程； 3. 测验：当堂进行问卷的后测； 4. 结束环节：团体负责人分享总结，团体成员互相送上美好祝福

四、研究结果

(一) 高中生亲子依恋干预结果分析

1. 实验组与控制组前后测差异检验

对实验组和控制组的前测依恋数据进行独立样本 t 检验,结果如表3-218所示:实验组和控制组在进行依恋团体辅导干预前,父子依恋、母子依恋以及依恋总分均不存在显著差异,两组被试属于同质性群体。

表 3-218　实验组与控制组前测差异检验 ($M±SD$)

	实验组前测 ($n=20$)	控制组前测 ($n=20$)	t
父子依恋	40.20 ± 16.47	40.70 ± 11.58	-0.10
母子依恋	47.50 ± 15.09	47.95 ± 16.56	-0.12
父母依恋总分	87.70 ± 25.39	88.65 ± 16.72	-0.14

对实验组和控制组的后测依恋数据进行独立样本 t 检验,结果如表3-219所示:实验组和控制组在进行依恋团体辅导干预后,父子依恋、母子依恋和父母依恋总分上均存在不同程度的显著差异。

表 3-219　实验组与控制组后测差异检验 ($M±SD$)

	实验组后测 ($n=20$)	控制组后测 ($n=20$)	t
父子依恋	50.60 ± 8.43	40.40 ± 10.27	2.97**
母子依恋	57.15 ± 8.43	48.35 ± 15.87	2.88*
父母依恋总分	107.75 ± 14.56	88.75 ± 15.69	3.91**

注:$*P<0.05$,$**P<0.01$。

2. 控制组前后测差异检验

在依恋团体辅导干预后,对控制组前后测依恋数据进行配对样本 t 检验,结果如表3-220所示:控制组前后测数据在父子依恋、母子依恋以及父母依恋总分上均不存在显著差异。

表 3-220　控制组前后测差异检验 ($M±SD$)

	控制组前测 ($n=20$)	控制组后测 ($n=20$)	t
父子依恋	40.70 ± 11.58	40.40 ± 10.27	0.72
母子依恋	47.95 ± 16.56	48.35 ± 15.87	-0.63
父母依恋总分	88.65 ± 16.72	88.75 ± 15.69	-0.12

3. 实验组前后测差异检验

对实验组前后测依恋数据进行配对样本 t 检验，结果如表 3-221 所示：实验组前后测在父子依恋、母子依恋以及父母依恋总分上均存在不同程度的显著差异。

表 3-221　实验组前后测差异检验（M±SD）

	实验组前测($n=20$)	实验组后测($n=20$)	t
父子依恋	40.20±16.47	50.60±8.64	-4.21***
母子依恋	47.50±15.09	57.15±8.43	-3.27**
父母依恋总分	87.70±25.39	107.75±14.56	-5.10***

注：**$P<0.01$，***$P<0.001$。

（二）高中生亲子性话题沟通干预结果分析

1. 实验组与控制组前后测差异检验

对实验组和控制组的前测性话题沟通数据进行独立样本 t 检验，结果如表 3-222 所示：实验组和控制组在进行依恋团体辅导干预前，父子性话题沟通、母子性话题沟通以及性话题沟通总分均不存在显著差异，两组被试属于同质性群体。

表 3-222　实验组与控制组前测差异检验（M±SD）

	实验组前测($n=20$)	控制组前测($n=20$)	t
父子性话题沟通	33.95±4.62	32.55±9.62	0.52
母子性话题沟通	31.65±9.34	32.20±7.36	-0.18
性话题沟通总分	65.60±12.05	64.75±14.11	0.17

对实验组和控制组的后测亲子性话题沟通数据进行独立样本 t 检验，结果如表 3-223 所示：实验组和控制组在进行依恋团体辅导干预后，父子性话题沟通、母子性话题沟通和性话题沟通总分上均存在显著差异。

表 3-223　实验组与控制组后测差异检验（M±SD）

	实验组后测($n=20$)	控制组后测($n=20$)	t
父子性话题沟通	34.05±4.94	32.25±7.49	2.45*
母子性话题沟通	35.20±5.30	32.50±7.18	2.19*
性话题沟通总分	69.25±8.73	64.75±13.48	2.40*

注：*$P<0.05$。

2. 控制组前后测差异检验

在依恋团体辅导干预后，对控制组前后测性话题沟通数据进行配对样本 t 检验，结果如表 3-224 所示：控制组前后测数据在父子性话题沟通、母子性话题沟通和性话题沟通总分上均不存在显著差异。

表 3-224 控制组前后测差异检验（M ± SD）

	控制组前测（$n=20$）	控制组后测（$n=20$）	t
父子性话题沟通	32.55 ± 9.62	32.25 ± 7.49	0.39
母子性话题沟通	32.20 ± 7.36	32.50 ± 7.18	-1.24
性话题沟通总分	64.75 ± 14.11	64.75 ± 13.48	0.00

3. 实验组前后测差异检验

对实验组前后测性话题沟通数据进行配对样本 t 检验，结果如表 3-225 所示：实验组前后测数据在父子性话题沟通、母子性话题沟通和性话题沟通总分上均存在不同程度的显著差异。

表 3-225 实验组前后测差异检验（M ± SD）

	实验组前测（$n=20$）	实验组后测（$n=20$）	t
父子性话题沟通	33.95 ± 4.62	34.05 ± 4.94	-4.23***
母子性话题沟通	31.65 ± 9.34	35.20 ± 5.30	-3.35**
性话题沟通总分	65.60 ± 12.05	69.25 ± 8.73	-5.107***

注：**$P<0.01$，***$P<0.001$。

（三）高中生性心理健康干预结果分析

1. 实验组与控制组前测差异检验

对实验组和控制组的前测性心理健康数据进行独立样本 t 检验，结果如表 3-226 所示：实验组和控制组在进行依恋团体辅导干预前，性认知维度、性价值观维度、性适应维度以及性心理健康总分均不存在显著差异，两组被试属于同质性群体。

表 3-226 实验组与控制组前测差异检验（M ± SD）

	实验组前测（$n=20$）	控制组前测（$n=20$）	t
性认知	32.40 ± 6.89	32.80 ± 5.34	-0.21
性价值观	31.15 ± 4.66	32.75 ± 6.85	-0.85
性适应	69.15 ± 7.75	68.85 ± 6.83	0.12
性心理总分	132.70 ± 15.67	134.40 ± 14.43	-0.32

对实验组和控制组的后测性心理健康数据进行独立样本 t 检验,结果如表 3-227 所示:实验组和控制组在进行依恋团体辅导干预前,性认知维度、性价值观维度、性适应维度以及性心理健康总分均存在不同程度的显著差异。

表 3-227　实验组与控制组后测差异检验(M±SD)

	实验组后测($n=20$)	控制组后测($n=20$)	t
性认知	35.60±4.90	32.70±4.93	4.09**
性价值观	34.25±3.31	33.00±7.01	3.17**
性适应	71.35±6.33	68.80±6.25	2.98**
性心理总分	141.20±8.46	134.50±12.43	5.19***

注:**$P<0.01$,***$P<0.001$。

2. 控制组前后测差异检验

在依恋团体辅导干预后,对实验组和控制组的后测性心理健康数据进行配对样本 t 检验,结果如表 3-228 所示:性认知维度、性价值观维度、性适应维度以及性心理健康总分均存不存在显著差异。

表 3-228　控制组前后测差异检验(M±SD)

	控制组前测($n=20$)	控制组后测($n=20$)	t
性认知	32.80±5.34	32.70±4.93	0.80
性价值观	32.75±6.85	33.00±7.01	0.31
性适应	68.85±6.83	68.80±6.25	0.93
性心理总分	134.40±14.43	134.50±12.43	0.89

3. 实验组前后测差异检验

对实验组前后测性心理健康数据进行配对样本 t 检验,结果如表 3-229 所示:实验组前后测数据在性认知维度、性价值观维度、性适应维度以及性心理健康总分上均存在不同程度的显著差异。

表 3-229　实验组前后测差异检验(M±SD)

	实验组前测($n=20$)	实验组后测($n=20$)	t
性认知	32.40±6.89	35.60±4.90	-3.87**
性价值观	31.15±4.66	34.25±3.31	-5.69***
性适应	69.15±7.75	71.35±6.33	-4.01**
性心理总分	132.70±15.67	141.20±8.46	-5.38***

注:**$P<0.01$,***$P<0.001$。

五、分析与讨论

(一) 干预效果讨论

根据实验组、控制组前测数据分析,实验组与控制组在亲子依恋、亲子性话题沟通和性心理健康上前测结果差异不显著,两组被试属于同质性群体。在依恋团体辅导干预结束后,对两组被试进行后测,结果表明:实验组被试在亲子依恋水平上明显提高,在促进亲子性话题沟通、提高性心理健康水平方面也起到积极作用,且与控制组的后测值差异性显著。控制组被试前后测无明显差异。

实验组依恋的两个维度,父子依恋、母子依恋都有一定水平的提升,其中母子依恋的变化水平大于父子依恋的变化水平。推测原因可能是,父子间的沟通、信任需要更长时间的渗透,父爱在中国传统文化中的表达方式比母爱更隐蔽。本研究设计的团体辅导课程,前两节活动课以建立关系"相识接龙"和促进信任"盲人之旅""你画我猜"为目标,第三到第七单元的课程中针对提升亲子依恋关系的活动达到了预期效果。从自我探索"我的自画像"到家庭探索"我的家庭树",从学习如何与父母建立沟通和信任"依恋的讨论",如何处理矛盾"情绪的处理",到练习掌握一致性沟通模式"情景模拟对话",达成与父母的良性互动模式。最后一次活动总结回顾,最终圆满完成本次团体辅导课程。通过检验,实验组亲子性话题沟通和性心理健康前后测差异显著;控制组亲子性话题沟通和性心理健康前后测差异不显著。结果证明本次依恋团体辅导课程有效改善了高中生亲子依恋水平,促进了亲子间的性话题沟通,提高了他们的性心理健康水平。

(二) 干预有效性分析

通过的依恋干预的回顾与总结,对于该依恋干预能够显著提高亲子依恋水平、促进亲子性话题沟通以及提高行心理健康水平,本研究总结以下几点原因:

第一,科学的理论依据。本研究设计的依恋团体辅导方案,根据 Olson 的家庭功能理论(1982),Bowlby 的依恋理论(1969),青春期性健康模型(1995),人际沟通理论,社会学习理论等科学理论的指导,经过反复推敲和修改,最终确定出一份具有科学性的团体辅导方案。

第二,有针对性的团辅方案。在前人研究的基础上,参考已有的依恋团体辅导方案,结合本研究的干预目的和干预对象的身心发育特点,设计出具有针对性的干预方案。课程分为八个单元，每个单元设有具体目标，根据目的设计有针对性的活动。根据团体辅导人际互动理论，团体领导上秉持民主风格，鼓励团体成员积极参与团体活动。

第三，团体成员的积极参与。在筛选团体成员时，本研究秉着自愿原则，选择积极性较高的被试参与到团体辅导活动中。在整个活动进程中，团体成员非常配合团体领导者的引领，并在互相交流和分享时获得了积极的体验和认同，充分激发了团体成员间的互相信任和凝聚力。通过进行亲子依恋的干预，团体成员都获得了成长，根据实验数据对比，有效地完成了干预目标。

六、研究结论

（一）亲子依恋

总体来看，高中生父子依恋、母子依恋以及亲子依恋的均分都低于理论中值，高中生亲子依恋状况不理想。其中母子依恋高于父子依恋差异显著。

父子信任、母子信任、母子依恋总分、亲子依恋总分的年级差异显著，高二、高三年级得分高于高一年级。母子沟通的高二年级显著高于高一年级。父子信任、父子沟通、父子依恋总分以及母子疏离维度均存在男生高于女生的差异。在生源地差异方面，母子依恋得分农村高于城市。在是否为独生子女方面，父子沟通上独生子女得分高于非独生。在家庭状况方面，母子信任和母子依恋得分非单亲家庭高于单亲家庭差异显著。在母亲文化程度上，父子信任、父子依恋上母亲本科文化水平显著高于母亲高中及以下文化水平。高中生亲子依恋在是否为留守儿童、父亲文化程度上差异不显著。

（二）亲子性话题沟通

总体来看，亲子性话题沟通得分高于理论中值，这说明总体上高中生与父母进行性话题沟通的状况较好，其中父子性话题沟通与母子性话题沟通的状况不存在显著差异。

在年级差异上，父子性话题沟通和母子性话题沟通在年级上存在显著差异，具体表现为父子性话题沟通高二年级显著高于高一年级；母子性话题沟通高三年级显著高于高一年级。父子性话题沟通存在显著性别差异，女生得分高于男生。父子性话题沟通在是否为留守儿童上存在显著差异，非留守儿童得分高于留守儿童。高中生亲子性话题沟通在生源地、是否为独生子女、家庭状况、父母亲文化程度上差异不显著。

(三) 性心理健康

总体来看，高中生性心理健康总分高于理论中值，但是差异性显著程度较低。

在人口学变量上，性认知、性价值观上不存在年级差异。性适应维度的年级差异显著，高二、高三年级显著高于高一年级。在性知识维度和性适应维度上男女不存在显著差异。性价值观维度的性别差异显著，女生得分高于男生。性认知维度和性适应维度在是否为独生子女上存在显著差异，表现为独生子女得分高于非独生子女。性价值观维度在是否为独生子女上存在显著差异，主要表现为非独生子女高于独生子女。在是否为留守儿童上，性适应维度存在显著差异，表现为非留守儿童高于留守儿童。高中生性心理健康在生源地、家庭状况、父母文化程度上差异不显著。

(四) 亲子依恋、亲子性话题沟通、性心理健康的关系研究

亲子性话题沟通与亲子依恋呈显著正相关，从各维度相关性来看，父子性话题沟通、母子性话题沟通与父子依恋、母子依恋之间均存在显著正相关。

亲子性话题沟通与性心理健康之间呈显著正相关。从各维度相关性来看，父子性话题沟通、母子性话题沟通与性认知、性价值观、性适应维度均存在显著正相关。

亲子依恋与性心理健康之间存在显著正相关。从各维度相关性来看，除父子疏离、母子疏离外，高中生亲子依恋及其各维度与性认知、性价值观和性适应维度均存在显著正相关。

(五) 亲子依恋的中介作用

本研究发现，亲子性话题沟通对性心理健康既存在直接效应，又通过亲子依恋间接作用于性心理健康。

(六) 亲子依恋的干预结果

对实验组和控制组前测数据差异性检验发现，在亲子性话题沟通、亲子依恋和性心理健康总分及各维度得分上不存在显著差异。

对实验组和控制组后测数据差异性检验发现，亲子性话题沟通、亲子依恋和性心理健康总分及各维度得分上存在显著差异，因此干预研究达到研究目的。

对实验组和控制组分别进行了前后测差异性检验,结果发现,实验组前后测得分存在显著差异,控制组前后测得分差异性不显著,这表明实验组经过亲子依恋的团体辅导干预,取得了显著成果;控制组在实验过程中没有进行亲子依恋的团体辅导干预,因此没有显著变化。

七、教育启示

(一)学校教育

学校是高中生日常进行学习教育的主要场所,因此学校教育除肩负着文化科目的学习任务外,还应该重视学生身心健康,比如性心理健康的教育。因此对学校教育提出以下几点建议:

1. 注重教师素质培养

提高教师自身的思想品德,提高教师对性教育的重视程度,关注学生在校期间的异常反应,及时向心理健康老师汇报,协同处理学生遇到的性困扰。同时,加强教师对自身的保护,避免与学生过度接触,引起学生不健康的爱慕心理;遇到学生的性骚扰,掌握合理的解决办法,积极引导,寻求心理健康老师的帮助,一同找到问题来源,帮助学生改善不良的性心理状态。

2. 重视学校心理健康课程

本研究发现学校重视心理健康课程,对学生的心理健康确实起到积极作用。因此在学校心理健康课程中,建议设立专门的性心理健康课程,针对不同年级的学生,教授有针对性的课程,例如对高一女生生理期的讨论课,帮助女生更了解自己在生理期的一系列生理、心理变化,引导男生学会理解关心所有女性。

3. 学校心理健康老师提高性心理问题的应对能力

随着学生增加对心理课程的认识,对心理老师的信任,随之会暴露一些私密的心理问题,如性健康问题。这需要学校心理健康老师提高相应的心理咨询技巧,掌握更多高中生性心理健康的相关知识,才能更好地帮助他们解决问题。

(二)家庭教育

家庭是孩子成长的港湾,与父母之间的关系影响孩子成长的方方面面,因此在家庭教育中着手提出以下建议:

(1)家长与孩子平等对话,给予孩子信任和尊重。在高中阶段,是容易与父母对立、叛逆的时期,更应该把握孩子内心敏感、充满烦恼这一特征,学会与孩子进行沟通,重新磨合亲子依恋关系。

(2)性教育是家庭教育的一个重要内容,但是目前很多家庭并不重视,父母习惯以回避、忽略的态度应对,这可能会对孩子的性心理健康造成不良影响。在孩子有自己的家庭之前,父母是孩子最亲近的人,父母如果不对性健康的内容做出回应,孩子就会从其他渠道获取相应的性知识,这不利于他们树立良好的性价值观。因此家长应在孩子青春期阅读相应的书籍,或通过网络渠道获取科学的应对方法,做到能与孩子谈性,能科学的谈性,能引导孩子树立正确的性价值观,培养良好的性适应能力。

(三)学生个人

一个人成长过程很重要的一点是学会自己对自己负责,高中生在生理和心理上趋于成熟,在这一时期,除了学习任务之外,认识自我和树立正确的价值观是重要的心理成长任务,因此对学生个人提出以下建议:

(1)提高明辨是非的能力,牢固树立法治观念。在获取外界信息方面学会设有一定的门槛,对于国家和社会不允许的,违反法律法规的内容持坚决回避态度。

(2)提高防范性侵害、性暴力的意识,一旦发觉影响自身性心理感受的事件,坚决拒绝,并求助可靠的成年人,如学校心理健康老师,假如该可靠成年人在求助过程中有侮辱、贬低等现象,选择其他人并学会取证,向家长告知情况。

(3)树立正确的性健康态度。不守旧,不崇拜,以科学的态度对待,对自己的身体负责,对自己的性心理健康负责。

(4)培养与父母的良好依恋关系。父母对子的教育存在客观差异,学生通过学校教育、心理健康课程或向心理健康老师求助,掌握与父母沟通的技巧和方法,促进与父母间进行良性的沟通与互动,提高亲子依恋的质量。

第十节 高中生心理弹性、心理健康与情绪调节自我效能感的关系及干预研究

高中阶段,学生自我意识发展迅速。高中生的身心变化很大。儿童青少年与成人相比既成熟又不成熟。他们在情感和自我方面都有其独有的特

征。经常处于自相矛盾的状态。因此，他们容易出现一种或多种心理问题。加上现在社会竞争越来越激烈，高考压力增加。智能手机的普及，高中生接收到的信息错综复杂，难以分辨。

心理弹性也被叫作"心理复原力"或者"心理韧性"等，表示一个人的心理受到压力或者逆境的破坏，还能复原成原有状态的心理品质。心理弹性也是个体面对压力、创伤、负性生活事件等可能对个体产生危害的情境中，能够快速应对和良好适应的心理特质。

情绪调节自我效能感(regulatory emotional self-efficacy, RES)是对个人有效调节自己情绪状态能力的一种自信。高中生由于其独特的生理和心理特点。情绪波动大，情感体验丰富。易陷入低落情绪难以自拔。因此学生拥有良好的 RES 很重要。RES 不仅能降低消极情绪，还能促进个体积极乐观地面对困难和压力，走出压力/逆境。汤冬玲认为高情绪调节自我效能感个体之所以会有更高的心理弹性，可能是因为面对压力时，那些不相信自己可以调节自己的负面情绪的人要么害怕压力状态，要么由于不适当的调节措施而使他们的心理状态更糟。RES 高低对个体采取的策略相关。前者更易于积极应对问题，后者常常囿于情感，消极应对。此外，汤冬玲的研究发现，RES 对心理适应能力有极其显著的影响，这表明 RES 是影响心理适应能力的重要先行变量。综上所述，改善 RES 有利于改善心理弹性。因此，探讨高中生心理弹性、RES 与心理健康三者关系。假设高中生心理弹性通过 RES 对心理健康产生影响。对高中生 RES 实施团体辅导，通过干预来促进高中生心理健康的提升。

研究一　高中生心理弹性、心理健康及情绪调节自我效能感关系研究

一、研究设计

(一)研究目的

首先，以高中生为对象，通过问卷调查了解其心理弹性、RES 和心理健康现状。然后，研究心理弹性、RES 和心理健康之间的内在联系，构建中介模型，为研究二提供数据支持。

(二)研究工具

1. 青少年心理弹性量表

采用胡月琴以"心理弹性的过程模型"编撰的《青少年心理韧性量表》。

此表有 27 题,维度两个,因子五个,五级计分。此表两个维度包括支持力和个人力,其维度均 α>0.7,且内部一致性是 0.83。表明《青少年心理韧性量表》具有较好的信效度。

2. 中学生心理健康量表

使用王极盛等以学生被试自评的方式编撰的《中学生心理健康量表》(MMHI-60)。此法的心理健康评价中总分越高,心理健康状况越差。有六十题,十个分量表。六十个项目间区分度较好,分半信度在 0.6~0.8 之间。表明该量表信度较好,能适用于中学生群体心理健康测查。

3. SRES 量表

采用卡普拉拉等人 2008 年编制,文书峰等 2009 年修订《情绪调节自我效能感问卷(SRES)》。修订后的量表保留 12 道题,三个维度。此法的 RES 测量中得分高代表高 RES。α 系数为 0.85,信效度较好,适用于青少年群体。

(三)研究对象

以青海省西宁市高级中学高中生为研究对象,进行整体分层抽样,考虑重点高中和非重点高中比例抽取。共发放问卷 600 份,将无效问卷剔除后得到有效问卷 447 份,有效率为 74.5%。

被试构成,如表 3-230 所示。

表 3-230 被试构成分布($N=447$)

人口学变量	类别	人数	百分数(%)
学校	重点高中	326	72.9
	非重点高中	121	27
年级	高一	167	37.3
	高二	217	48.5
	高三	63	14
性别	男生	197	44
	女生	250	55.9
独生子女	是	261	58.3
	否	186	41.6

续表

人口学变量	类别	人数	百分数(%)
生源地	城市	375	83.8
	农村	72	16.1
父亲文化程度	高中及以下	252	56.3
	本科	171	38.2
	研究生及以上	24	5.3
母亲文化程度	高中及以下	259	57.9
	本科	172	38.4
	研究生及以上	16	3.5

二、研究结果及讨论

(一) 高中生心理弹性、心理健康和 RES 总体状况

以心理健康均分为标准，0~2分(不包括2分)心理健康程度为"健康"，2~3分(不包括3分)心理健康程度为"轻度"，3~4分(不包括4分)心理健康程度为"中度"，4~5分(包括5分)心理健康程度为"重度"。对高中生心理健康总体水平进行统计分析如表3-231所示，根据研究数据来看有心理问题者占多数。轻度心理问题者占51.2%。这类学生通过自我调节和疏导，心理健康问题可以改善或消除。有10.9%的高中生存在中度心理健康问题，这类学生可以通过心理咨询或心理辅导来加以改善或者消除症状。另有0.4%的高中生存在重度心理问题，这类学生应当引起家长和老师的重视与关注。剩余37.3%的高中生不存在心理问题。

表 3-231 高中生心理健康总体分析($N=447$)

是否需要干预	心理健康程(M)	人数	比例(%)
不需要心理干预	健康(0~2分)	167	37.3
	轻度(2~3分)	229	51.2
需要心理干预	中度(3~4分)	49	10.9
	重度(4~5分)	2	0.4

心理弹性描述性统计分析，如表3-232所示：高中生心理弹性状况良好。心理弹性项均分大于中值(3分)。高中生心理弹性项均分排序：积极认知(3.75分)、家庭支持(3.53分)、目标专注(3.34分)、人际支持

(3.33分)和情绪控制(3.12分)。情绪控制项均分低,这表明高中生在情绪控制方面存在不足。本研究样本均取自市级中学,学生的家庭经济较好,父母文化程度较高,此外市级学校各项政策实施到位,学生学习的氛围得到提升,不仅有心理健康课程,而且还积极参加学生培训,加强心理指导等,当学生遭受挫折时能够有效排解困境,学生遭遇重大挫折的概率较低等以上情况可能是高中生心理弹性水平较高的原因。

表3-232 高中生心理弹性各维度得分情况($N=447$)

维度	$M \pm SD$	项目数	项目均分
积极认知	15.00 ± 2.943	4	3.75
目标专注	16.69 ± 3.411	5	3.34
情绪控制	18.72 ± 4.679	6	3.12
家庭支持	21.19 ± 4.559	6	3.53
人际支持	20.00 ± 5.326	6	3.33
总分	91.87 ± 12.758	27	3.40

高中生心理健康各维度得分,如表3-233所示。从项目均分来看,心理健康总分项目均分为(2.24分)超过了标准分2分。此外,除学习压力感(1.95分)和情绪波动性(1.73分)项目均分较低外,其余各维度项目均分均超过了标准分2分。

表2-233 高中生心理健康各维度得分情况($N=447$)

维度	$M \pm SD$	项目数	项目均分
强迫	14.50 ± 3.889	6	2.41
偏执	16.16 ± 4.057	6	2.69
敌对	14.28 ± 4.935	6	2.38
人际敏感	12.19 ± 4.294	6	2.03
抑郁	13.39 ± 4.002	6	2.23
焦虑	14.36 ± 4.778	6	2.39
学习压力感	11.75 ± 4.447	6	1.95
适应性不良	14.81 ± 5.528	6	2.47
情绪波动性	10.39 ± 4.042	6	1.73
心理不平衡	12.34 ± 4.169	6	2.06
总分	134.1 ± 33.852	60	2.24

说明高中生心理健康状况较差，在强迫、适应性不良和心理不平衡等较严重，应当引起老师和家长的重视。该研究结果表明：首先，高一在师生关系、人际交往、对紧张感的学习环境的适应以及学习压力等挑战的适应较慢，存在适应不良。其次，高中生学习任务重，遇到负面情绪如焦虑、抑郁等不会排解，长期积压，说明高中生需要学习如何调控自己的心理，在面对巨大压力时能够进行自我调节，发泄负面情绪。对学生进行心理健康普查也有利于帮助老师从总体上把握学生心理问题容易出现在哪些方面，对学生的心理干预则更有方向和针对性。

高中生 RES 的描述性统计分析（表 3 - 234）表明，各维度标准差从大到小依次为 $ANG(SD=6.41$ 分$)$，$DES(SD=3.243$ 分$)$ 和 $POS(SD=2.921$ 分$)$，这说明高中生在 ANG 方面个体差异较大，在调节 POS 方面个体差异相对较小。另外，高中生 RES 各维度项目均分除 ANG 和 DES 外均大于评分中间值 3 分，表明高中生 RES 总体状况良好。其中 POS 得分高（4.13 分），ANG 得分低（2.71 分）。这说明高中生表达积极情绪的信念感较强，能够在体验成功的时候表达快乐、自豪。但与此同时，高中生在面对失败或者困难的时候，容易被负面情绪所包围，容易产生失望、愤怒等情绪。这正验证了高中生的情绪特点，情绪波动性较大，很不稳定。

表 3 - 234　高中生 RES 得分情况（$N=447$）

维度	$M \pm SD$	项目数	项目均分
POS	16.50 ± 2.921	4	4.13
ANG	13.55 ± 6.410	5	2.71
DES	8.95 ± 3.243	3	2.98
SRES	41.63 ± 6.607	12	3.47

（二）高中生心理弹性人口统计学差异检验

1. 高中生心理弹性的学校差异

采用 t 检验，来研究学校因素对高中生心理弹性及其各维度的影响，如表 3 - 235 所示。可以看出，重点与非重点高中心理弹性差异显著（$P<0.05$）。除此之外，在目标专注维度上，重点，非重点高中之间差异显著性是（$P<0.001$）。家庭支持维度，学校差异显著性为（$P<0.01$）。在得分上，重点高中心理弹性总分及各维度平均数都比非重点高中大，表明重点高中学生心理弹性较好。

表 3-235　高中生心理弹性各维度的学校差异

维度	重点高中 $M \pm SD$	非重点高中 $M \pm SD$	t
积极认知	15.12 ± 2.752	14.67 ± 3.397	1.448
目标专注	17.28 ± 3.346	16.08 ± 3.446	3.332***
情绪控制	18.73 ± 4.672	18.70 ± 4.718	0.049
家庭支持	21.57 ± 4.634	20.16 ± 4.197	2.931**
人际支持	20.07 ± 5.557	19.83 ± 4.661	0.430
总分	92.77 ± 12.766	89.44 ± 12.467	2.465*

注：*$P < 0.05$，**$P < 0.01$，***$P < 0.001$。

将学校分为重点和非重点考查其心理弹性差异性。研究结果表明：不同学校心理弹性总分具有显著差异，且前者高于后者。以往研究较少分析心理弹性的学校差异，因此本研究结果意义重大。这表明心理弹性高低和学生的学习成绩有一定关系，心理弹性高的学生学习成绩好，考上重点高中的可能性较大，心理弹性低的学生学习成绩较差，考上重点高中的概率较低。因此，学校和家庭要重视学生的心理弹性，提高他们克服挫折和逆境的能力。

2. 高中生心理弹性的性别差异

采用 t 检验研究性别因素对高中生心理健康及其维度的影响，结果见表 3-236：

表 3-236　不同性别高中生心理健康及其维度的差异

维度	男生 $M \pm SD$	女生 $M \pm SD$	t
强迫	14.19 ± 4.225	14.75 ± 3.591	-1.501
偏执	16.48 ± 4.174	15.90 ± 3.952	1.509
敌对	13.35 ± 4.953	15.01 ± 4.805	-3.572***
人际敏感	12.66 ± 4.536	11.82 ± 4.064	2.071*
抑郁	13.80 ± 4.184	13.07 ± 3.831	1.918
焦虑	13.86 ± 4.749	14.75 ± 4.774	-1.959
学习压力感	12.45 ± 4.560	11.20 ± 4.285	2.978**
适应性不良	14.82 ± 5.768	14.81 ± 5.342	0.018

续表

维度	男生 $M \pm SD$	女生 $M \pm SD$	t
情绪波动性	11.15 ± 4.296	9.80 ± 3.732	3.554***
心理不平衡	12.78 ± 4.418	11.99 ± 3.936	1.995*
总分	135.5 ± 34.884	133.0 ± 33.047	0.761

注：*$P<0.05$，**$P<0.01$，***$P<0.001$。

从表3-236可以看出，在敌对、人际敏感、学习压力感、情绪波动性和心理不平衡这五个方面上，性别差异显著。其中，显著性达到0.001水平的有"敌对"（$t=-3.572$）和"情绪波动性"（$t=3.554$）。显著性达到0.01水平的有"学习压力感"（$t=2.978$）。显著性达到0.05水平的有"人际敏感"（$t=2.071$）和"心理不平衡"（$t=1.995$）。说明男生心理健康状况比女生较差。在强迫、敌对和焦虑维度上，女生状况不如男生。

研究结果表明，从情绪控制方面来看，男女生差异显著说明男女生的情绪特点差异较大，一般来说，女生在情绪方面更加感性，容易因为一些小事而产生较大的情绪波动，遇到情绪问题喜欢自己默默流泪不愿与他人倾诉；而男生受理性思维影响，不会长时间伤心难过，更为阳光。另一方面，从家庭支持上来说，女生高于男生说明家长对男女生的教育上，对女孩子会采取更多的保护，给予更多的厚爱与帮助，对于男孩子家长会更注重培养其独立自主的能力，承担责任的能力，这也验证了社会对男孩和女孩的不同期待。

（三）高中生心理健康在人口统计学上的差异检验

1. 高中生心理健康的性别差异

采用t检验研究性别因素对高中生心理健康及其维度的影响，结果见表3-237：

表3-237 不同性别高中生心理健康及其维度的差异

维度	男生 $M \pm SD$	女生 $M \pm SD$	t
强迫	14.19 ± 4.225	14.75 ± 3.591	-1.501
偏执	16.48 ± 4.174	15.90 ± 3.952	1.509
敌对	13.35 ± 4.953	15.01 ± 4.805	-3.572***

续表

维度	男生 M ± SD	女生 M ± SD	t
人际敏感	12.66 ± 4.536	11.82 ± 4.064	2.071*
抑郁	13.80 ± 4.184	13.07 ± 3.831	1.918
焦虑	13.86 ± 4.749	14.75 ± 4.774	-1.959
学习压力感	12.45 ± 4.560	11.20 ± 4.285	2.978**
适应性不良	14.82 ± 5.768	14.81 ± 5.342	0.018
情绪波动性	11.15 ± 4.296	9.80 ± 3.732	3.554***
心理不平衡	12.78 ± 4.418	11.99 ± 3.936	1.995*
总分	135.5 ± 34.884	133.0 ± 33.047	0.761

注：*$P<0.05$，**$P<0.01$，***$P<0.001$。

从表3-237可以看出，在敌对、人际敏感、学习压力感、情绪波动性和心理不平衡这五个方面上，性别差异显著。其中，显著性达到0.001水平的有"敌对"（$t=-3.572$）和"情绪波动性"（$t=3.554$）。显著性达到0.01水平的有"学习压力感"（$t=2.978$）。显著性达到0.05水平的有"人际敏感"（$t=2.071$）和"心理不平衡"（$t=1.995$）。表明女生相较于男生会更容易产生强迫、敌对和焦虑的负面情绪，而男生相较于女生会体验更多的学习压力感。该差异可找寻其生理原因。在青春期女生的生理心理变化要早于男生，相较于男生女生的心理年龄更加成熟，考虑问题较多，因此产生的心理问题也更大。从文化方面来看，我国儒家文化要求男生不拘小节，敢于承担，要有男子气概，而女生则要求更加温婉细腻，因此女生会有更多的心事，久而久之就演变成了心理问题。男生的学习压力感比女生高，说明面对压力男生的调节适应能力比女生差。因此，男女生在心理健康上的差异为我们有针对性地解决心理健康问题指明了方向。

2. 不同年级高中生心理健康差异

采用ANOVA方差分析，以研究年级与高中生心理健康的关系，从表3-238可以看出，在焦虑、学习压力感和情绪波动性这三个维度以及心理健康总分上，年级差异显著。其中显著性达到0.001水平的有"情绪波动性"（$F=11.494$）。显著性达到0.05水平的有"焦虑"（$F=3.046$）、"学习压力感"（$F=3.361$）和"心理健康总分"（$F=3.414$）。

表3-238 高中生心理健康各维度的年级差异

维度	年级	$M \pm SD$	F	LSD 检验
强迫	高一	14.32±3.828	0.673	
	高二	14.72±3.898		
	高三	14.23±4.031		
偏执	高一	16.59±4.333	1.617	
	高二	15.96±3.830		
	高三	15.69±4.019		
敌对	高一	13.88±5.007	1.634	
	高二	14.71±4.809		
	高三	13.84±5.115		
人际敏感	高一	11.90±4.487	0.949	
	高二	12.48±4.183		
	高三	11.95±4.146		
抑郁	高一	13.17±3.992	2.694	
	高二	13.80±4.013		
	高三	12.58±3.882		
焦虑	高一	14.26±4.789	3.046*	2>3*
	高二	14.80±4.678		
	高三	13.14±4.934		
学习压力感	高一	11.33±4.446	3.361*	2>1*
	高二	12.30±4.387		2>3*
	高三	10.98±4.488		
适应性不良	高一	14.75±6.026	2.934	
	高二	15.28±4.998		
	高三	13.39±5.709		
情绪波动性	高一	9.89±4.082	11.494***	2>1*
	高二	11.25±4.016		2>3*
	高三	8.81±3.318		
心理不平衡	高一	12.34±4.222	2.034	
	高二	12.62±4.130		
	高三	11.42±4.093		
总分	高一	132.44±35.385	3.414*	2>3*
	高二	137.91±32.653		
	高三	126.05±32.435		

注：$*P<0.05$，$**P<0.01$，$***P<0.001$。

为了明晰各年级之间的关系,进行 LSD 检验。结果如下:

高二"焦虑"显著大于高三。

高二"学习压力感"显著大于高三。

高二"情绪波动性"显著大于高三。

高二"心理健康总分"显著大于高三。

此外,高二"学习压力感"显著大于高一。

而且,高二"情绪波动性"显著大于高一。

以上说明,高二年级心理健康现状较为严峻。

由研究结果可得:不同年级心理健康和焦虑、学习压力感和情绪波动性维度具有统计学差异,研究结果与白丽娟不一致,原因可能是随着时间的变化,高中生的心理健康特点也在发生着改变。进一步的 LSD 检验分析表明在学习压力感上高二年级大于高一和高三年级,在情绪波动性上高二年级大于高一和高三年级。表明高二年级的学生学习压力感更大,高二是高一到高三的过渡期,经过高一分科,高二的学生刚刚确定自己学习的方向和自己的目标,面临着激烈的竞争,繁重的学习任务,背负着老师和家长的期望,因此学习压力感也会更大。高三年级的学生情绪波动性较小说明:一方面,高一和高二时的心理健康教育初见成效,学生经过学习掌握了情绪调节的方法;另一方面,高三年级相较于高一和高二心理更加成熟,情绪特征开始向更加稳定的方向转变,因此波动性小。

(四)高中生 RES 人口统计学变量差异检验

1. 高中生 RES 的性别差异

采用 t 检验,以研究不同年级高中生 RES 及其各维度的差异,结果见表 3-239。

表 3-239 高中生 RES 及其维度的性别差异

维度	男生 $M \pm SD$	女生 $M \pm SD$	t
POS	15.76 ± 3.169	17.08 ± 2.569	-4.892***
ANG	13.80 ± 6.780	13.35 ± 6.108	0.728
DES	8.95 ± 3.355	8.95 ± 3.159	0.007
RES	42.01 ± 6.711	41.34 ± 6.523	1.063

注:***$P < 0.001$。

从表3-239可以看出，高中生RES在POS维度上，性别差异显著，且差异显著量为（$P<0.001$）。此外，性别在ANG、DES和总分上没有呈现出显著性差异，表明具有一致性。

从得分均值方面来看，在POS方面，男生（$M=15.76$）小于女生（$M=17.08$）。在ANG方面，男生（$M=13.80$）大于女生（$M=13.35$）。在DES方面，男生和女生相同（$M=8.95$）。在RES总分上，男生（$M=42.01$）大于女生（$M=41.34$）。表明男生RES总体上比女生好。在高中阶段男女生的人际交往和情绪表达差异大。女生更乐于跟朋友分享快乐而把消极情绪压抑在心中，男生更乐于通过参加体育活动来扩大交往范围，面对积极事件更加沉稳，遇到生气或沮丧的事情时通过打篮球、打游戏等来进行发泄。因此，女生应该寻找途径去排解不愉快，比如跑步运动、写日记等，男生也要乐于跟别人分享快乐，以此来改善各自的情绪调节自我效能感。

2. RES各维度的年级差异

采用ANOVA方差分析，以研究不同年级高中生RES及其维度的差异，结果见表3-240。

表3-240 不同年级高中生RES及其维度差异

因子	年级	$M \pm SD$	F	LSD检验
POS	高一	16.58±2.888	0.415	
	高二	16.38±2.897		
	高三	16.70±3.110		
ANG	高一	14.26±6.339	3.203*	1>2*
	高二	12.76±6.292		
	高三	14.36±6.762		
DES	高一	9.39±3.483	4.139*	1>2*
	高二	8.50±2.943		
	高三	9.34±3.405		
RES	高一	42.02±7.031	1.091	
	高二	41.16±5.955		
	高三	42.20±7.501		

注：*$P<0.05$，**$P<0.01$，***$P<0.001$。

从表3-240可以看出，在ANG和DES这两个维度上，高中生年级之间差异显著（$P<0.05$）。但在RES以及POS上，高中生年级之间差异不显著，具有一致性。

为了明晰各年级之间的关系，对差异显著的变量进行 LSD 检验，检验结果为：高一在 ANG 和 DES 这两个维度上，显著大于高二。表明高一年级在 ANG 和 DES 上比高二年级要好。不同年级的学生都面临着各自的压力。从高一到高三，每个学生都经历着适应新环境，分科选择以及考大学的历程。这些经历和选择都是高中生成长路上的荆棘，都需要以一个良好的心态来应对当下的风雨，拥有一个好的情绪调节自我效能感能力定能帮助高中生披荆斩棘，乘风破浪。

（五）变量相关性分析

由高中生心理弹性、心理健康与 RES 相关性分析可知，三个变量间两两相关显著。前两个问卷呈显著负相关。后两个问卷也呈显著负相关。心理弹性与 RES 正相关显著。三者相关关系成立。表明高中生心理弹性、RES 与心理健康具有高相关，见表 3-241。

表 3-241 变量相关矩阵

	心理弹性	心理健康	SRES
心理弹性	1		
心理健康	-.555**	1	
SRES	.434**	-.356**	1

注：** $P<0.01$。

高中生心理弹性和心理健康呈负相关。心理健康得分越高，心理健康状况越差，心理弹性越低，该结论与（赵晶，等）等人一致。高中阶段是焦虑、抑郁等心理疾病的高发期，而心理弹性可以有效保护心理健康。当面临创伤和悲剧时，心理弹性高的个体可以调动内部和外部的保护性因素来帮助自己渡过难关。家人和朋友的理解、包容和支持能够帮助个体获得积极向上的力量和前行的勇气，学习他人处理问题的方法，积极乐观地面对困难；个体自身的乐观、无所畏惧等特质也能够提升自己的能力，帮助自己的心态恢复平和，使自身的心理健康保持稳定。

高中生心理弹性与 RES 呈正相关，说明心理弹性好的学生有较好的 RES，相应的，提升学生的情绪调节自我效能感能提高学生的心理弹性，研究结果与（顾雅楠，姚婷婷）研究结果一致。说明，心理弹性高的学生能够有效地管理消极情绪并表达积极情绪，学生在面临考试失败等压力事件的时候，能够不被失败击垮，不气馁；当考出好成绩的时候可以表达自己的快乐与自豪。此外，心理弹性高的学生还能够采取积极乐观的心态去解决问题，适应高中生活的压力，能够有效地调动自己的积极情绪，控制自己不被消极情绪所干扰，从失败中吸取经验，从困难中获得前进的勇气，以最快的速度从逆境中恢复状态，坚韧而又自律地投入高中阶段的学习当中去。

根据研究结果，可以得出高中生 RES 与心理健康为负相关。因此，RES 高者 MMHI-60 得分低，与前人一致。高中生面临着很多难题，比如对当前成绩的不满足，想取得更好的成绩，对自己的错误认知等等，使高中生被消极情绪笼罩着，如果不能好好排解这些消极情绪极易出现心理问题。提高学生的情绪调节自我效能感是帮助高中生调动自身的调节机能，提高自信心，缓解紧张，避免因冲动而产生的不良行为，保持以积极情绪为主导的行之有效的方法。因此，要提高学生的 RES，从情绪调节入手，能够合理发泄不良情绪，正确表达积极情绪，保持心理健康。

三、情绪调节自我效能感在心理弹性与心理健康间的中介作用

（一）RES 对心理健康的回归分析

使用 SPSS 对 RES 对心理健康的预测作用进行回归分析。采用"逐步多元回归分析法"探查 RES 的三个变量 POS，ANG 和 DES 对心理健康的预测大小，结果见表 3-242：

表 3-242 RES 对心理健康的回归分析

预测变量	因变量	F	R^2	β	t
RES	心理健康	289.516***	0.566		
ANG				-0.657***	-15.333***
DES				-0.130***	-3.043***

注：***$P<0.001$。

根据研究结果可得：RES 对心理健康的预测达到显著水平，贡献率为 0.566，但情绪调节自我效能感的三个变量只有两个进入了模型，表明 POS 对心理健康没有预测作用，ANG 和 DES 对心理健康具有预测作用。

（二）中介作用结构方程模型

采用 AMOS 21.0 对模型进行拟合。根据相关分析结果可得：心理弹性与心理健康两者负相关显著。RES 与心理健康两者负相关显著。心理弹

性、RES 和心理健康两两相关显著。由回归分析结果可得，RES 可以显著预测心理健康，且 ANG 和 DES 预测效果显著。因此对心理弹性、情绪调节自我效能感的管理消极情绪效能(NEG)和心理健康进行模型拟合。结果见图 3-7。

可见，心理弹性、情绪调节自我效能感和心理健康之间模型经过修正之后，具有较好的拟合度。各项指标为（表 3-14）：$\chi^2 = 43$, $df = 110$, $\chi^2/df = 3.434 < 5$, $RMSEA = 0.074 < 0.08$, $AGFI = 0.868 < 0.9$, $NFI = 0.906 > 0.9$, $GFI = 0.905 > 0.9$, $IFI = 0.931 > 0.9$。统计指标达标，具有较好的拟合度。

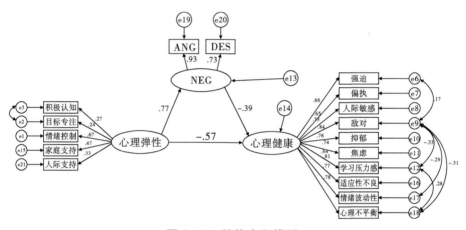

图 3-7　结构方程模型

表 3-243　心理弹性、心理健康和情绪调节自我效能感模型拟合指数

	χ^2	Df	χ^2/df	$RMSEA$	NFI	GFI	IFI
指数	43	110	3.434	0.074	0.906	0.905	0.931

由中介模型构建可得：高中生 RES 在心理弹性与心理健康的关系中起中介作用。高心理弹性的学生拥有高 RES，面对逆境能够较好地控制和调节自己的不良情绪，面对喜悦能够合理地表达自己的开心和快乐，充满正能量，从打击中恢复，笑对人生，勇于与命运抗争，敢于搏斗，获得前行的力量，无论在什么样的环境中，都保持永远乐观，做一朵雪莲，绽放于雪山之巅。这也说明，高中生的心理健康可以由心理弹性和 RES 来进行改善。Griffith, et al. 认为青少年社会化必须具备情绪调节能力。Larcom, Isaacowitz 认为情绪调节随年龄增长而越来越成熟。但不可否认的是，高中

生的情绪特点具有变化性,并且消极情绪会多于积极情绪。高中阶段也是心理问题多发阶段,一旦患有抑郁症就面临着自杀、休学等,严重威胁到学生的生命和健康。因此,高中生的心理健康教育不仅要关注心理问题,更要着手提高学生的心理弹性和 RES,提升学生面对创伤和悲剧时要排除万难、迎风而上的能力,培养学生应对负面情绪的能力,体验更多的积极情绪,排除负面情绪的干扰,健康快乐的学习。

(三)中介效应检验

中介效应检验结果见表 3 - 244。

表 3 - 244 结构方程模型的路径系数

路径	Estimate	S. E.	C. R.	P
NEG < - - - 心理弹性	1.476	0.165	8.922	* * *
心理健康 < - - - 心理弹性	-0.468	0.109	-4.277	* * *
心理健康 < - - - NEG	-0.169	0.047	-3.627	* * *

注:* * * $P < 0.001$。

由表 3 - 244 可得:心理弹性 - 情绪调节自我效能感 - 心理健康中介效应模型检验,自变量到中介变量(NEG < - - - 心理弹性),自变量到因变量(心理健康 < - - - 心理弹性)以及中介变量到因变量(心理健康 < - - - NEG)路径系数均显著($P < 0.001$),表明情绪调节自我效能感在心理弹性和心理健康之间有显著中介效应,且为部分中介效应。

研究二 高中生情绪调节自我效能感团体辅导干预研究

一、研究目的与假设

(一)研究目的

根据研究一得出的结论,高中生 RES 对心理健康具有中介作用,因此开展高中生 RES 团体辅导干预。以探究团体辅导对高中生 RES,心理健康提升作用,并根据该干预结果提出具体的教育建议。

(二)研究假设

假设一:团体辅导干预有利于提高高中生的 RES。
假设二:高中生 RES 和心理健康前后测差异显著。

二、研究方法

(一)研究对象

在研究一测查过的高中学校当中选择其中一所,发放问卷,招募实验组和对照组各20名学生,前者参加团体辅导,后者不接受任何干预。

(二)研究工具

前测和后测采用文书峰等人2009年修订的《SRES》和王极盛编制的《MMHI-60》进行施测。

(三)研究的实验设计及开展

1. 实验设计

采用实验组对照组前后测设计。实验组参加团体辅导,对照组不参与。并应用 SRES 和 MMHI-60 对实验组和对照组进行测量。如表3-245所示:

表3-245 实验设计

组别	前测	实验处理	后测
实验组	O_1 SRES MMHI-60	X(团体辅导)	X_1 SRES MMHI-60
对照组	O_2 SRES MMHI-60		X_2 SRES MMHI-60

2. 研究过程

第一,前期准备:查阅文献资料,为设计高中生情绪调节自我效能感团体心理辅导方案收集丰富的资料,并以情绪调节自我效能感理论为基础设计框架,然后以团体动力学理论、艾利斯合理情绪疗法和艺术治疗理论为基础完善团体心理辅导方案,最终形成六个单元的团体心理辅导活动方案。

第二,招募被试及前测:在青海省西宁市某高中招募被试,实验组对照组各20名学生,并前测。

第三,团体心理辅导活动开展:6周,1周/次。

第四,后测:实验组20人在第六次团体心理辅导活动完成后当场测试,对照组也在同一天进行测试。

第五,结果分析:使用SPSS统计软件进行数据分析,验证高中生情绪调节自我效能感团体心理辅导干预效果。

三、团体辅导实施

(一)团体信息

团体名称:做情绪的主人——培养情绪调节自我效能感。

团体性质:发展性、结构性

团体目标:帮助成员认识自身的情绪特点。首先,学习良好的情绪调节方法和技能,学习应用情绪管理技巧,达到良好的情绪管理效果。把团辅中所学方法技巧用于以后的学习与生活中。其次,帮助成员树立管理情绪的自信心,帮助成员意识到情绪管理并不难。最后,通过团辅让成员意识到情绪对心理健康的重要作用,良好的情绪状态有利于缓解学习压力,更好地学习和生活。

团体活动次数和地点:团体心理辅导活动分6次进行,每周1次(60~70min),地点是心理活动室。

团体领导者:研究者本人,心理学硕士。

(二)团体辅导方案大纲

团体心理辅导分六个主题活动进行,分别是破冰之旅,情绪晴雨表,对消极情绪说拜拜,体验快乐,发现闪光点和带着微笑重新出发。具体见表3-246:

表3-246 高中生情绪调节自我效能感团体辅导干预方案

单元名称	活动目标	活动内容
第一单元:破冰之旅	1.活跃气氛,帮助团体成员迅速地熟悉彼此,促进成员初步自我开放。 2.帮助团员建立团队信任,体验互信互助。 3.提升团队凝聚力。 4.成员自己订立规则,建立共识	1.暖身活动:滚雪球。 2.澄清目标:领导者自我介绍和介绍本次活动。 3.升温活动:桃花朵朵开。4.团体契约:当场订立团体契约书。 5.结束活动:分享心得,提出期望

续表

单元名称	活动目标	活动内容
第二单元：情绪晴雨表	1. 帮助成员进一步自我开放； 2. 帮助学生用艺术手段表达自己的情绪，了解情绪的类别都有哪些； 3. 促进成员体会自己的情绪状态，学会给情绪定位。 4. 教会学生用合理情绪疗法理性对待自己的情绪	1. 暖身活动：各位好汉请抱拳。 2. 心情涂鸦：认识情绪类别。 3. 情绪温度计：给自己的情绪状态进行定位。 4. 信念签：学会用合理情绪疗法处理自己的情绪。 5. 结束活动：家庭作业，结合合理情绪疗对自己的某一不合理信念进行分析
第三单元：对消极情绪说拜拜	1. 通过舞动身体缓解学习压力。 2. 通过观看情景剧体会愤怒情绪给自己带来的不良影响，并讨论分享自己应该怎样处理愤怒。 3. 学会释怀，不要累积不良情绪。 4. 通过催眠寻找自己内心的平静和安宁，并学会用该方法帮助自己或同学缓解不良情绪	1. 暖身活动：兔子舞。 2. 情景剧：感受愤怒情绪。 3. 负面气球：释放负面情绪。 4. 内在安全岛：学会用催眠缓解不良情绪。 5. 结束活动：分享感受，以及对自己的帮助
第四单元：体验快乐	1. 进一步增强成员对团队的归属感。 2. 让成员体会快乐会传染，表情对心理的影响。 3. 通过分享快乐来提高自己的幸福感。 4. 分享自己保持快乐的诀窍同时也学习他人的快乐密码。 5. 提升快乐影响力，帮助成员以良好的心态面对学习和生活	1. 暖身活动：成长三部曲。 2. 镜中人：通过模仿别人的快乐表情使自己快乐，体会情绪感染力。 3. 我有多快乐：分享自己快乐的事。 4. 快乐密码：互相学习保持快乐的方法。 5. 结束活动：唱歌《快乐你懂的》
第五单元：发现闪光点	1. 热身活动增加趣味性，调动成员的热情和积极性。 2. 通过完成自己认为不可能完成的事来提高自信心。 3. 帮助成员全面地分析自己，找到自身的优点和长处。 4. 体验被赞美的快乐，进一步提升自信。 5. 学会提升自信心的方法	1. 暖身活动：青蛙跳水。 2. 相信自己你能行：帮助"盲人"过障碍物。 3. 天生我才：完成句子，发现自己的长处。 4. 优点轰炸衣：接受赞美。 5. 结束活动：领导者总结分享如何培养自信

续表

单元名称	活动目标	活动内容
第六单元：带着微笑重新出发	1. 营造轻松愉悦的氛围结束本次团体心理辅导活动，避免离别的悲伤。 2. 让成员更多地体会到爱和温暖，带着对自己满意的改变和希望重新出发	1. 收获祝福：留下宝贵的纪念。 2. 问卷调查：当场测验《中学生心理健康量表（MMHI - 60）》和《情绪调节自我效能感问卷》。 3. 歌曲《从头再来》给成员打气。 4. 领导者总结反馈

四、研究结果

（一）干预组和对照组 RES 和心理健康得分的前测差异比较

表 3 - 247　干预组和对照组 RES 和心理健康得分的前测差异比较

组别	干预组 $M \pm SD$	对照组 $M \pm SD$	t	P
SRES	40.29 ± 8.120	39.65 ± 8.236	0.365	0.717
MMHI - 60	134.3 ± 42.455	138.8 ± 44.844	-0.513	0.610

从表 3 - 247 可以看出，干预组和对照组在 RES 以及心理健康得分上均不存在显著差异（$P > 0.05$），这表明干预组和对照组具有同质性。

（二）干预组和对照组 RES 和心理健康得分的后测差异比较

表 3 - 248　干预组和对照组 RES 和心理健康得分的后测差异比较

组别	干预组 $M \pm SD$	对照组 $M \pm SD$	T	P
SRES	44.42 ± 9.341	39.58 ± 9.022	2.296*	0.027
MMHI - 60	103.6 ± 29.697	142.3 ± 40.395	-4.983***	0.000

注：* $P < 0.05$，*** $P < 0.001$。

采用 t 检验，检验干预组和对照组的后测得分。根据表 3 - 248 可以看出，两者 SRES 和 MMHI - 60 问卷得分均呈显著差异。其中差异显著性达到 0.05 的是 RES（$t = 2.296$，$P = 0.027$）。差异显著性达到 0.001 的是心理健康（$t = -4.983$，$P = 0.000$）。从平均数上来看，RES 干预组（$M = $

44.42)大于对照组($M=39.58$)。表明参与团体辅导的被试 RES 得到提升。心理健康干预组($M=103.67$)小于对照组($M=142.30$)。表明参与团体辅导的被试心理健康状况好于没有参加实验的被试。总体来看,干预组优于对照组。

(三)干预组 RES 和心理健康得分的前测后测差异比较

表 3 – 249　干预组前后测比较

组别	前测 $M \pm SD$	后测 $M \pm SD$	T	P
SRES	40.23 ± 7.721	44.42 ± 9.341	−2.434*	0.019
MMHI – 60	139.4 ± 43.513	103.6 ± 29.679	4.676***	0.000

注:* $P<0.05$,*** $P<0.001$。

为了分析干预组在经过团体心理辅导干预前和干预后的差异情况,对干预组前后测进行相关样本 t 检验。由表 3 – 249 可得,两者 SRES 和 MMHI – 60 问卷得分均呈显著差异。其中,差异显著性达到 0.05 的是 RES ($t=-2.434$,$P=0.019$)。差异显著性达到 0.001 的是心理健康($t=4.676$,$P=0.000$)。从平均数来看,RES 前测($M=40.23$)小于后测($M=44.42$)。表明通过参加团体辅导,被试 RES 得到了提高。心理健康前测($M=139.49$)大于后测($M=103.67$)。表明 RES 团体辅导有助于减少心理健康问题。总体看来,团体辅导干预能够提升被试的 RES 和心理健康。

(四)对照组 RES 和心理健康得分的前测后测差异比较

表 3 – 250　对照组前后测比较

组别	前测 $M \pm SD$	后测 $M \pm SD$	T	P
SRES	39.17 ± 8.449	39.48 ± 8.796	−0.171	0.865
MMHI – 60	139.7 ± 46.061	141.2 ± 40.999	−0.159	0.874

采用 t 检验,检验对照组前后测差异。对照组在 RES 前后测得分没有显著差异($P>0.05$)。而且对照组在心理健康前后测得分上差异也不显著($P>0.05$)。表明没有参加团体辅导的学生,RES 和心理健康前后测一致,没有得到提升。

五、讨论

(一)干预组情绪调节自我效能感前后测差异分析

由研究结果可得,干预组 RES 前后测差异显著,团体辅导帮助提升高中生的 RES。这也验证了研究假设。RES 包括 POS、ANG 和 DES,分别对应团体辅导当中的"体验快乐""情绪晴雨表""对消极情绪说拜拜"这三次活动,此外为了提高学生的自我效能感,还设计了"发现闪光点"这一单元,旨在提升自信心,进而提高他们对有效提升情绪调节能力的自信心。

在团体辅导过程中了解到高中生除了面临巨大的考试和学习压力外,还面临着如何处理好与父母的关系、与同学的关系等,这些都会影响学生的情绪状态。处于青春期的高中生,面对情绪难题,缺乏相应的调节技巧,但经过团体辅导让学生学会了解情绪,学会调节情绪的方法,能够有效帮助他们克服情绪问题,预防心理健康问题的产生。

(二)干预组心理健康前后测差异分析

由研究结果可得,干预组心理健康前后测差异显著,干预后学生的心理健康得分相较于干预前有明显下降,表明学生的心理健康状态有很大提升。研究一也表明心理健康与 RES 相关显著,说明通过对高中生进行团体辅导有助于改善学生的心理健康。由此可见,学生的心理健康与情绪状态密切相关,高中生把握好有效的情绪调节方法,能够帮助他们保持一个健康的心理状态去面对学习和生活。

抑郁、焦虑等与学生的心理健康息息相关。尤其高中阶段也是抑郁、焦虑等心理疾病的高发阶段,学生一旦出现以上问题,轻者影响学习,重者则危及生命,导致休学等,严重危害学生的生理和心理状态。因此,关注学生的情绪状态和心理健康是非常必要而又紧迫的任务。综上所述,通过团体辅导改善学生的 RES 有利于学生的心理健康。

(三)干预组、对照组 RES 和心理健康前后测差异分析

由研究结果可得,干预组 RES 和心理健康前后测差异显著,对照组 RES 和心理健康前后测差异不显著。说明团体辅导干预对 RES 和心理健康有效,而没有经过团体辅导干预的学生 RES 和心理健康没有变化,仍处在一个较低的水平。由此可见,对高中生进行团体辅导是有效而且必要的。

只有拥有一个健康的身体和乐观的心态,高中生才能更加投入地学习,更加健康地成长。如果能够在出现心理问题之前就教会学生如何调节

情绪，排解压力，那么学生的心理健康问题将会大大减少，甚至被扼杀在摇篮里，抑郁、焦虑等心理疾病也就不足为惧。高中生随着学业任务的加重，情绪问题也会愈发严重，而通过团体辅导干预让学生掌握调节情绪的方法，有利于防患于未然，帮助学生维持一个健康的心理。

六、研究结论

第一，高中生心理弹性、心理健康和 RES 总体状况良好，处于中上等水平。

第二，在人口学变量上。

高中生心理弹性的学校和性别差异显著。

高中生心理健康的性别和年级差异不显著。

高中生 RES 的性别差异显著，年级差异不显著。

第三，在相关性上。

高中生心理弹性与心理健康呈显著负相关。

高中生心理弹性与 RES 呈显著正相关。

高中生 RES 与心理健康呈显著负相关。

第四，高中生 RES 在心理弹性与心理健康之间起部分中介作用。

第五，高中生团体辅导能促进学生的 RES 和心理健康。

七、教育启示

维护高中生的心理健康是学校、家庭和社会应该承担的责任，对于我们和家长一起教育学生，培养社会栋梁之才有很大帮助。为此，应重视心理健康教育。

（一）维护高中生心理健康是家庭的重要责任

根据本研究结果可以看出，学生的心理健康与心理弹性有重要联系，而心理弹性与父母教养方式密不可分。孩子的心理弹性应从小培养。面对创伤和悲剧，家长应放手，让孩子去应对。如果家长一味地保护孩子，将无法培养出其防御能力。除此以外，父母要学习心理健康知识，提升教养能力，科学养育孩子。

对于高中阶段的孩子家长不要只关注孩子的学习而忽视了本该有的温情与陪伴，支持与鼓励。父母必须学会放手，不要独裁，让孩子失去锻炼的机会，只有经历过磨难，才能够成长。家长应参加更多的心理讲座以了解心理健康，学习他人好的教育经验，对孩子进行良好的教育。

(二)维护高中生心理健康是学校和老师的义务

学校应开设学生心理社团,举行心理健康教育活动如心理剧大赛等,营造关注心理健康的气氛。除了关注学生的心理外,还可以对学生的职业生涯规划进行指导,为迷茫的高中生指明学习的目标,帮助他们更好地了解自己,解决学习问题。利用网络手段,提高学生兴趣。同时,学校应增加对学生家庭的关注,宣传好的家庭教育案例,做好家校联合,共同守护学生的心理健康。

(三)学生学会情绪调节,增强自身的 RES

根据本研究结果可知良好的 RES 有利于提升心理健康,因此学生也要学会情绪调节,内化外部的知识经验,经常加以练习,调控自己的情绪,减少不良情绪的干扰,提高积极情绪,维护心理健康。在信息时代,学生每天都接触大量的信息,维护心理健康,学生也要提高对信息的辨别能力,抵触不良信息带来的消极情绪,多接触积极正能量的信息,保持乐观的态度,成为一个积极的学生。提高应用情绪调节方法的能力,处理好与老师、父母和同学的关系,提高专注力,将自己的精力集中于学习这件影响未来人生的大事上来。尽情表达成功的喜悦,面对失败不气馁,慷慨地赞美别人,约束自己不放纵,拥有高尚的人格,培养坚强的意志,以一个健康的心理赢得成功。

(四)净化未成年人成长环境

现在社会越来越重视心理健康,但学生每天通过各种渠道获得大量与学习无关的信息,他们的思想也越来越多元化,崇尚自由,尊崇个性,而且高中生缺乏辨别信息的能力,他们的思想极易被不良社会风气所左右。学习时间被网络占据,缺少正常的沟通交流。学习成绩下降,心理越来越扭曲。因此,社会要通过各种渠道宣传高中生心理健康教育知识,呼吁大众关注和学习心理健康知识,抵制低俗恶俗的不良社会风气,筛选过滤不利于未成年人心理健康的信息,营造和谐的社会氛围。

(五)采用多种方式宣传心理健康

虽然,心理健康对高中生非常重要,但由于普及不够,很多人并不了解,甚至产生误解。遇到问题不敢寻求专业帮助,害怕被身边人歧视等等,导致问题越来越严重。心理健康教育的传播可以通过学校板报,网络平台等途径。让更多的学生和老师参与进来。通过举办趣味性活动吸引学生加入。如开展心理社团,举办心理剧比赛及团体辅导等。在做中学,先对一部分人产生影响，再推广到更广泛的人群当中。

（六）从影响因素入手解决心理健康问题

心理健康概念很广，与其相连的变量不计其数。比如心理弹性、RES等。根据这些影响因素设计合理的团体辅导方案，建立心理健康干预库，可以帮助解决很多问题。高中生的心理是可塑的，通过调节情绪等有助于预防心理健康问题的产生。通过了解影响因素，可以从小事上着手，避免大问题的发生，对于学生的在校学习也有帮助，避免了重大心理疾病对个体的影响。家长如果提前了解影响心理健康的因素，予以重视，会避免问题的发生。因此，了解心理健康影响因素，并给予关注很有必要。

第四章 西部地区中学生心理健康问题及成因分析

根据第三章的多项研究结果显示，西部中学生的心理健康问题主要包括以下几个方面：

情感调整问题：西部的中学生在面临家庭冲突时，倾向于逃避而非积极应对，这导致他们难以适应正常的情感反应，抑制情感，并在面对痛苦时缺乏及时的情感支持。家庭冲突剧烈时，中学生难以及时调节自己的情绪，抒发自己的不良情感。

学业压力问题：虽然西部地区的教育资源相对匮乏，但随着社会整体学历水平的上升和就业岗位的竞争加剧，社会对中学生的学业成绩有着更高的期望，西部中学生的学业压力也逐渐上升。为了在激烈的就业市场中脱颖而出，他们需要取得更好的学业成绩，过度的学业压力可能导致西部中学生出现焦虑和抑郁等心理问题。参与调查的中学生的学业压力普遍处于中上水平，对学校的适应情况一般。存在部分学生学校适应不良，心理资本水平较低。过度的学业压力可能导致中学生感到焦虑、抑郁或情感不稳定，出现睡眠问题，并可能剥夺他们与家人和朋友的时间，导致社交隔离和孤独感。此外，学业压力还可能导致中学生进行作弊，影响其道德发展。

自我意识问题：青少年自我意识偏离正常轨道可能导致人格偏离，自我意识较低的学生更容易出现抑郁、焦虑等心理问题。同时，西部地区的中学生的自我意识与心理健康状况之间存在显著的负相关，意味着自我意识较低的西部中学生在多个方面更容易出现障碍。中学生正处于青春期这一重要时期，在这个时期逐渐形成更加清晰准确的自我认知，他们会更加注意自己的形象是否得体，在乎自己是否能够得到别人积极的评价。意识决定行为，行为是意识的反映。大量的心理学实验也证明，个体社会适应不良及人际关系不协调主要是由自我意识不正确所造成的。青少年会为独立自主意识受阻而抗争，也会为社会地位平等的欲求不满而抗争，同时还会和父母进行一些观念上的碰撞，如果不能适当地应对这些自我意识，就可能引发一系列的心理健康问题。

人际交往问题：中学生的人际交往环境主要是学校和家庭，因而他们人际交往的对象主要为同学、老师和父母。西部中学生在人际关系方面的问题总体上并不严重，但是也存在一部分学生存在困扰并需要帮助。他们因接触的资源有限，如果深陷家庭冲突，就难以设立未来目标与规划，进而影响社交技能的培养。同时，西部地区由于多民族聚居的特点，风俗、生活习惯不同也会带来一定的社交压力，在这样一个多元文化交融的背景下，建立稳定、亲密的友谊关系变得颇具挑战性。由于不自信，中学生可能在社交场合中感到拘谨，难以自如地表达自己。孤独感是另一个常见问题，中学生可能因为无法建立亲密的友谊或感到孤立而体验到孤独。此外，社交回避行为在某些中学生中较为普遍，他们可能避免参加社交活动、课堂讨论或与同学互动，进一步加剧了社交隔离。欺凌和排斥也是社交压力的表现之一，这些经历会对中学生的心理健康产生长期的负面影响。

对于这些心理健康问题的成因，我们可以从四个方面来分析。

第一节　学生方面的因素

中学阶段，作为个体从童年迈向独立成长的转折点，亦被视作"多事之秋"的时期。这个时期，中学生正经历着由不稳定至稳定的"波澜壮阔"式的巨大转变。经过严谨的分析与研究，我们发现，西部地区中学生正面临着一系列的心理问题。

这些问题主要源自生理的蜕变、内心的冲突、学业的压力以及家庭的影响等多重因素。在经济相对落后的西部地区，这些困扰和烦恼呈现出日益增多的趋势，对西部青少年的心理健康产生了不小的影响。研究显示，心理健康存在问题的学生约占30%，其中问题较为严重的学生占比在3.43%～18.59%。虽然高中生心理健康总体得分处于中等偏上水平，但有62.7%的学生存在心理问题，而仅有37.3%的学生心理健康状况良好。中学生作为国家的未来和民族的希望，其心理品质对西部的崛起和国家的兴衰具有深远的影响。因此，对西部中学生心理健康状况的研究，以及探寻其背后的原因，具有重大而深远的意义。根据现有研究，西部地区学生在

第四章
西部地区中学生心理健康问题及成因分析

学习过程中普遍面临较大的压力，这种压力不仅导致了他们的焦虑情绪，还进一步加剧了人际关系紧张，使得他们在交往中遇到诸多困难。此外，这些学生普遍存在着逆反心理，自我控制能力较差，并过于追求虚荣，同时具有强烈的嫉妒心理。这些问题对于学生的健康成长和学业发展均产生了不良影响。

对高中生心理健康各维度分析表明，高中生在适应性不良、心理不平衡等八个维度上项目均分都高于标准分2分。该研究结果凸显了几个关键问题。首先，高一学生在处理师生关系、社交互动以及适应紧张学习环境和学习压力方面显得较为缓慢，存在适应上的困难。其次，高中生在面对沉重的学习负担时，若遭遇焦虑、抑郁等负面情绪，往往缺乏有效的排解方式，这些情绪若长期得不到缓解，可能会对他们的心理健康造成不利影响。因此，高中生需要学习并掌握心理调节技巧，以便在压力较大时能够自我调节，释放负面情绪。在探讨这些问题的解决方案时，我们必须重视学生的个人因素，主要涵盖以下三个方面方面。

一、性格因素

性格是人在对现实的态度以及行为方式中稳定的个性心理特征，具有重要的意义，是个体的心理素质与个性品质的重要体现，性格对个体的影响体现在生活中的方方面面，与每个人的前途和命运息息相关。已有的研究表明，个体的心理健康状况受到其性格特征的影响，而不同的学生性格特征可能会导致他们采用不同的应对策略。

性格优势也被称为性格优点，是指对具有一定优势的某些性格的统称。性格优势是积极人格特征的主要内容，通过个体的认知、行为和情感进行反应，达到缓解个体的压力和抑郁的作用，并能够促进心理健康。经过广泛的研究，发现性格中的情感、智力和人际能力对于个体如何应对压力情境有着重要影响。具有积极性格特征的人，如充满热情、心地善良、富有爱心和擅长团队合作，更有可能在压力环境下展现出良好的心理和生理适应性。在面对压力时，不同性格的学生会采用不同的应对策略和方法。这些策略和方法可能是积极的，也可能是消极的，它们对学生的心理健康状况产生直接影响。以往的研究已经证实，性格中的智力、情感和人际优势与应对方式之间存在显著的相关性。这些性格优势被视为有效的压力防御机制，能够帮助个体在压力状态下保持心理和生理的平衡与稳定。已有的国外研究表明，个体的性格优势和美德能够帮助个体对抗不良情绪和心理症状，从而进一步提升个体的心理健康水平和个人的幸福感。

由于西部地区的文化和历史等因素的影响，形成了大多数西部地区学生热情开朗、外向率真的积极心理品质，性格优势能够促进西部地区中学生的心理健康。同时西部地区学生较其他地区相比，承受着较少的学业压力，拥有较为自由的生长环境，也造就了西部地区学生积极的心理品质，使得西部地区中学生能够采取积极的方式应对压力。另外，青少年时期的营养状况和所患疾病，对于其心理健康具有至关重要的影响。研究发现，罹患慢性躯体疾病的青少年群体，常常伴随着行为和情绪上的障碍。其中，抑郁是最为常见的表现，且男生往往倾向于社会退缩，而女生则更可能展现出攻击性行为。这些发现提醒我们，在关注青少年身心健康时，必须综合考虑营养和疾病等多方面的因素。由于西部地区平均海拔较高，含氧量较低，长期处于该环境下成长的西部地区中学生拥有较好的身体素质。良好的身体素质也为较好的身心发展奠定了坚实的基础，使中学生的心理健康能够得到保障。同时，西部地区对心理健康教育有着足够的重视，为中学生的性格培养和塑造奠定了良好的基础，有助于形成良好的应对方式，提升中学生的心理健康水平。

由于西部地区目前仍处于偏远地区，仍具有较大的发展潜力，在文化、经济等方面的发展不具备强大的竞争力，使得西部地区的中学生可能会拥有较大的精神负担和心理压力。此外，西部地区中学生农村生源占在校生较大的比重，而大多数学生家庭都面临经济困难的问题，也会在一定程度上对学生的心理健康产生影响。最后，西部地区的中学生长期生长在民风淳朴、相对稳定的文化环境中，会固化中学生的人际交往等应对方式，影响中学生的心理健康。

二、归因风格

归因是指旁观者以预测和评价被观察者的行为为目的，从而对环境等外部因素进行控制，鼓励被观察者的言行，从而对被观察者的行为过程及原因结果进行解释和推论。归因方式最早由国外心理学家提出，维纳认为归因是指个体在面对行为或事情的结果时，通过整合现有信息并进行内部分析，以准确判断导致特定结果的因素及其作用机制的全面过程。简而言之，归因是指人们在某件事情发生后认为导致该结果产生的原因。

根据现有的研究，学生在不同年龄阶段所采取的归因方式存在显著差异。虽同为中学生，高中生和初中生会采取不同的归因方式，初中生更倾

第四章
西部地区中学生心理健康问题及成因分析

向于将成功归因于运气好，教师水平的优异，而将失败归结于内部因素，如自己的能力等。而高中生的归因方式与初中生大相径庭，高中生的归因方式具有独有的特征。在积极归因方面，高一年级学生的得分最高，其次是高三年级，最后是高二年级。然而，在消极归因方面，情况却截然相反。随着年级的升高，消极归因的得分也逐渐增加。因此，高三学生在处理问题时更倾向于采用消极归因的方式，高二年级次之，高一年级相对较为积极。这一结果揭示了高中生归因方式的年级差异和独特性。同样，国内外不同的专家对不同性别的归因方式的研究也证明，不同性别的归因方式也存在差异。经过对特定情境进行的深入测试，我们发现女性参与者更有可能倾向于进行积极的归因，相比之下，男性参与者则更可能倾向于采取消极的归因方式。这一发现揭示了性别在归因倾向上的显著差异。在成功时，女生倾向于进行内部归因，如自身的能力和努力等，而男生则更倾向于将其归因于运气等外部因素。男女生在青春期的发展阶段，由于生理和心理发育的速度与程度不同，导致他们在面对失败时表现出不同的心态。相较于女生，男生更可能将失败归因于外部环境和运气因素，而不是反思自身的努力和能力。这种倾向使得男生在遭遇挫折时，更容易忽视自身可能存在的问题，而将责任推给外界。相反，女生的心理发展更为成熟，她们更擅长深入分析失败的内在原因，能够更清晰地看到事物的本质。因此，女生在遭遇失败时，更能够坦诚地面对自身的不足，并积极寻求改进。尽管在归因倾向上存在差异，但值得注意的是，无论是男生还是女生，在面对可能受到惩罚的情况时，都会倾向于选择外控归因，即将失败归因于外部环境和运气因素。这种倾向使得在成就归因的外控失败维度上，男女生之间并未显示出显著的差异。因此，在教育实践中，我们需要关注男女生的不同心理发展特点，引导他们正确面对失败，积极反思自身，以促进他们的全面成长。

心理健康与归因方式之间存在一定的关系，经过深入研究，有学者得出结论：中学生若倾向于主动内控归因，其心理健康状况显著更佳，学业成绩亦更优秀，心理状态更为稳定。相反，若中学生在归因时更偏向于外部因素，如将失败归咎于环境、运气等外部条件，其心理健康水平则相对较低。心理健康与归因方式之间存在明显的相关性，尽管内控性归因方式相较于外控性归因方式的相关性较弱。鉴于此，中学生的心理健康与其归因方式紧密相连，学生的心理健康状况受到其独特的归因方式的影响。当中学生遭遇生活中的各类事件时，其归因方式的不同将直接影响其采取的应对策略。因此，深入研究中学生的归因方式，对于预测其心理健康状态具有重要意义。

归因风格与心理健康息息相关。已有的调查表明，西部地区中学生整体归因方式倾向于内部归因，即中学生整体会将失败或成功归因为自身的能力因素和努力等内在的因素。这种归因方式能够使学生在取得成功时增强学生的自信心，加强个体的自我效能感，有助于促进中学生的心理健康。但面对失败时进行内部归因，也会对个体产生一定的影响，严重者会造成习得性无助，对学生的心理健康产生负面的影响。

三、自我意识

自我意识是指个体对自身心理过程及心理内容的客观、真实的反映。心理学家们进一步将自我意识划分为两个层面。第一个层面是指个体能够体验和意识到自身心理活动的结果，而第二个层面则是指个体能够深入认识到自身心理活动的内容。这两个层面共同构成了人的自我意识。也有学者将自我意识和自我等同，认为自我意识就是自我，是个体的一切叫作"他的"总和，就是自己对于属于自己身心状况的认识。

中学生处于青春期这一关键阶段，在这一阶段，个体的自我意识也得到迅速发展。自我意识是人类特有的意识，是指个体自己对自己的认知和态度，是一个复杂的、多维的心理系统。从结构上看，表现为具有认知的、情绪的和意志的成分，属于情绪成分的包括情绪体验、情绪控制和情绪调节，自我意识的发展也会影响到个体的情绪。中学生的自我意识对其在环境和社会中的定位及价值观念具有决定性影响，是完善人格和实现社会化的重要基石。从婴儿期至青春期，个体的自我意识逐步发展并趋于成熟。然而，受多种内外因素影响，青少年的自我意识可能偏离正常轨道，进而对其行为、学习和社会能力造成不良影响，严重时可能导致人格偏离。大量研究指出，自我意识较高的学生在心理健康方面表现更佳，而自我意识较低的学生则更容易出现抑郁、焦虑等心理问题。同时，研究还发现西部地区中学生的自我意识与心理健康状况之间存在显著的负相关关系。这意味着自我意识较低的西部地区学生在学习、行为、性格、情绪和社会适应等方面更容易出现障碍。因此，提高青少年的自我意识水平、增强自信心、加强自我调控能力和社会适应能力，对于维护学生心理健康、减少心理问题的发生具有积极意义。

经过对西部地区中学生的深入研究，我们观察到他们的心理素质普遍

第四章
西部地区中学生心理健康问题及成因分析

有待提升，同时，他们在自我意识的发展上显示出一定的不成熟性。中学阶段，是青少年身心发展的关键时刻，充满了活力和可能性，但同时也是他们心理状况最容易发生波动的时期。在这一阶段，学生的情感反应较为敏感，容易受到外界环境的影响，且他们的判断能力在区分是非方面尚待加强。

随着生理上的逐渐成熟，中学生可能会在心理上产生一种成人感，然而，由于他们的心理成熟度并未达到相应的水平，当面对生活中的挫折和困难时，他们可能会感到身心失衡，从而引发一系列的心理冲突和矛盾，甚至可能产生心理问题。

令人担忧的是，西部地区的许多学生缺乏自我心理健康保健的意识。在生活、学习、人际关系等多个方面遭遇困扰时，他们往往未能掌握有效的自我调节、自我控制以及自我保健方法，这可能加剧其不良心理反应，进而对其心理健康产生严重威胁。

第二节 家庭方面的因素

一、家庭氛围和支持

一个温馨、支持和稳定的家庭氛围对中学生的心理健康至关重要。家庭成员之间的亲密关系、情感表达和支持可以提高中学生的心理韧性，使他们更能应对压力和挫折。

西部地区虽然是我国国土面积最广、资源最丰富的地区之一，拥有巨大的经济发展潜力，但由于历史、地理和经济等因素，其经济水平相较其他地区来说较为落后，西部农村许多家庭选择外出打工，留守儿童由于种种原因不能随父母一起生活，远离了父母，缺少了家庭的温暖，导致家庭教育缺失。

在经济条件有限的情况下，家庭氛围和支持对于西部青少年的健康成长至关重要，对于情感支持、沟通能力、安全感和稳定性、应对挫折的能力、自尊心和自信心以及社会技能的培养有重要作用。

（一）情感支持

一个充满情感支持的家庭可以帮助中学生建立安全感和信任感。父母或家庭成员的鼓励和理解可以降低中学生面对挫折和焦虑时的心理负担。

这种情感支持可以增强中学生的自尊心和自信心，有助于他们更好地应对生活中的挑战。

由于西部经济发展水平有限，很多父母选择外出务工，因而这部分家庭给予孩子的情感支持是十分有限的。据研究表明，相当一部分西部青少年的临时监护人是其"爷爷奶奶"或者"外公外婆"，这些临时监护人较为宠爱，有些甚至过分溺爱孩子，给予孩子更多的是物质，在精神上的关注相对较少。孩子们在面对挫折和焦虑的社会，能得到的情感支持很有限。

随着我国科技的进步与发展，研究表明，经济欠发达地区的青少年有相当一部分人也拥有自己的手机，此外还有部分儿童会使用监护人的手机。这些手机主要用于上网课、看短视频和玩游戏。在客观上便利了他们与父母的情感联系，增加了个别孩子的情感支持，但其效果微乎其微，更多地造成了留守儿童手机成瘾的问题。

(二)沟通能力

良好的家庭氛围通常伴随着开放、诚实和支持性的沟通。家长与孩子之间的有效沟通可以帮助中学生表达他们的感受和需求，从而减轻情感压力和冲突。家庭成员之间的沟通有助于建立亲密关系，提供情感支持，并帮助中学生学会解决问题的能力。

受历史和文化等因素的影响，西部家庭的教养方式大多为权威型和忽视型，这就导致家长与孩子之间的沟通非常局限，很难在开放、诚实和自由的氛围下进行沟通。权威型的西部父母，在子女教育中表现得过于支配，不允许孩子有自己的想法，父母说的就是绝对正确的，父母的权威不容许挑战，绝对服从长辈。忽视型的西部父母则是对孩子很不关心，不控制孩子行为，也不对孩子表现出爱与期待，只是提供一般的食宿和衣物等物质，物质的给予也非常有限。这两种教养风格下的孩子很难与父母展开沟通，中学生也无法表达自己的情感和感受。

(三)安全感和稳定性

一个稳定的家庭环境可以为中学生提供安全感。家庭成员之间的稳定性有助于中学生建立信任和依恋，减少焦虑和不安全感。稳定性还包括稳定的家庭规则和例行活动，这有助于提供结构和安全感。

由于家庭环境的不稳定，西部地区的留守儿童普遍呈现出性格内向、敏感多疑、孤独无助、情绪不安、行为任性、胆怯退缩和自我封闭等特征。这些表现主要源于家庭环境的不稳定，使得这些儿童在成长过程中缺乏必要的关爱和支持，进而影响了他们的心理和行为发展。为了改善这一状况，需要加强对留守儿童的心理辅导和家庭教育，以帮助他们建立健康的心态和积极的生活态度。

童年的经验会对这些学生之后的学习及生活产生消极的影响。此外，由于父母长期不在身边，这类学生在心理层面可能感受到孤独和无助，缺乏稳固的支持与信任，因此内心安全感不足。他们对于周围环境及人际关系持有怀疑态度，容易以偏见视角看待世界，表现出明显的社交距离感。在与他人互动时，他们可能展现出高度的警惕性，甚至带有一定程度的敌意，这反映出他们对于人际关系的深刻不信任。对于这部分中学生来说，父母给予必要的安全感和稳定性尤为重要。

（四）应对挫折的能力

在支持性家庭环境中，中学生更有可能学会应对挫折和困难。他们可以从父母或家庭成员的示范中学习积极的应对策略，包括解决问题、适应能力和寻求帮助。这些技能对于心理韧性的培养至关重要。

由于西部地区基础教育整体水平较低，尤其是少数民族聚居的地区，目前，从小学到高中的义务教育普及率远远低于全国平均水平，且存在教育资源分配不均的问题，一代又一代，学生从学校中掌握的处理问题应对挫折的能力是十分有限的，所以有相当一部分学生很难从父母或家庭成员的示范中学习到相关策略。此外，也有一部分学生会培养出自立自强的品质，由于地域和经济状况的限制，这部分学生必须在生活中更早地学会照顾自己，相较于其他地区的学生，他们承担的生活责任要更多更重，给予学习的时间很有限，更早地学会了自立，他们应对挫折的能力更多地源于自我探索，而非单单是家庭成员的支持与帮助。

（五）自尊心和自信心

自尊心，即个体基于自我评价所形成的一种自重、自爱、自我尊重的情感体验，同时也是人格自我调节结构中的重要心理成分。自尊心的强弱程度因人而异，过强的自尊心可能表现为虚荣心，而过弱的自尊心则可能引发自卑情绪。很多情况下，虚荣伴随着自卑而存在。

一个积极的家庭环境有助于中学生建立健康的自尊心和自信心。在这种环境中，中学生通常会得到积极的反馈和鼓励，他们会更自信地面对生活中的挑战，更愿意追求个人目标。

相较于其他地区的发展，西部地区的发展稍显落后，虽然拥有美丽的自然风光和优越的自然资源,但偏僻的地理位置和恶劣的自然条件限制了西部地区的发展。目前,我国东西地区有着明显的贫富差距,虽然国家给予西部地区一些倾斜性支持政策,但收效有限。由于物资及生活条件的限制,西部的中学生更多地表现为自卑。自卑源于人际间的比较,西部的中学生可以通过电视网络等了解到其他地区中学生的生活和学习条件,相比之下会产生失落和自卑的情绪,而这些情绪也难以向他人倾诉,长此以往,自卑感就会作为一种负性的情绪体验而存在。随着父母的忽视,这种体验会增加和泛化,容易产生自卑的心理障碍。家庭如果能够在情感上即使给予支持与关怀,这些中学生的自尊心和自信心就会大大增强。

(六)社会技能

社会技能包括:与他人交往的行为,与自我有关的行为以及与任务有关的行为。在人际交往中,我们需遵循一定的行为准则。这包括尊重权威、掌握有效的沟通技巧以及积极参与合作。此外,我们还需关注与自我相关的行为,如真实情感的表达、遵守道德规范以及保持积极向上的自我态度。同时,在处理工作任务时,我们需展现积极的参与精神、高效的任务完成能力以及对指导的严格遵循。这些行为对于提升个人素质和工作效率具有重要意义。社会技能缺陷的中学生往往缺乏必要的能力与同伴进行融洽地互动,或者在给定一个技能的扮演中,不知道其关键性的一步。

家庭成员之间的互动可以帮助中学生发展社交技能。通过与父母、兄弟姐妹和其他家庭成员的互动,他们可以学会有效地沟通、合作和解决冲突的能力,这些技能在社交生活中至关重要。

家庭氛围和支持对中学生的心理健康有着重要的影响,但这不意味着完美的家庭环境就一定会产生心理健康的中学生。每个家庭都面临挑战,重要的是建立积极的亲子关系,提供支持,并鼓励中学生培养自己的心理韧性和应对能力。

西部的中学生由于教育资源以及父母支持的有限,学习观念淡漠,遇到困难无人帮助,长此以往会受到冷落和打击,不仅影响学业,更影响人际关系,表现为孤僻不合群,不愿意与他人交往,无法顺利掌握社会技能。西部中学生的父母如果能以身作则,培养良好的家庭氛围,这对于中学生社会技能的提升是非常有帮助的。

二、家庭冲突

持续的家庭冲突和不稳定的家庭环境可能对中学生的心理健康产生负

面影响。这些冲突可能来自父母之间的矛盾、家庭成员之间的摩擦、离婚、分居、争吵、家庭暴力等情况。以下是家庭冲突对中学生心理健康的一些主要影响：

（一）焦虑和紧张

家庭冲突常常使中学生感到紧张和焦虑。他们可能担心亲人之间的争吵或关系紧张，这种担忧可能会持续影响他们的情绪和心理健康。

相关研究表明，西部地区中学生的焦虑水平显著高于全国常模，且超过一般的学生存在焦虑问题。这些中学生的焦虑问题多表现在学习压力、人际关系、自我认同、未来规划以及家庭等方面。其中，中学生对家庭的焦虑表现在家庭经济状况、家庭教育方式、家庭支持与关爱、家庭成员的心理健康状况等方面。西部地区相对落后的经济条件可能导致家庭经济压力增大，家庭成员之间的关系紧张，这种环境导致学生焦虑。此外，西部地区一些家庭由于文化背景和传统观念的影响，对子女的教育方式过于严格或期望过高，这种家庭环境也会让学生焦虑。如果家庭成员中有人有心理问题，学生也会受到这些情绪的影响，进而焦虑，出现类似的症状。

总之，西部地区家庭对中学生焦虑的影响是多方面的，既包括经济、教育等外在因素，也包括家庭氛围、成员心理健康等内在因素。

（二）抑郁

家庭冲突可能导致中学生感到沮丧和无助。他们可能对家庭问题感到无法解决，这可能引发抑郁情绪和情感问题。

据《2022年青少年心理健康状况调查报告》显示，西部或农村户口的青少年心理健康水平总体更低。经过地区性比较，发现西部地区青少年的抑郁、孤独和手机成瘾得分略高于东部和中部地区的青少年。这一数据反映了西部地区青少年在心理健康和手机使用习惯方面可能存在一些挑战，需要引起关注和引导。我们呼吁家长、学校和社会各界共同努力，为青少年提供更加全面和科学的心理健康教育和手机使用指导，以促进他们的健康成长和全面发展。

如果家庭中存在紧张、冲突和不和谐的关系，或者缺乏情感支持和关爱，学生容易感到沮丧和无助。此外，父母的教育方式和期望也会影响到学生的心理健康，对于过重的负担，会加剧抑郁的症状。

（三）自卑感

家庭冲突可能使中学生感到自尊心受损。亲人之间的争吵和冲突可能会导致中学生认为他们是问题的根源,从而降低他们的自尊心。

西部地区由于历史、地理等多种原因,发展相对滞后,与东部地区存在较大的经济和社会差距,这种发展不平衡可能导致家庭成员之间出现矛盾和冲突,产生分歧和争吵。教育资源相对匮乏直接造成教育水平低下的后果,会影响家庭成员的素质和认知水平,增加家庭冲突的风险。西部地区是多民族聚居区,不同民族之间的文化、语言、习俗等存在差异,这些差异可能导致家庭成员之间的矛盾和冲突,尤其在涉及婚姻等问题时。西部地区的传统文化比较保守,而现代社会的发展带来了许多新的观念,家庭成员之间会因为观念不同而产生冲突,如对于性别平等和个人自由等方面的认识差异。

中学生如果长期处于家庭冲突的环境中,会感到不安全,他们会担心父母的争吵升级为身体冲突,或者觉得自己的存在是家庭矛盾的根源,这种不安敢会导致孩子对自己的价值产生怀疑,从而产生自卑感。家庭冲突往往伴随着负面的情绪,如愤怒、紧张、悲伤等,孩子很容易受这些情绪的影响,感到自己也充满了负面情绪,久而久之,对自己的评价降低,产生自卑感。此外,中学生在家庭冲突中看到负面的互动模式,如争吵、挑剔和批评,会将这些行为模式应用于自己的生活模式中,而这种行为模式会让他们在人际交往中遇到挫折,产生自卑感。

(四)情感调整问题

中学生可能试图逃避家庭冲突,而不是积极应对。这可能导致他们对情感的抑制和难以适应正常的情感反应。

西部地区家庭冲突对于中学生情感调整的影响是复杂的。多元的民族文化以及快速的社会变迁给家庭成员的相处带来了诸多挑战。家庭冲突在所难免,关键是如何面对,如果一味逃避,会给中学生的情感调整带来困难。即便情感调整的方法有很多,但如果家庭冲突剧烈,中学生很难及时调节自己的情绪,抒发自己的不良情感。通常人们遇到痛苦的事情,第一求助对象是自己最亲近的人,一般来说是家人,因此,如果家庭矛盾不能及时化解的话,中学生的情绪调节和情感调整需要及时关注。

(五)社交问题

家庭冲突对中学生的影响是多方面的,可能是积极的,也可能是消极的。一方面,如果家庭冲突能得到妥善处理,学生可以从中学习如何处理冲突和分歧,从而提升他们自己的社交技能,他们会更理解他人、尊重他人，这种化解冲突的能力在社交中非常重要，可以让他们更好地适应环境。但由于西部的教育水平所限，这些孩子的父母长辈也不能很好地化解冲突。如果这些冲突频繁且得不到妥善处理，学生可能会感到压力和不安，从而影响他们的情绪和心理健康，他们会变得退缩、沉默或攻击性，这些都会影响他们的社交状况，使他们在社交的场合中感到不自在。

此外，家庭冲突可能影响中学生的社交关系。他们可能难以建立亲密的友谊，因为他们对自己的家庭问题感到羞愧或不愿意分享。他们的自尊心下降，感到自己无法应对社交挑战，从而避免参与社交活动。

家庭冲突对学生社交的影响取决于冲突的性质、频率以及处理方式，这需要学校、家长、老师的共同努力。

（六）学业问题

家庭冲突可能对中学生的学业产生负面影响。他们可能难以集中注意力，因为他们的思维可能被家庭问题所占据，感到不安全、不稳定，进一步影响他们的学习状态。

家庭冲突可能破坏家中宁静的学习环境和氛围，让学生不能专心学习，也会增加学生的心理压力，让他们感到焦虑、无助或沮丧，从而无法按时完成学业任务，进而影响他们对未来的期望和计划，他们可能对自己的未来感到迷茫或不确定，失去学习的动力和目标，这种影响是深远的，甚至会影响孩子的一生。

虽然家庭冲突对于全国所有学生的影响是相似的，但对于西部的中学生来说，家庭冲突造成的后果往往更严重，因为物质条件的有限让健康地长大都成了问题。但这些影响并不是绝对的，因为每个人的反应和应对方式并不是完全相同的。

（七）挫折感

家庭冲突可能会导致学生感到情感上的不安全感，他们可能会担心家庭的稳定性，担心自己是否被父母接纳和支持。这种不安全感可能导致他们感到无法在家庭中获得归属感和自尊心，从而无法正常融入学校和社会环境。此外，家庭冲突可能让学生觉得自己是问题的根源，他们可能会认为自己的表现或行为导致了家庭冲突，从而产生自责和愧疚感，这种自我否定的态度可能导致他们在面对挑战和困难时缺乏信心，认为自己无法应对或改变现状，进而可能影响中学生的信仰体系和对未来的期望。他们可能感到对人际关系和未来感到悲观，缺乏希望和动力。

对西部的中学生来说，他们能够接触的资源非常有限，如果深陷家庭冲突的漩涡，那么他们很难去设立未来的目标与规划，只能浑浑噩噩，随波逐流，像自己的父母一样。中部和东部的中学生在这样的情况下，更可能选择离开原生家庭，拼尽全力摆脱让自己不适的环境，因为他们有机会去了解外面的世界，知道这个世界还有许多种可能。

（八）行为问题

长期的家庭冲突可能导致家庭成员之间的关系紧张、疏远甚至破裂，从而破坏亲子关系、夫妻关系等，使得家庭成员之间缺乏信任、理解和支持，这种紧张的家庭氛围可能会对孩子的成长和发展产生负面影响，导致孩子出现一系列的心理健康问题，有些中学生可能试图通过问题行为来应对家庭冲突，如逃学、吸烟、滥用药物或从事违法活动。这些行为可能进一步加重他们的心理健康问题。

调查表明大约70%的校园欺凌事件的施暴者缺乏家庭教育的支持。这些孩子的父母未能给予他们心灵上的慰藉和思想上的引导，导致他们逐渐倾向于通过暴力行为来寻求他人的关注。统计数据显示，校园暴力问题的发生与施暴者的家庭背景存在明显的关联。在多数情况下，施暴者成长于充满冲突和暴力的家庭环境，这样的环境可能对他们的心理和行为产生了消极的影响。这些统计结果为我们提供了宝贵的洞察，强调了预防和解决校园暴力问题时，需要关注施暴者的家庭背景和成长经历。这些家庭问题可能对他们的心理和行为产生深远影响，从而增加了他们成为校园欺凌者的风险。更有甚者会模仿父母，从而出现一系列的不良行为。

（九）长期影响

家庭冲突可能对中学生的长期心理健康产生持续的影响。一些研究表明，儿童和青少年时期经历的家庭冲突可能与成年后的心理健康问题相关。

研究发现家庭因素与青少年心理健康之间存在紧密的联系。特别是那些缺少父母照顾与陪伴的青少年，例如住校或父母外出工作的孩子，他们更容易出现抑郁、孤独和手机成瘾等问题。同时，家庭关系紧张和父母不和睦也会对青少年的心理健康带来更高的风险。这些研究结果强调了家庭环境在青少年心理健康发展中的重要性。

因此，有效处理家庭冲突并提供支持和帮助对中学生至关重要。这可以包括家庭治疗、心理咨询、家庭成员之间的沟通改进以及提供应对冲突的应对策略。同时，学校和社区也可以提供心理健康支持，帮助中学生应对家庭冲突带来的挑战。

三、父母期望和压力

父母期望和压力对中学生的心理健康有着重要的影响，这一影响可能是积极的，也可能是负面的，具体情况取决于父母的期望水平、传达方式和家庭环境。

1. 积极影响

（1）父母的期望和压力可以激励中学生取得更好的学业成绩和个人成就。这种激励可以帮助中学生树立目标、保持努力和追求卓越。

（2）适度的家庭期望可以培养中学生的自我驱动力和责任感。他们可能更有可能制订计划、管理时间和承担责任。

（3）父母的期望和支持可以促使中学生更好地专注于学业，并在学校取得更好的成绩。这可以为他们的未来提供更多的机会。

（4）父母的认可和支持有助于提高中学生的自信心和自尊心。他们知道自己在家庭中受到尊重和重视，这有助于他们在社交互动中更有信心。

（5）父母的期望可以帮助中学生建立明确的目标和追求自己的激情。这有助于他们更好地规划未来并取得成功。

2. 消极影响

（1）过高的期望和压力可能导致中学生感到过度紧张，面临学业压力，这可能导致焦虑、抑郁和其他心理健康问题。

（2）父母的过度期望和压力可能引发家庭冲突，这可能对中学生的心理健康产生负面影响，冲突可能导致紧张和不安。

（3）如果中学生感到无法满足父母的期望，他们可能会陷入自我怀疑和自卑，这可能损害他们的自尊心和自信心。

（4）有些中学生可能对过高的期望产生逆反心理，试图逃避学业和责任，这可能导致问题行为和冲突。

（5）过高的家庭压力可能导致中学生面临心理健康问题，包括焦虑、抑郁和压力相关疾病。

父母在影响中学生心理健康方面发挥着关键作用。因此，父母应该：①保持合理的期望：父母应该根据中学生的能力和兴趣，制订合理的期望。不同孩子有不同的潜力，应该尊重和支持他们的个性。②建立开放的沟通：父母和中学生之间应建立开放、诚实的沟通，以理解彼此的需求和关切。这有助于减轻误解和冲突。③提供情感支持：父母应该提供情感支持，表达对孩子的爱和鼓励。这有助于提高中学生的自尊心和自信心。④寻求平衡：父母应帮助中学生找到学业、兴趣和娱乐之间的平衡，以减轻过度压力。⑤专业支持：如果中学生面临严重的心理健康问题，家长应该积极寻求专业心理健康支持和咨询，以确保他们得到适当的帮助。

四、亲子沟通

亲子沟通在中学生心理健康方面起着至关重要的作用，它可以对中学生的心理健康产生积极或负面影响，具体取决于沟通方式和品质。

1. 积极影响

（1）建立信任和亲密关系：积极的亲子沟通有助于建立亲密的亲子关系。当中学生感到他们可以与父母或监护人坦诚地分享自己的感受和想法时，他们更容易建立信任，这有助于他们的情感健康。

（2）情感支持：亲子沟通提供了一个平台，孩子可以寻求情感支持。父母倾听孩子的问题和烦恼，并提供理解和鼓励，可以帮助中学生应对生活中的挑战。

（3）问题解决和应对能力：通过积极的亲子沟通，父母可以教导中学生如何解决问题和应对困难。这有助于中学生培养适应能力和解决问题的技能。

（4）自我认知：亲子沟通有助于中学生更好地了解自己的感受和需求。这有助于他们建立健康的自我认知，更好地理解自己的情感和行为。

（5）情感表达：积极的亲子沟通可以帮助中学生学会有效地表达自己的情感。这有助于他们避免情感积压，并提高情感智慧。

2. 消极影响

（1）沟通障碍：负面的亲子沟通可能导致沟通障碍，使中学生感到不被理解或被忽视，这可能使他们感到孤立和无助。

（2）情感冲突：不健康的沟通方式可能导致情感冲突，如争吵和冷战，这种冲突可能对中学生的情感健康产生负面影响。

（3）误解和误导：如果亲子沟通不清晰或缺乏开放性，中学生可能会误解父母的意图，互相产生误解。

（4）心理健康问题：中学生可能因无法表达内心的感受和需求而面临心理健康问题，如焦虑、抑郁和情感问题。

（5）自尊心受损：当父母不尊重中学生的意见或感受时，中学生的自

第四章
西部地区中学生心理健康问题及成因分析

尊心可能受到损害。他们可能认为自己的声音不重要,从而降低了自尊心。

因此,建立积极和开放的亲子沟通渠道对中学生的心理健康至关重要。为了促进积极的亲子沟通,父母可以:①倾听:父母应该倾听孩子的感受和想法,尊重他们的声音。②表达理解和支持:父母应该表达理解、鼓励和支持,而不是批评或指责。③提供安全空间:父母应该创造一个安全、不受评判的空间,使孩子感到可以坦诚地分享。④避免过度干预:父母应该尊重孩子的独立性,并在必要时提供指导。⑤学会解决冲突:父母和孩子应该学会有效地解决冲突,以建立和谐的亲子关系。

五、家庭教育

一个温馨、支持和稳定的家庭氛围对中学生的心理健康至关重要。家庭成员之间的亲密关系、情感表达和支持可以提高中学生的心理韧性,使他们更能应对压力和挫折。

(一)体罚孩子,缺乏鼓励

部分家长坚信,他们是子女的养育者,因此有权力对子女实施体罚。在他们心中,"棍棒出英才"的观念根深蒂固,尤其在西部地区,这种观念的影响尤为明显。这种极端而错误的观念,导致家长经常对子女进行体罚,却忽视了给予孩子必要的鼓励。家长情绪不稳定时,往往会责骂孩子,这种行为严重损害了孩子的自尊心,打击了他们的自信心。这不仅对孩子的身心健康造成了严重伤害,还可能导致孩子形成不良的行为习惯,对孩子的健康成长构成严重威胁。

(二)溺爱为主,忽视养成

我们注意到,现今有一部分家长是在艰苦的环境中成长的,他们有了孩子后,往往不希望孩子重蹈他们的覆辙,承受过多的困苦。然而,这种过度的保护有时却忽视了培养孩子自理、自立的重要能力。其次,当前的社会结构中,独生子女占据了相当大的比例。由于父母的宠爱,很多年轻人选择让老一辈来照顾孩子,而长辈们往往过于溺爱孩子,几乎包办了孩子的一切事务。当然,每个家长疼爱自己的孩子是理所应当的,但如果过度到不让孩子参与任何事务,所有事情都由父母来打理,这样的成长环境可能会导致孩子形成自私自利、虚荣心强的性格特点。因此,我们呼吁家长们,在关爱孩子的同时,也要注重培养孩子的独立性和责任感。还有些家长认为孩子应该以学业为主，其他都是次要的或可有可无的，这种家庭教育的思想在应试教育中得到认可和蔓延。但这种"高分低能"已经不适应社会的发展，作为家长应该培养孩子的全面发展。

六、家庭文化和价值观

家庭教育中，父母扮演着至关重要的角色，作为孩子的首任教师，他们的言行举止都将深刻地影响孩子的成长。家庭文化和价值观对中学生的心理健康问题具有深远的影响。家庭文化包括家庭内部的传统、规范和习惯，而价值观则涵盖了家庭成员对道德、人生目标、人际关系等方面的看法。因此，关键在于建立健康、尊重和支持的家庭文化和价值观，同时尊重和包容中学生的个人身份和需求。家庭应该提供一个开放的环境，鼓励中学生与父母交流和分享，同时尊重他们的文化背景和价值观。与家庭文化或价值观之间的冲突有关的问题可以通过开放的沟通和心理咨询来解决，以确保中学生的心理健康得到支持和关注。

第三节 学校方面的因素

一、学业压力

学业压力是影响中学生心理健康的重要学校因素之一。适度的学业压力可以激发学生的学习动力和努力，但过度的学业压力可能对中学生的心理健康产生负面影响。

（1）焦虑和抑郁：过度的学业压力可能导致中学生感到焦虑、抑郁或情感不稳定。担心表现不佳、考试成绩不理想等因素可能加剧这些心理问题。

（2）睡眠问题：学业压力可能导致中学生的睡眠问题，如失眠。睡眠不足可能进一步影响情感和认知功能。

（3）社交问题：学业压力可能剥夺中学生与家人和朋友的时间，导致社交隔离和孤独感。

（4）考试作弊：某些中学生可能为了应对学业压力而进行考试作弊，这可能影响他们的道德发展。

整体上，西部地区与东部沿海地区相比，教育资源仍然较为匮乏。在

第四章
西部地区中学生心理健康问题及成因分析

财政投入、教学设备等方面，西部地区存在一定的短板，很多学校缺乏基本的教学设备和师资力量，客观上来说，这也使得西部地区的中学生的学业压力较东部和中部的学生的学业压力轻一些。即便如此，随着社会整体学历水平的上升和就业岗位竞争的愈发激烈，西部地区的中学生的压力逐渐上升。

为了减轻学业压力对中学生心理健康的负面影响，学校可以采取以下措施：

（1）平衡和适度的学业压力：学校应努力确保学业压力适度，避免过度的学业负担。这可以通过合理安排作业、考试和课业来实现。

（2）提供支持和资源：学校可以提供学术支持、心理健康咨询和学习技巧培训，以帮助中学生应对学业压力。

（3）心理健康教育：学校可以开展心理健康教育主题讲座，帮助学生了解如何管理压力、建立情感健康和寻求支持。

（4）家校合作：学校和家庭可以合作，共同关注中学生的学业和心理健康。开放的沟通和合作关系可以帮助中学生更好地应对压力。

（5）培养兴趣爱好：鼓励中学生参与课外活动和兴趣爱好，以平衡学业压力，并提供情感支持。

二、社交压力

中学是社交互动的关键时期，学校社交压力可能导致中学生感到自卑、焦虑或被孤立。同龄人之间的关系和群体压力可能影响他们的心理健康。

（1）焦虑和抑郁：社交压力可能导致中学生感到焦虑和抑郁。担心被同龄人排斥、评判或嘲笑，以及对社交场合的担忧可能加重这些情感问题。

（2）自尊心问题：社交压力可能损害中学生的自尊心。他们可能因为与同龄人之间的关系问题而感到自卑或不自信。

（3）孤独感：社交压力可能导致中学生感到孤独。如果他们无法建立亲密的友谊或感到孤立，可能会感到孤独和孤单。

（4）社交回避：某些中学生可能因社交压力而回避社交场合。他们可能避免参加社交活动、参与课堂讨论或与同学互动，这可能加重社交隔离。

（5）欺凌和排斥：社交压力可能导致中学生成为欺凌的受害者或排斥

的对象。这些经历可以对他们的心理健康产生长期的负面影响。社交压力是中学生生活中的一部分，可以对心理健康产生多方面的影响。支持和指导中学生如何应对社交压力，以及提供情感支持，是帮助他们建立健康社交关系和维护心理健康的关键。

西部地区是多民族聚居区，不同民族的学生在相同的学校中学习，风俗、生活习惯不同也会带来一定的社交压力，再加上部分家庭传统观点根深蒂固，部分学生选择同民族的学生做朋友，而与其他民族的同学交往较少，长此以往，也会给人际关系带来紧张、压抑的氛围。

三、师生关系

西部地区师资力量薄弱，教师人员总量偏少，由于条件艰苦，很多年轻的教师不愿意扎根西部，数量有减无增。此外，西部地区缺乏专职教师，音乐、体育、美术等课程教师数量少，大多由语文、数学等主课教师兼任，因为这些教师缺乏艺术专长，容易敷衍了事，甚至直接改上语文、数学课，从而导致学生不满意，使得师生关系紧张。重智育轻德育是西部地区教育中存在的重要问题，德育缺乏、理论与实际脱节，并不利于学生的健康成长，成绩优秀的学生很可能出现在学校听话、在家中霸道、在社会上冷漠的双重人格。教师不仅仅是知识的传授者，也应该是学生学习的合作者、指导者和参与者。

冷漠或冲突的师生关系可能对中学生的心理健康产生负面影响。

(1)学生可能感到被忽视、不被理解或受到不公平对待。

(2)负面的师生关系可能导致中学生感到焦虑和抑郁。与老师之间的冲突和不适当的批评可能对情感产生负面影响。

(3)负面的师生关系可能影响学生的学业表现。他们可能失去学习兴趣，不再努力学习。

(4)负面的师生关系可能影响学生的自尊心，降低他们的自信心和自尊心。

为了促进积极的师生关系，学校和家庭可以采取以下措施：

(1)鼓励学生与老师建立开放、诚实和尊重的沟通渠道，以便分享感受和需求。

(2)提供教师培训，使老师更好地理解学生的心理和情感需求，并提供支持。

(3)鼓励家长参与学校活动和家庭作业，以加强家校合作，共同关注学生的发展。

（4）学校可以设立专门的心理健康支持与咨询服务，从而帮助学生妥善处理情感问题，促进其健康成长。

（5）组织学校活动和项目，鼓励师生之间的积极互动，加强关系。

师生关系对中学生的心理健康具有重要影响。积极、支持性的师生关系可以提高学生的情感健康、学业表现和社会发展。因此，学校和家庭应该共同努力，创造支持性的教育环境，以促进师生之间积极的互动和亲近的关系。

第四节 社会方面的因素

一、社交媒体

相关研究发现，农村青少年群体尤其是留守儿童，智能手机成瘾，已经到了濒临失控的地步。留守儿童监护人在监管孩子使用手机方面存在困难。由于祖辈在照顾留守儿童的同时，需要兼顾农活或其他工作，因此很难做到全程陪伴和监管。这导致留守儿童在使用手机时可能缺乏必要的约束和引导，需要引起关注和重视。西部地区也是如此，智能手机的普及，再加上西部学业压力不是很大时，中学生很容易手机成瘾，受到一些社交媒体的不良引导，从而养成一些不良的行为和习惯。

在当前时代，青少年的成长过程与网络科技的崛起并行不悖，网络已成为他们生活的重要组成部分，赋予了这一代青少年独特的文化标识和时代背景。然而，经过审慎分析，我们认为网络社交媒体的使用不仅未能提升青少年的心理健康水平，反而因其过度使用导致的网络和手机成瘾，对青少年的心理健康构成了严重威胁。其一，社交媒体使用与青少年的幸福感之间并未呈现出正相关关系。随着青少年对社交媒体的依赖日益加深，他们越来越倾向于在网络"屏幕"活动中投入更多时间，这不可避免地导致他们在面对面社交、阅读印刷媒体、参与体育运动等"非屏幕"活动上的时间减少。而研究显示，"非屏幕"活动与抑郁症状、情绪困扰等心理问题存在负相关。社交媒体和电子产品的使用对青少年心理健康的影响不容忽视，无论是直接还是间接的，都可能产生深远影响。

其二，网络与手机成瘾问题已经成为青少年心理健康的一大隐患。研究发现,重度电子产品使用者相比于轻度使用者,更可能体验到较低的幸福感,并面临更高的自杀风险。在青少年成长的环境中,家庭、学校、同伴等因素都可能对他们的网络成瘾行为产生影响。青少年可能会在网络虚拟世界中寻求现实生活中的补偿,从而减弱他们的拼搏精神和平常心,导致心理幸福感和自我效能感的降低。

其三,网络信息的泛滥对青少年心理健康造成了不良影响。网络中充斥着大量信息,为青少年提供了众多上行社会比较的机会。然而,这种比较往往会对青少年的心理健康产生消极影响。频繁使用社交媒体的青少年容易暴露于过多的同伴信息中,而那些看似比自己"过得好"的信息,可能会对他们的自尊和自我评价产生负面影响。此外,网络中存在的不良信息亦可能对青少年的心理健康造成损害。

综上所述,我们认为网络社交媒体的使用不仅未能提升青少年的心理健康水平,反而因其过度使用导致的网络和手机成瘾,以及网络信息的不良影响,对青少年的心理健康构成了严重威胁。因此,我们需要高度关注青少年网络使用行为,引导他们合理使用网络,以促进他们的身心健康发展。

二、社会转型

社会转型涉及社会经济结构、社会运行机制、公众心理及价值观念的根本性转变与创新,对于推进当代中国社会的现代化进程具有举足轻重的意义。当前,东部沿海地区迅速发展,而西部地区经济发展缓慢、东西地区发展差距拉大给青少年带来一些生活和思想上的冲击。

社会转型对青少年心理健康的影响是复杂而深远的,具体表现在以下三个层面。

首先,经济发展对青少年心理健康产生显著影响。在经济水平较低的阶段,经济发展能有效提升青少年的幸福感。然而,当经济发展达到一定阶段后,青少年对物质的需求和追求可能逐渐增强,物质主义倾向上升。这种物质追求的过度强调可能引发青少年与传统价值观、伦理规范的冲突,导致他们体验更多的消极情绪,进而降低他们的幸福感和生活满意度。

其次,社会多元化对青少年心理健康的影响不容忽视。随着社会的多元化发展,青少年面临着更多的选择和机会,但同时也需要处理更多的心理困扰和矛盾。他们需要在多种选择中做出决策,而每个选择都可能带来不同的心理压力和冲突。此外，现代社会的异质性可能导致青少年在多个社会群体间产生认同，当这些群体间的规范和价值观发生冲突时，他们可能会体验到内心的混乱和不安。

最后，环境的不确定性也对青少年心理健康产生着重要影响。社会转型过程中，环境的不稳定性增加，使得青少年难以预测和规划未来。这种不确定性可能导致他们产生焦虑、担忧等负面情绪。同时，随着现代化和社会转型的加速，社会风险逐渐由集体转向个人，青少年需要承担更多的责任和挑战。在网络社会中，信息的爆炸性增长也加剧了环境的不确定性，使青少年面临更多的选择和决策压力。

综上所述，社会转型对青少年心理健康的影响不容忽视。经济发展、社会多元化和环境不确定性等因素都可能对青少年的心理健康产生较大的负面影响。因此，我们需要关注青少年的心理健康问题，提供必要的支持和帮助，以促进他们的全面发展和健康成长。

第五章　提升西部地区中学生心理健康的对策

一直以来,西部教育都在致力于为西部大开发培养全面发展的高素质人才。但是因为地处青藏高原,受地理和资源的限制,其教育质量表现出落后于全国的平均水平,尤其心理健康教育更是不及。

西北师范大学刘旭东教授提出,教育应该回归激活生命的原点。带给了我关于教育新的思考——教育到底是要教会学生什么?不仅仅是要教给学生专业知识,更是要激活学生对于生命的热爱,培养的是一个有血有肉、有情怀、有抱负的中华子孙。因此,要提升西部教育的质量,不仅要引进更好的教学资源,更是要关注高原学生的心理健康问题,才能培养出一批又一批扎根西部建设的人才。本书根据先前对于西部地区中学生心理问题的研究成果,本着提升西部中学生心理健康水平的初心,提出以下几点对策:

一、关注中学生的人际关系健康

中学生心理健康中,人际关系的重要性不容忽视。良好的人际关系为中学生提供了有力的社会支持,促进了他们积极情绪的培养,并对他们的认知发展产生了积极的影响。经过深入研究,我们发现,同伴关系对中学生的心理健康指标,如自我效能感、归因方式以及心理弹性等,具有显著的积极影响,并可作为预测其心理健康的有效指标。因此,我们必须高度关注中学生的社交状况,积极协助他们建立稳定、健康的人际关系,以应对青春期可能遇到的社交困扰和焦虑情绪,从而促进他们的全面发展和健康成长。将此项工作作为中学生心理健康教育的核心,有助于保障他们的心理健康得到全面的关注与维护。

健康人际关系的建立和家庭教育、学校教育以及自我认知息息相关。在家庭教育中,良好的亲子关系是一切家庭教育的立足点。在亲子关系的构建过程中,家长的首要职责是尊重孩子的个性,确保与孩子之间的交流

第五章
提升西部地区中学生心理健康的对策

保持平等和公正。家长应致力于激发孩子的表达欲望，鼓励他们勇敢阐述自我观点，并在第一时间给予积极的反馈和肯定。此外，为孩子创造一个宽松、平等的家庭氛围至关重要，这有助于孩子建立稳固的自信基础。通过实施这些策略，家长能够在亲子关系中发挥关键作用，促进孩子的全面成长和发展。此外，家庭应该为孩子的人际关系做好表率，处理好夫妻关系和其他人际关系，会对孩子形成潜移默化的影响。

在学校教育中，学校有必要开展心理健康活动课程，向学生传授处理人际关系的知识，培养他们的有效沟通技巧。通过这些课程，学生将学会如何更好地与身边的同学和老师互动。此外，学校应举办各类活动，如演讲比赛和辩论赛，让学生有机会锻炼自己，增强他们在人际交往中的自信心。学校还应鼓励学生拓展社交圈子，与不同背景的人进行交流，以克服社交障碍，勇敢地迈出人际交往的第一步。这些措施将有助于促进学生的全面发展，为他们的未来成功打下坚实的基础。

师生关系在初中生的成长过程中占据重要地位，是其人际关系网络中的关键一环。优质的师生关系能够极大地激发学生的学习热情与学业动力，同时增强他们在学业上的自我效能感。然而，当前学校环境中，师生间的互动关系却常显得疏离和冷淡。大多数学生倾向于保持与教师的专业距离，而非寻求进一步的交流，甚至有部分学生表达出对教师的畏惧情绪。同样，也有教师反映现今学生对待教师的态度过于冷漠。鉴于上述现状，学校应当重视师生人际关系的培养与教育，致力于构建健康、和谐的师生关系。这不仅有助于营造积极向上的校园氛围，拉近师生之间的心理距离，还能显著提升教师的教学效率和学生的学习能力。更重要的是，通过加强师生间的沟通与互动，能够培养学生的学业自我效能感，引导他们形成科学、健康的归因方式，从而最终实现学生学业成绩的提升。

在自我认知方面，首要之务，是对自我进行全面而准确的认知，勇于展现真实的自我面貌，不必过分在意他人的评判，以自然之态展现个人风采。其次，发掘并利用自己的优势和长处，无论是专业技能还是个人特质，都是建立自信的关键。通过这样做，青少年将能够更加自信地与他人交流，有效减少紧张和焦虑情绪，从而在人际交往中表现出更加从容和自信的态度。

二、正视中学生学业压力，提高学业自我效能感

中学生不仅课业任务繁重，接踵而来的还有升学压力，因此中学生感

知到的学业压力处于中上水平,并且有伴随着年级增长而不断的趋势。过重的学业压力与负性学业情绪,低自我效能感以及学校适应不良、偏激行为等有显著相关关系。正视中学生学业压力,并采取相应的对策来减轻学业负担,提高中学生的心理弹性,是整个素质教育应该思考的问题。

教育工作者作为学生学习的引领者和指导者,需要深入了解学生的学业现状和学习心理,并及时给予指导和干预。第一,针对学生学习心理的指导工作亟待加强,我们应致力于激发他们内在的求学欲望,并提升他们的自尊和自信。通过鼓励学生勤奋学习,我们可以有效地帮助他们缓解学业压力。第二,对于那些学业效能感较弱的初中生,我们需要给予更多的关心和支持。我们应协助他们正确归因,即在认识自身不足的同时,充分发挥自己的优势,并设定合理的学习目标。同时,我们应积极肯定他们的进步和成长,以增强他们的学业自我效能感。第三,我们必须时刻关注学生的学业情绪。无论是在课堂上还是课堂外,教师都应敏锐地观察学生的学业情绪变化,并识别出他们的积极或消极情绪。我们应引导学生培养积极的学业情绪,如乐观、希望和愉悦等,并鼓励他们将这些情绪融入学习之中。此外,我们还应充分尊重学生的认知和个性发展,通过创新的教学方法和生动的教学内容,激发学生在课堂中的积极参与度。学校教育应该秉持全面素质教育,对每个学生应该抱有发展的眼光。在日常的教育环节中,鼓励学生德智体美多方面发展,而非一味地给学生灌输学业压力。

家庭作为中学生的避风港,应该理性、客观地面对孩子的学业问题,给予孩子必要的心理支持,帮助孩子一起克服学业困难。第一,积极与学校沟通,准确把握孩子的学习情况和学习心理,家校联合共同解决孩子的学业问题。第二,积极面对孩子因学业问题而产生的学业情绪,引导其转移注意力,释放压力和疏导情绪。第三,鼓励并监督孩子的学习情况,培养正确的学习习惯,帮助孩子形成正确的学习心理。

中学生作为学业的第一负责人,应该对自己的学业情况和学业情绪进行正确认知:学会劳逸结合,合理宣泄与表达情绪,降低自己的压力。首先,在面对学业压力带来的负性情绪时,应该积极寻找身边的资源以释放学业压力,例如运动、寻求心理老师帮助、积极心理暗示等。其次,掌握正确的学习方法和学习心理,从而提高学业自我效能感,提高学业成绩。

三、提高中学生情绪智力,培养调节情绪的方法

中学生正处于身心发展的关键期,其情绪的变化也日益复杂化,这一

第五章
提升西部地区中学生心理健康的对策

时期常被发展心理学家称之为"疾风骤雨期",以此来形容中学生喜怒无常的情绪特点。研究发现,中学生的情绪发展具有以下规律:情绪体验的丰富性增加、情绪反应的复杂性增加、情绪调节能力需求增强。情绪的复杂多变决定了青少年对情绪调节能力的需求增加,相应地,情绪调节水平也决定了青少年的人际互动水平、心理健康状况以及主观幸福感等。

情绪智力,即个体对自身及他人情绪情感的监控能力,同时能够识别并利用这些信息以指导个人思想和行为。在情绪教育中,首先,要教会学生识别并辨认积极情绪和消极情绪,了解两者对于自身发展的影响效应。其次,是培养个体的情绪调节能力,掌握调节情绪的策略,以达到能够消解消极情绪,培养积极情绪的效果。研究发现,良好的情绪调节能力对中学生的认知、社会性发展和学业成绩有正向的影响。

学校心理课堂应设置"情绪"专题,利用课堂教学的形式,提高学生的情绪智力,培养有效的调节情绪的方法,帮助学生更好地度过青春期。其课堂设计重点在于:第一,重点培养个体认识情绪、评价情绪的能力、有效利用情绪调节策略的能力。第二,根据学生的思维发展水平,将抽象的情绪和情绪调节过程具体化。第三,在课堂设计中要充分调动学生的积极情绪,降低学生的消极情绪,以达到良好的教学效果。

学生个人需要培养坚强的意志品质和积极的生活态度。高中生处于人生成长道路中的关键阶段,也会面临更多的外界压力和内心冲突,因此积极的态度和顽强的意志有利于他们的成长。学生个人要树立不畏挫折,不惧失败的观念。无论是在成长或是在学习中,受挫失败在所难免,要以积极的心态看待遭遇的负性事件和困境,掌握调节情绪的方法。在失败中吸取经验,培养坚韧的意志品质,在成长的道路中不断成长,以更加饱满的心态迎接未来生活中的挑战。

四、鼓励开展生命教育,激活生命力

生命教育是有温度的教育,其意义在于让我们可以更好地看见生命,感受成长,看到更加广阔的天地。生命教育囊括许多内容,它是帮助学生更好地了解人体结构和功能,认识生命的起源和进化的生命科学教育;也能是培养学生的自我意识和自我和管理能力,帮助其建立积极向上的心态和品质,比如说自尊、自信、自立和自强的素质教育。

经过科学验证,感恩教育对于提升中学生的社会支持水平具有显著效果。它不仅能够促进中学生与父母之间建立更为紧密的亲子关系,还有助

于构建和谐健康的师生关系。另一方面，通过实施信心教育，我们可以有效地提升学生的自信心水平。这种教育方式不仅帮助学生拓展社交圈，结交更多朋友，进而获得更广泛的社会支持，还能够显著提高其学业自我效能感，并对学生的归因方式产生积极的影响。因此，感恩教育和信心教育对于中学生的成长和发展具有不可或缺的重要作用。心理弹性相对充足的初中生能够运用和维持积极的心理状态学习和生活，保持积极向上的学习态度，乐观地去面对遭受的学业压力，并且对未来抱有美好的期望，在陷入困境、面对挫折时也能更快的重新打起精神、恢复状态去解决问题，提升心理资本会对中学生的成长、发展有所帮助，让他们在人生路上保持良好的心态。

教育要回归激活生命的原点，不仅要理解我们生命的由来、成长和衰老的过程，更是要思考我们应该要如何度过自己的一生？人只有经过对于关于生命的思考，才能让自己的生命历程更加丰富和充实。而这就是生命教育带给我们的启示，以润物细无声的思想方法认识和理解生命生长和教育的意义。

五、增强青春期性教育知识的传播

高中阶段是个体成长中至关重要的时期，不仅在生理层面有显著变化，心理发展也面临着多重挑战。随着第二性征的发育和成熟，高中生的身体逐渐接近成年人的标准，但与此同时，他们的心理状态却可能表现出相对滞后的特点。这种生理与心理发展的不均衡性，使得高中生在适应社会和处理情感等方面面临一定的困难。

两者之间的冲突会引发中学生一系列的身心问题。增强青春期性教育知识的传播，首先，中学生可以了解身心变化的根本原因，进而避免出现不必要的性征焦虑和羞耻感。其次，可以促使其两性交往中学会正确保护自己，发展出符合社会规范的性别角色特征。

随着知识的不断积累和生活经验的日益丰富，高中生与父母之间的情感纽带以及与异性之间的交往方式都在悄然发生变化。亲子依恋关系在孩子性意识的发展过程中起着重要的引导作用。因此，高中生与父母之间关于性话题的沟通，成为他们获取性知识、塑造性价值观以及培养性适应能力的重要渠道。

为了有效地与孩子讨论性相关的话题，父母不仅需要具备科学的态度，还要掌握与孩子沟通的技巧。他们可以鼓励孩子在青春期阅读相关书籍或利用网络资源，以获取准确且全面的性知识。通过这样的方式，父母可以引导孩子树立正确的性观念，并帮助他们培养良好的性适应能力。

此外，学校也应该在性教育方面发挥积极作用。通过心理卫生课程，学校可以向学生传授两性的生理和心理知识，帮助他们建立正确的性观念。这样的课程不仅能够丰富学生的知识体系，还有助于他们形成健康的心理和情感状态。

为了加强学校性教育的质量，我们需要提高教师对于性教育重要性的认识，并密切关注学生在校园内可能展现的异常行为或情绪反应。针对学生在性方面所面临的困扰，我们应协同合作，为他们提供及时的帮助与支持。此外，我们建议在学校的心理健康课程中，专门设立性心理健康模块，根据不同年级学生的特点与需求，设计相应的教学内容。例如，为高一女生开设关于女性生理期的专题课程，使她们更加了解自己的生理和心理变化，同时引导男生学会更加尊重和理解女性。随着学生对心理课程的了解和信任逐渐增加，他们可能会主动分享一些涉及性健康等私密话题的心理问题。因此，学校心理健康教师需要不断提升自身的心理咨询技巧，深入学习和掌握高中生性心理健康的相关知识，以便更好地为学生提供心理支持和帮助，促进他们的全面健康发展。

当中学生面临两性问题时，他们需要树立正确的性健康观念，这既是对自己的负责，也是对社会道德和法律的尊重。第一，他们需要提高明辨是非的能力，了解并遵守社会道德规范，坚决抵制任何违法违规的信息，对于不适合的内容要有所回避。第二，他们需要增强自我保护意识，了解性侵害和性暴力的危害，学会如何防范和应对。如果在寻求帮助的过程中遇到不合适的成年人，他们应该及时停止，并寻求其他可信赖的成年人，如家长、老师等，向他们求助并报告情况。在这个过程中，中学生需要保持冷静、理智，学会收集和保留证据，以便在必要时维护自己的权益。通过这些努力，中学生可以建立起健康的性观念，保护自己的身心健康，同时也为社会的和谐稳定做出贡献。

六、重视并引导家庭教育的发展方向

心理学研究发现，家庭教育对人一生的发展具有长期性和滞后性的影响效应。一个孩子从小在一个怎样的家庭氛围中长大的，接受着怎样的家庭教育，都会在其今后的生活中显露出来。现代社会提倡父母也应该"持证上岗"的观念，体现了社会对于家庭教育的重视。大量研究表明，家庭教育的重心应该在改变家长教育认知，提高对心理健康的认识；拉近亲子关系，及时解决心理问题这两方面。家长作为家庭教育成效的关键把控者，应该具备以下意识：

第一，家长应当选择明智且适度的教育方式，以营造一个温暖融洽、公正开放的家庭环境。父母的教养方式会影响到孩子的认知和行为方式。研究发现，专制型和放任型的教养方式与学生的自我控制能力有关。自我控制能力差的个体会更容易出现偏差行为，例如校园欺凌行为。因此，父母在力所能及的情况下，应积极安排时间陪伴孩子，加强与孩子的互动沟通，耐心倾听他们的心声。在管教孩子时，应松紧有度，充分尊重、理解孩子，为他们提供情感上的支持。在日常生活中，父母可引导孩子参与志愿者活动、户外活动，以及为他们创造社交环境，这些都有助于培养孩子的同理心和自控力。这不仅对他们的社交能力发展大有裨益，还能帮助他们在遇到挫折、冲突、压力等情境时，更加合理有效地应对。一旦发现孩子的心理或行为出现偏差，父母应及时进行教育引导，如有必要，可寻求专业心理治疗的帮助。

第二，家长必须致力于提升自身文化修养和道德品质，以实际行动树立孩子正面的学习榜样。家长的言行举止会在无形中塑造孩子的品性和行为。无论学历高低，父母都应秉持积极向上的生活态度和崇高的道德情操；不断充实自己的知识储备，成为孩子求知路上的优秀引导者；此外，还需加强对孩子的品德教育和人格塑造，防止他们走向违法犯罪的道路。

第三，家长应秉承合作理念，携手学校教育，达成教育共识，共同促进中学生心理健康的发展。

七、落实并强化家校联合

家校合作是加强学校与家长之间联系的关键桥梁，有助于学校更全面地了解学生在家庭环境中的成长状况，从而为其提供更加精准的教育支持。同时，家校合作也是推广家庭教育知识、优化亲子关系的重要途径。特别是在学生青春期这一关键阶段，家校合作能够发挥重要作用，及时发现并解决学生在家庭及亲子关系中所遇到的挑战。通过学校或专业心理教育机构的积极参与和干预，可以有效缓解家长与学生之间紧张的关系，并

第五章
提升西部地区中学生心理健康的对策

提升家庭在学生社会支持体系中的重要地位。这种举措不仅有助于增强学生的学业自信心,更能促进其形成积极健康的归因模式,为学生的全面发展奠定坚实基础。

但在实际中,家校联合遇到种种困难,家校合作理念淡薄、家校合作方式单一、家校合作缺少调研等是家校合作开展教育中存在的问题。针对以上问题,研究者提出如下建议:

第一,成立家校合作小组,明确各自分工。家庭和学校作为孩子成长过程中的两大支柱,必须相互协作,积极沟通,以确保全面、准确地了解孩子的身心和学习状况,从而有效促进孩子的心理健康发展。双方应当共同努力,形成良好的互动机制,为孩子提供一个健康、和谐的成长环境。

第二,定期开展家长教育讲座,引导家长掌握心理健康知识。学校应定期组织心理健康座谈会,盛邀知名教育人士及专家参与,为家长们提供家庭教育指导。会议将围绕如何有效提升学生的心理健康水平和核心素养展开,深入探讨并解决家长在教育子女过程中可能遇到的各类问题。此举旨在帮助家长掌握更为科学、合理的教育方法,使家庭教育成为孩子成长过程中的重要支撑。

第三,丰富家校合作模式,搭建信息化沟通平台。在信息化时代背景下,现代教育迎来了更加多元化的发展模式和丰富的机遇。在家校合作这一至关重要的领域中,我们应持续利用传统沟通渠道,如定期召开家长会、通过电话访谈及实地家访等方式,来强化家校间的联系与沟通。此外,我们亦需秉持创新理念,探索符合不同学生群体特征的家长会形式,并采纳更为高效便捷的实时互动手段与家长保持联系。借助多元化的网络平台,我们可以进一步丰富家校合作的形式,从而提升合作效果,共同为学生的健康成长提供有力支持。

第四,探究家校沟通技巧,拉近家校之间的关系。在家校合作过程中,建立稳固的信任基础、实现心灵互通以及形成协同育人的强大合力是不可或缺的核心要素。首先,双方需保持真诚与尊重,这是合作关系的基石。其次,双方需要学会站在对方的角度思考问题,理解对方的立场和需求,相互协助。只有当双方都充分履行各自在教育中的责任与担当,家校合作才能取得实质性的进展,并迈向新的高峰。

八、积极宣传心理健康知识，鼓励学生主动利用学校心理资源

在关注全民心理健康的大背景下，学校心理教育得到了社会的高度重视。心理健康课程的开设是学生掌握心理知识的重要途径之一，也是教师把握学生心理发展状况的重要方式。尽管学校引入了大量心理健康资源，增设了许多心理教学的设施，设置了丰富的心理课程，但教学效果并不突出。中学生对心理健康课缺乏正确的认识，认为心理健康课就是一节"休闲课"；在遇到问题时，部分人可能因担忧被他人歧视而选择避免寻求专业帮助，导致心理问题越来越严重；不能够灵活地运用学校的心理资源进行心理疏导。

作为心理健康教育的重要传播者，心理教师应该注重课堂内容的丰富性，注重课堂的新颖性，根据不同学段学生的身心特点，设计教学方案；鼓励学生利用好学校已有的心理资源，正视自己的心理状况，积极求助老师；课后应积极宣传心理健康教育知识，把心理健康的理念通过形式各样的媒介传递到学生的观念中，例如，通过设立心理社团、组织心理剧竞赛和开展团体辅导等活动，我们以实践为导向，首先影响一部分人群，然后逐步将这些有益的经验推广到更广泛的人群中。这种方式不仅有助于提升个体的心理素质，也能在更广泛的层面上推动心理健康教育的普及与发展。

九、净化未成年人成长环境

古人云，近朱者赤，近墨者黑。生理学家和心理学家认为，人的个性以及行为是由先天环境和后天环境共同塑造的。布朗芬布伦纳的生态系统理论指出，个体的成长和发展嵌入于一系列相互关联、相互作用的环境系统之中。它们与个体之间产生互动，共同塑造和影响个体的心理和行为发展。因此，理解这些环境系统对于深入了解个体的发展至关重要。净化未成年成长环境，就是要确保未成年人拥有一个健康、和谐的家庭环境；拥有一个努力奋斗、积极向上的校园环境；拥有一个清朗的网络环境；拥有一个倡导正能量的社会环境。

校园，作为中学生学习和生活的重要场所，是塑造学生个性的重要一环。良好的校园风气可以激发学生的学习动机，培养学生优秀的行为品质；不健康的校园氛围可能会诱使学生的不良行为，例如校园欺凌行为

第五章 提升西部地区中学生心理健康的对策

等。校方应该建立完善的监察体系，避免出现影响校风校纪的一系列行为，为学生的成长塑造一个正向的校园环境。

网络信息存取自由，内容包罗万象，且真假优劣混杂的特点，极容易影响中学生的价值判断。为了防止网络信息对中学生的思想观念造成不良影响，社会应当积极应对，坚决抵制低俗、恶俗的社会风气，对不利于青少年成长的信息进行严格筛选和过滤。我们有责任为青少年营造一个健康、清朗的网络环境。同时，中学生应当积极提升自身的信息素养，加强对信息的辨识能力，自觉摒弃有害信息，多接触积极、健康的信息内容。以网络为媒介，广泛拓展自身的知识视野，全面提升个人素质和综合能力。

参考文献

[1] BAYRAM Ö S, CHEAHT C S L, COPLAN R J. Process and conditions underlying the link between shyness and school adjustment among Turkish children. British Journal of Developmental Psychology, 2017, 35(2): 217-218.

[2] LAKEY B, CASSADY P B. Cognitive processes in perceived social support. [J]. Journal of Personality and Social Psychology, 1990, 59(2).

[3] Cheek 和 Buss 的羞怯量表. 心理卫生评定量表手册(增订版)[J]. 北京: 中国心理卫生杂志社, 1999. 246-248.

[4] CHEEK J M, BUSS A H. (1981). Shyness and sociability[J]. Journal of Personality and Social Psychology, (41), 330-339.

[5] CROZIER W R. 理解害羞: 心理透视. (王兵译). 北京, 生活·读书·新知三联书店, 2004.

[6] DARLING N, STEINBERG L. Parenting style as context: An integrative model[J]. Psychological bulletin, 1993, 113(3): 487.

[7] EAMON M K, ZUEHL R M. Maternal depression and physical punishment as mediators of the effect of poverty on socioemotional problems of children in single-mother families[J]. American journal of orthopsychiatry, 2001, 71(2): 218-226.

[8] EDELMANN R J. Understanding social anxietyâ" social, personality, and clinical perspectives: M. R. Leary: Sage, London (1984). 223 pages. Â£ 22.00[J]. Pergamon, 1985, 23(4).

[9] GRIFFITH M A, DUBOW E F, IPPOLITO M F. Developmental and cross situational differences in adolescents' coping strategies[J]. Journal of Youth and Adolescence, 2000, 29: 183-204.

[10] SCHMIDT L A, SCHULKIN J. Extreme fear and shyness: origins and outcomes (294-305). New York: Oxford University Press. 1999.

[11] HENDERSON L. ZIMBARDO P G. Shyness as a clinical condition: The

Stanford model. 2001.

[12] LEFCOURT H M, VON BAEYER C L, WARE E E, et al. The multidimensional-multiattributional causality scale: The development of a goal specific locus of control scale. [J]. Canadian Journal of Behavioural Science / Revue Canadienne Des Scienc-es Du Comportement, 1979, 11(4).

[13] LWEINSKY H. The Nature Of Shyness[J]. British Journal of Psychology. General Section, 1941, 32(2).

[14] KOPP C B. Antecedents of self-regulation: a developmental perspective [J]. Developmental psychology, 1982, 18(2): 199.

[15] LAKEY B, CASSADY P B. (1990). Cognitive Process in Perceived Social Support. Journal of Personality & Social Psychology, 59, 337 – 343.

[16] LARCOM M J, & ISAACOWITZ, D M. Rapid emotion regulation after mood induction: Age an – d individual differences[J]. The Journal of Gerontology: Serious B: Psychological Science and Social Science, 2009, 64: 733 – 741.

[17] M·P·德里斯科尔.学习心理学——面向教学的取向[M].上海:华东师范大学出版社,2008.

[18] MAEVE D B, GROSSMAN L J STEGER. You, me, and meaning, an integrative review of connections between relationships and meaning in life[J]. Journal of Psychology in African, 2014, 24(1), 69 – 79.

[19] MILLER R S. On the nature of embarrass ability: Shyness, social evaluation and social skill. Journal of Personality, 63, 315 – 339. 1995.

[20] MOLEN K T A. Definition of shyness and its implications for clinical practice. In WR Crozier, Shyness and embarrassment: Perspectives from social Psychology[M]. Cambridge Bridge University Press, 1990.

[21] OLWEUS D. Aggression in the schools: Bullies and whipping boys[M]. Hemisphere, 1978.

[22] RICHARDSON G E. The metatheory of resilience and resiliency. Journal of Clinical Psychology, 2002, 58 (3): 307 – 321.

[23] RUBIN K H, BURGESS K B, COPLAN R J. Social withdrawal and shyness [M]. In P. K. Smith, & C. H. Hart (Eds.), Blackwell handbook of childhood social development[M]. Malden, MA: Blackwell. 2002: 329 – 352.

[24] ZHEN R, LIU R D, DING Y et al. The mediating roles of academic self-ef-

ficacy and academic emotions in the relation between basic psychological needs satisfaction and learning engagement among Chinese adolescent students[J]. Learning and Individual Differences,2017,54.

[25] SUBJECT INDEX-Cognitive Views of Human Motivation[J]. Cognitive Views of Human Motivation,1974：103 - 105.

[26] WERNER E E. Risk, resilience, and recovery：Perspectives from the Kauai Longitudinal Study[J]. Development and Psychopathology,1993,5：503 - 515.

[27] 安哲锋,杜蓓蕾,杨馥歌. 青少年心理超限与学习倦怠的关系：心理弹性的中介效应[C]//上海来溪会务服务有限公司.2019第四届心理学与行为科学国际会议论文集.2019：5.

[28] 白丽娟.高中生乐观人格、心理控制源与心理健康的关系研究[D].西安：陕西师范大学,2012.

[29] 鲍英善,胡月.大学生社会支持感特点的实证研究[J].中国健康心理学杂志,2009,17(06)：732 - 734.

[30] 陈琦,刘儒德. 心理学[M].北京：北京师范大学出版社,1997：127 - 129.

[31] 陈琦,刘儒德.当代教育心理学[M].北京：北京师范大学出版社,2007.

[32] 陈英敏,张元金,武云鹏等.中国初中生羞怯量表的编制[J].山东师范大学学报(自然科学版),2015,(1)：75 - 78.

[33] 程笑珍.高中生人格特质、人际关系与学校归属感的关系研究[D].江西师范大学,2014.

[34] 崔丽媛.临床医学专业本科生批判性思维与决策风格、学习投入的关系研究[D].中国医科大学,2021.

[35] 戴维·谢弗.发展心理学：儿童与青少年[M].北京：中国轻工业出版社,2009.

[36] 单铭磊.初中生羞怯对社交焦虑的影响：归因方式对乐观取向的中介作用[D].济南：山东师范大学,2013.2 - 6.

[37] 董妍,俞国良.青少年学业情绪问卷的编制及应用[J].心理学报,2007(5)：852 - 860.

[38] 范方,桑标.亲子教育缺失与"留守儿童"人格、学绩及行为问题.心理科学,2005,(4)：855 - 858.

[39] 方小平,何华.外部攻击型和关系攻击型初中生执行功能的研究[J].心理科学,2012,35(01)：129 - 134.

[40]冯程程.初中生学业情绪、学业自我效能感与学习自控力的关系研究[J].内江科技,2019,40(12):87-88.

[41]弗朗索瓦兹·多尔多.青少年的利益:学会理解青春期的孩子[M].上海:上海社会科学院出版社,2010.

[42]顾雅春.情绪创造力、情绪调节自我效能感与心理弹性的关系及干预研究[D].内蒙古:内蒙古师范大学,2019.

[43]郭亨杰,谭顶良.初中心理教育指导[M].南京:南京师范大学出版社,2002.

[44]郭庆科,姜晶,王洪友.MMCS的心理测量学性能及中国大学生心理控制源的特点[J].心理科学,2012,35(6):1491-1496.

[45]韩佳红.青少年归因方式、心理弹性与心理健康的关系[D].扬州:扬州大学,2016.

[46]韩仁生.中小学生考试成败归因的研究[J].心理学报,1996(02):140-147.

[47]侯玉波.社会心理学[M].北京:北京大学出版社.2013.

[48]胡倩,陶婷,高文斌,等.青少年自我控制研究的系统综述[J].中国心理卫生杂志,2022,36(02):129-134.

[49]胡俏,戴春林.中生学习倦怠结构研究[J].心理科学,2007.30(1):162-164.

[50]胡月琴、甘怡群.青少年心理韧性量表的编制和效度验证[J].心理学报,2008,40(8):902-912.

[51]黄沛雯.高中生对父母期望的知觉与学习投入的关系[D].南宁师范大学,2020.

[52]黄仕恒.教师和家长校园欺凌知识与反欺凌策略研究[D].华东师范大学,2021.

[53]黄四林,韩明月,张梅.人际关系对社会责任感的影响.心理学报.2016,00578.

[54]黄煜峰,雷雳.初中生[M].浙江:浙江教育出版社,1999.

[55]黄煜峰,雷雳.初中生心理学[M].浙江:浙江教育出版社,1997.

[56]姬新娟.小学高年级学生领悟社会支持、归因方式与学业自我效能感的关系及对策[D].河南大学,2019.

[57]江秀.初中生父母教养方式、自我控制能力与问题行为的关系研究[D].河北师范大学,2018.

[58]焦铭.高中生父母期望和学业自我效能感与学业情绪的关系研究[D].

内蒙古师范大学,2014.

[59]焦小燕,盖笑松.成长小组活动对改善大学生羞怯症状的效果.中国心理卫生杂志,2012,26(9):653-657.

[60]焦小燕,盖笑松.成长小组活动对改善大学生羞怯症状的效果[J].中国心理卫生杂志,2012,09:653-657.

[61]金耀基.人际关系中人情之分析,载杨国枢《中国人的心理》[M],南京:江苏教育出版社,2006.

[62]劳长合.高中生学业情绪、自我效能感与学习倦怠的关系及干预策略研究[D].广州大学,2013.

[63]乐国安.当前中国人际关系研究[M].南开大学出版社.2002.14.

[64]雷雳.青少年心理学[M].北京:中国人民大学出版社,2023.

[65]李伯黍,燕国材.教育心理学[M].上海:华东师范大学出版社,1998.

[66]李承宗,刘玉琳,韩仁生.中学生领悟社会支持、考试归因与学习倦怠的关系研究[J].教学与管理,2012(21):77-78.

[67]李美曦.高中生躯体变形障碍倾向与完美主义人格、人际关系的关系研究[D].河北大学,2018.

[68]李明珠.高中生学业韧性和学习投入的关系:自主学习能力和主动性人格的作用[D].杭州师范大学,2022.

[69]连亚萌.高中生课堂学业情绪与学习投入的关系及干预研究[D].河北师范大学,2021.

[70]梁宇颂.大学生成就目标、归因方式与学业自我效能感的研究[D].华中师范大学,2000.

[71]林崇德,俞国良.中小学心理健康教育指导纲要解读[M].北京:北京师范大学出版社,2013.

[72]林崇德.发展心理学[M].北京:人民教育出版社,2009.

[73]林董怡.初中生遭受校园欺凌影响因素及对策研究[D].浙江大学,2018.

[74]林建华.中学生心理教育原理与课程[M].南京:南京大学出版社,2000.

[75]刘富康,宋宁.心理问题透析[M].南京:南京出版社,1998.

[76]刘文,于增艳,林丹华.儿童青少年心理弹性与心理健康的元分析[J].心理与行为研究,2019,17(1):31-37.

[77]刘霞,陶沙.压力和应对策略在女性大学生负性情绪产生中的作用

[J].心理学报,2005,37(5):637-649.

[78]刘翔平.学习障碍儿童的心理与教育[M].北京:中国轻工业出版社,2010.

[79]刘彦文.初中生人际关系刍议[M].教育探索,2007.1.

[80]路海东.学校教育心理学[M].长春:东北师范大学出版社,2000.

[81]罗伯特·费尔德曼.发展心理学——人的毕生发展[M].北京:世界图书出版公司,2013.

[82]罗乐,鲁朋举.论中职学校心理素质教育的学科渗透原则与策略[J].当代职业教育,2012(04):85-87.

[83]罗志懿.时间管理训练对中学生成就动机和学习倦怠的影响[D].山西医科大学,2012.

[84]马嘉美,杨祖恒.中学生心理健康教育[M].江苏:江苏教育出版社,1997.

[85]孟洁.父母心理控制与青少年早期学习投入的关系[D].山东师范大学,2021.

[86]庞飞.高中生基本心理需要、心理资本与学习投入的关系及干预研究[D].华中师范大学,2021.

[87]彭聃龄.普通心理学[M].北京:北京师范大学出版社,2019.

[88]邱雪艳.归因方式、自我效能感与初中生语文阅读学习能力相关性研究[D].闽南师范大学,2016.

[89]渠改萍.符号互动理论述评[J].太原大学学报,2010,11(3),96-98.

[90]阮薇,心理弹性对中学生学习倦怠的积极影响[J].教育心理研究.2012(15).

[91]申荷永.团体动力学的理论与方法[J].《南京师大学报:社会科学版》,1990.01.

[92]宋薇.初一新生人际关系现状及干预研究[D].扬州大学,2015.

[93]苏春景,徐淑慧,杨虎民.家庭教育视角下中小学校园欺凌成因及对策分析[J].中国教育学刊,2016(11):18-23.

[94]孙妍.高中生学业情绪水平调查及干预研究[D].重庆师范大学,2013.

[95]谭玉花.高中生父母教养方式、人际关系与学业情绪的关系和干预研究[D].云南师范大学,2021.

[96]汤冬玲,董妍,俞国良等.情绪调节自我效能感:一个新的研究主题[J].心理科学进展,2010,18(4):598-604.

[97]唐帅.初一年级学生人际关系的干预研究[D].河北大学,保定,2015.

[98]汪向东,王希林,马弘.心理卫生评定量表(增订版);中国心理卫生杂志增刊.中国心理卫生杂志社,131-133.[J],1999:131-133.

[99]王极盛,李焰,赫尔实.中国中学生心理健康量表的编制及其标准化[J].社会心理科学,1997,4:15-20.

[100]王菁,刘爱书,牛志敏.父亲缺位对儿童攻击行为和青少年犯罪的影响[J].青少年学刊,2016(02):41-43.

[101]王鹏军,张仕超.初中生生活事件、心理韧性与学习倦怠的关系[J].社会心理科学,2011,26(8):95-98.

[102]王萍.教师自主支持、自我决定动机对高中生学习投入、学业成绩的影响[D].南京师范大学,2018.

[103]王倩倩,王鹏,韩磊,宫瑞莹,高峰强.大学生羞怯问题研究[J].心理科学,2009,32(01):204-206.

[104]王曦影,杨梨.同伴教育、学校社工与青年领导力:预防校园欺凌之行动研究[J].社会建设,2018,5(03):16-31.

[105]王小明.学习心理学[M].北京:中国轻工业出版社,2009.

[106]王晓乐.初中生自尊、羞怯与生活适应关系的研究[D].哈尔滨:哈尔滨师范大学,2012.7-9.

[107]王晓明.教育心理学[M].北京:北京大学出版社,2015.

[108]韦耀阳.大学生成就动机与焦虑的关系:心理弹性的中介作用[J].湖北理工学院学报(人文社会科学版),2017,34(05):83-88.

[109]温忠麟,张雷,侯杰泰.有中介的调节变量和有调节的中介变量[J].心理学报,2006(03):448-452.

[110]文书锋,汤冬玲,俞国良.情绪调节自我效能感的应用研究[J].心理科学,2009,32(03):666-668.

[111]吴博.女性心理健康教育.西安电子科技大学出版社.2003.

[112]武宇腾.初中生心理韧性、自我同情与适应取向心理健康关系及干预研究[D].西安:陕西师范大学,2018.

[113]谢玉珍.城乡苗族初中生自我概念与成就动机比较研究[D].贵州师范大学,2004.

[114]邢趁娟.自我分化的团体辅导减轻高中生人际困扰的干预研究[D].淮北师范大学,2021.

[115]宿春艳.初中生领悟社会支持、学业自我效能与学业成绩的关系研究

[D].陕西理工大学,2019.

[116]徐嘉骏,曹静芳,崔立中,等.中学生学习压力问卷的初步编制[J].中国学校卫生,2010,31(1):68-69.

[117]徐伟曼.中学生学业压力、积极心理品质与学习投入的关系研究[D].湖南科技大学,2021.

[118]严鹏展,程思傲,孙芳萍.初中生学业情绪的现状、问题及对策研究[J].宁波大学学报(教育科学版),2011,33(02):78-82.

[119]颜桂梅.高中生和谐人际关系、领悟社会支持与自我效能感的关系研究[D].福建师范大学,福州.2008.

[120]杨辉.高中生自尊、成就动机及其与学习倦怠的关系研究[D].郑州大学,2017.

[121]杨惠娟.父母教养方式对高中生学习投入的影响:成就动机的中介作用[D].江西师范大学,2021.

[122]姚鲲鹏.柳州农村初中留守学生父母教养方式与焦虑水平的相关研究.柳州师专学报,2010,25(4):101-104.

[123]姚婷婷.流动儿童亲子依恋与主观幸福感的关系:情绪调节自我效能感、心理韧性的链式中介作用[D].济南:济南大学,2020.

[124]叶俊杰.大学生领悟社会支持的影响因素研究[J].心理科学,2005(06):190-193.

[125]余安邦,杨国枢社会取向成就动机与个我取向成就动机:概念分析与实证研究中央研究院民族学研究所集刊,1987(64):51-98.

[126]俞国良,陈诗芳.小学生生活压力、学业成就与其适应行为的关系[J].心理学报,2001(04):344-348.

[127]袁立新,曾令彬.生活事件、社会支持、应付方式及自我效能感对心理健康的影响[J].中国健康心理学杂志,2007(01):33-36.

[128]岳海燕.高中生依恋与人际关系困扰[D].天津师范大学,2020.

[129]张伯源.高中健康教育[M].北京:北京大学出版社,1997.

[130]张春兴.教育心理学[M].浙江:浙江教育出版社,1998.

[131]张广鹏.高中生教师关怀行为、成就目标定向与学习投入的关系研究[D].哈尔滨师范大学,2020.

[132]张丽锦,暴卿,陈蕾等.儿童认知发展水平诊断工具IPDT的动态化编制及其在低社会经济地位儿童中的应用[J].心理学报,2021,53(09):960-975.

[133]张玲.心理健康研究与指导[M].北京:教育科学出版社,2001.

[134]张平.高中生父母教养方式、学业情绪与学业成绩的关系研究[D].长江大学,2016.

[135]张文新,管益杰,任朝霞,等.独生与非独生儿童的攻击性及其影响因素的研究[J].山东师大学报(社会科学版),1997(06):60-64.

[136]张祎.我国家庭教养方式研究的元分析[D].华东师范大学,2011.

[137]张玉妹,刘国华.大学生压力与心理健康的关系:心理弹性的中介作用.中国健康心理学杂志[J].

[138]赵晶.大学毕业生的心理弹性、积极情绪与心理健康的关系[J].中国健康心理学杂志,2010,18(09):1078-1080.

[139]赵丽霞,袁琳.中学生学习压力的现状调查[J].天津市教科院学报,2006(02):18-21+67.

[140]郑日昌,蔡永红,周益群.心理测量学[M].北京:北京人民教育出版社,30.1999.

[141]钟芮.高中生教师情感支持、学业自我概念、学业情绪与学习投入的关系研究[D].哈尔滨师范大学,2022.

[142]周蕊.初中生父母教养方式对社交焦虑的影响[D].华中师范大学,2021.

[143]周颖,刘俊生.3~8年级学生羞怯与心理适应之关系:一个有中介的调节模型检验[J].心理科学 2015,38(4):861-869.

[144]朱智贤.中国儿童青少年心理发展与教育[M].北京:中国卓越出版公司,1990.